臺灣歷史與文化 研究輯刊

九 編

第 **12** 冊

臺灣意識與歷史教育的變遷
（1945～2011）

王日吟 著

花木蘭文化出版社

國家圖書館出版品預行編目資料

臺灣意識與歷史教育的變遷（1945～2011）／王日吟 著—
初版 — 新北市：花木蘭文化出版社，2016〔民105〕

目 4+186 面；19×26 公分

（臺灣歷史與文化研究輯刊 九編；第12冊）

ISBN 978-986-404-480-1（精裝）

1.民族意識 2.歷史教育 3.教育史

733.08   105001811

ISBN-978-986-404-480-1

臺灣歷史與文化研究輯刊

九　編　第十二冊　　　　　　　ISBN：978-986-404-480-1

臺灣意識與歷史教育的變遷（1945～2011）

作　　　者	王日吟
總 編 輯	杜潔祥
副總編輯	楊嘉樂
編　　　輯	許郁翎
出　　　版	花木蘭文化出版社
社　　　長	高小娟
聯絡地址	235 新北市中和區中安街七二號十三樓
	電話：02-2923-1455／傳真：02-2923-1452
網　　　址	http://www.huamulan.tw 信箱 hml 810518@gmail.com
印　　　刷	普羅文化出版廣告事業
初　　　版	2016 年 3 月
全書字數	154574 字
定　　　價	九編 24 冊（精裝）台幣 50,000 元

臺灣意識與歷史教育的變遷

（1945～2011）

王日吟　著

作者簡介

王日吟，民國 68 年生於臺灣，民國 90 年畢業於國立臺灣師範大學歷史系、民國 100 年畢業於國立中興大學歷史學系碩士在職專班，民國 91 年起任教於臺中市私立新民高級中學迄今。

提　　要

　　本文討論戰後臺灣意識的發展，分析政治菁英及文化菁英如何建構、主導臺灣意識的發展，本文將臺灣意識分為三個發展階段，1. 1945～1960 年代：由臺灣光復到二二八事件所激發的省籍情結，及黨國體制對國家社會的全面操控，所灌輸的中國國族主義。2. 1970～1980 年代：在國際孤立及臺灣民間政治社會運動的崛起下，以 1970 年代的鄉土文學論戰探討本土意識的萌芽，至 1980 年代的臺灣結與中國結—臺灣意識論戰，挑戰長久以來官方論述的中國國族主義。3. 1990～2011 年：從李登輝的本土化政策，臺灣本土意識快速發展，到以臺獨為黨綱的民進黨在 2000 年贏得總統大選，臺灣國族主義更是達於高峰，以「臺灣」為臺灣政治體制的代表，新的國族論述在扁政府執政的時候積極展開，同時亦透過「臺灣正名運動」去中國化，去蔣化，顛覆舊有的「大中國意識」及領袖崇拜，文化菁英亦在這場臺灣國族主義的盛會中共襄盛舉，而臺灣主體性在政治菁英及文化精英的共同論述下，逐漸成為臺灣社會普遍的共識。

　　長久以來黨國體制透過歷史教育，成功的灌輸大中國意識，直到 1990 年代教育的改革，「認識臺灣」的推出，方逐漸地從大中國的框架中解脫，確立以臺灣為主體的史觀，一綱多本時代的來臨更讓歷史不再只是單一意識形態灌輸的工具，歷史教育更著重歷史學本身，重視歷史思維的養成、訓練與應用，多元論述並存於不同版本的教科書，透過問卷分析新世代（八年級生）的青年學子，其成長於臺灣國族主義昂揚的年代，且接受以臺灣為主體的歷史教育，其思想為何？問卷的結果顯示，六年級生雖處於臺灣本土意識覺醒的年代，但接受大中國主義教育的他們，「本國意象」仍是一個涵括五千年歷史文化的大中國意象。而處於臺灣國族主義昂揚年代，接受以臺灣為主體的歷史教育的八年級生，其「本國意象」已明確的是以臺灣七大分期為脈絡而展開的，故「臺灣」成為八年級生所認同的國族符號，對於兩岸關係相較全國而言，獨立自主意識相當高漲，有半數的八年級生偏向獨立。

誌 謝 辭

　　中興碩士在職專班的學習之旅即將畫下句點，此刻內心滿懷喜悅與感激，回首三年來從課業的學習到論文撰寫的完成，要感謝的人實在太多了。

　　首先感謝新民高中給予我在職進修的機會，讓我在教書之餘，能繼續增長我的史學專業，也感謝中興大學歷史系的各位教授們於課業上的指導與諄諄教誨，更感謝我的指導教授林正珍老師，指導我論文寫作的方向，早在入學之初我便已決定要研究「臺灣意識與歷史教育」此一主題，但卻不知從何著手，林正珍老師指導我如何界定研究範圍，並鼓勵我可以透過問卷調查的形式去研究臺灣意識，而問卷調查也就成為了我論文相當重要的一個部分。

　　問卷調查能夠順利完成得力於許多人的協助，感謝臺北市育成高中的余青霞老師及忠孝國中的林珍毓老師、桃園縣青溪國中的朱靖瑜老師、新竹縣竹北高中的彭瑞銘老師及竹北國中的陳彥育老師、苗栗縣大倫國中的陳孆羽老師及文林國中的賴怡瑾老師、臺中市文華高中的賴雯祺老師、東山高中的張雅淳老師、新民高中的吳秉芝老師及筆者本人任教的新民高中（國中部）、臺南市佳里國中的陳琬姿老師及麻豆國中的陳鈺萍老師、高雄市前鎮高中的鄭竣平老師及林園中學的洪慧霖老師的鼎力協助，及這些學校共 2822 位國、高中生認真填寫本文的問卷。而問卷的統計是相當繁雜的工作，這得要感謝我家人的大力協助，讓我順利完成問卷的統計工作。

　　還要感謝碩專班的學習伙伴們，大家共同攜手一關過一關，感謝李靖唐與劉燕琪擔任我口發時的評論人及主持人，還有陳孆羽、賴怡瑾協助我進行問卷的調查工作以及李艷禧不時的鼓勵，也感謝呂助教的協助，順利完成了從口發到口考的種種行政流程。最後要感謝的是論文口試時，孟祥瀚教授、

戴寶村教授以及林正珍教授，包容學生的不足之處，對於我所撰寫的論文內容，提出了巨細靡遺的指正以及精闢的見解，讓我的論文可以更為完整，也讓我得以順利的畢業，謝謝大家。

王日吟 謹誌民國 100 年 7 月

目

次

圖目次

第一章　緒　論

第一節　研究動機與目的

　　開端於 1983 年至 1984 年臺灣意識的議題，臺灣結 vs 中國結開始困惑著臺灣的社會，而後每當選舉開始時總有些政治人物以此為選戰的主題，立場鮮明論戰著「是臺灣人、是中國人、是臺灣人也是中國人」，「愛臺灣」三字竟也可以成為互相攻擊的武器，臺灣社會也就在一場場的選戰中被撕裂著，讓筆者不禁深深感嘆。

　　民國 88 年中華民國的行政院長在公開答詢時宣稱：「要回答自己是不是中國人是一件很複雜的問題」，11 年後，民國 99 年 12 月 30 日，國民黨立委蔣孝嚴在立法院用陸委會民調問題，詢問陸委會主委賴幸媛，認為自己是臺灣人還是中國人，或兩者都是？但賴幸媛不敢公開回答，採取迴避態度。不可諱言，共存在臺灣這片土地的人們有著紛歧的國族認同，是不是臺灣人對多數人而言答案是肯定的，但是不是中國人這個問題便有其難言之苦，而是不是中國人為何複雜，有其歷史發展的脈絡可探尋，而是不是中國人這個問題之所以被迴避著，則因當今現實政治環境的壓力使然，萊布尼茲有句名言：「凡存在皆合理」。所有看似荒謬的存在，必有其形成的原因及理由，探究其形成的原因及理由，就能發現它們其實是可以被理解的，而理解了現今看似荒謬的存在，或許方能為未來找尋更好的方向吧！

　　本文嘗試以現象的描述及理解現象發生的背景因素為重心，描述臺灣意識在歷史發展中的軌跡與轉變，探究每個階段臺灣的國族認同建構的背景及

其展現的面貌，以增進對現階段臺灣意識中多重面貌的理解。

第二節　研究回顧

一、臺灣意識的研究回顧

　　臺灣意識的討論，開端於 1983 年至 1984 年間主張臺灣意識及臺灣獨立的臺灣知識份子及政治運動人士通過黨外雜誌進行的一場思想論戰，自此臺灣島內關於臺灣意識的論戰從未停止。

　　黃俊傑《臺灣意識與臺灣文化》中提出「臺灣意識」的發展，可以分為四個歷史階段，明清時代的臺灣只有作為中國地方意識的「漳州意識」、「泉州意識」或「閩南意識」、「客家意識」等；到了日治時代臺灣意識才逐漸形成，日治時期的臺灣意識既是反抗大和民族的漢民族意識，又是反抗殖民統治者的階級意識；光復後臺灣意識與省籍意識結合，以反對大陸籍人士為主；解嚴後臺灣走向民主化，近年來由於中共政權對臺灣的種種打壓，臺灣意識乃逐漸成為反抗中共政權的政治意識。〔註1〕

　　施正鋒的〈臺灣意識的探索〉〔註2〕中有別於黃俊傑著重時空有別的縱切方式觀察臺灣意識，採取的是橫切臺灣意識的發展，提出「原生論」、「結構論」及「建構論」三個場域沖積而成臺灣意識。原生論建立在華人文化以及漢人血統的基礎上，試圖以想像的優越性來作自我心理防衛，結構論則以本土住民的正當性來進行負面

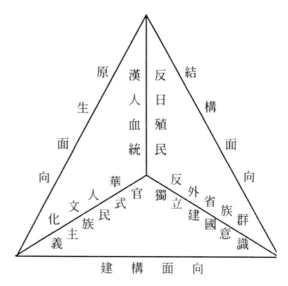

圖 1-1　台灣意識的三個面向

〔註1〕黃俊傑，《臺灣意識與臺灣文化》（臺北市，正中出版，2000），頁 4。
〔註2〕施正鋒，〈臺灣意識的探索上〉，《共和國》，第 10 期（1999 年 10 月），頁 34
　　　～45。

的抗爭，建構論源於外來的民族自決思潮，要求正面建立自己的國家。將臺灣意識解構爲漢人血統主義、華人文化主義、反日本殖民主義、反外省人族群主義、官式民族主義、及獨立建國意識六種成分（見圖 1-1）剖析各自可能的變遷，最後再嘗試以臺灣民族意識作整合。

在臺灣意識發展的過程中，六個面貌在不同的時空裏，新的認同雖然企圖將前者中立化，卻無法完全取代；認同之間時而又彼此強化，因此是鼎足並存的。如果將民族當作有機體的話，原生論是血肉，結構論提供骨幹，而建構論就是總其成的精神。〔註3〕郭正亮的〈臺灣主體性的辯證〉〔註4〕中提出臺灣意識的權變，認爲臺灣意識並不只有情感認同的成分，同時也包括利益評估的成分，即使在民族情感上已經認同自己是臺灣人，但在國家定位上仍可能基於現實政治的考量，對臺灣走向獨立有所保留，但反對臺獨未必表示堅持中華民國法統，更未必等於親中共，更可能只是擔心中共武力犯臺的理性反應。

張文智的《當代文學的臺灣意識》〔註5〕、杜文靖的《臺灣歌謠歌詞呈顯的臺灣意識》〔註6〕以文藝爲材料，追尋臺灣意識。另外，袁鶴齡的〈國家認同外部因素之初探——美國因素、中國因素與臺灣的國家認同〉〔註7〕跳脫臺灣與中國的框架，論述外部因素如美國因素等國際情勢轉變對臺灣意識的影響。

綜觀臺灣意識的研究成果，以各角度切入探討剖析成果頗豐，從背景的探索、內涵的分析、到現象的呈現，唯時間深度大多不夠，無法提供一個較長時間的理解，黃俊傑一文有其時間的深度，縱向的探討了臺灣意識變遷的歷程，本文亦以三個階段探討戰後臺灣意識演變的歷程，希望能展現更清晰的變遷脈絡，且黃文著重於臺灣意識現象的描繪，對於臺灣意識建構的歷程則著墨不多，而這正是本文所欲探究的另一個重點。

〔註3〕施正鋒，〈臺灣意識的探索下〉，《共和國》，第 11 期（2000 年 1 月），頁 37～43。

〔註4〕郭正亮，〈臺灣主體性的辯證〉《中國意識與臺灣意識》，夏潮基金會編，臺北：海峽學術出版社，1999。

〔註5〕張文智，《當代文學的臺灣意識》，臺北市：自立晚報出版，1993。

〔註6〕杜文靖，《臺灣歌謠歌詞呈顯的臺灣意識》，臺北縣：臺北縣文化局出版，2005。

〔註7〕袁鶴齡，〈國家認同外部因素之初探——美國因素、中國因素與臺灣的國家認同〉，《理論與政策》，14 卷 2 期（2000 年），頁 141～163。

二、歷史教育與臺灣意識的研究回顧

曾素秋的〈日治時期臺灣國家認同教育之探討（1895～1945）〉〔註8〕一文中，指出日本時期的課程中充滿灌輸學童認同日本帝國之意識型態。透過課程教化，教授忠君愛國思想、涵養學童德性品格，形塑臺灣人民認同日本之國民精神，而臺灣民族運動乃是臺灣知識份子對日本實施強制性之國家認同教育形成之反動。不過，由於日本以強大之國家力量，推展同化政策與皇民化運動，使得臺灣人民國家意識逐漸轉向。透過訪問日治末期接受國民學校教育的耆老，口述當時學校課程教學、生活教育、及社會生活；得出了經過日治末期學校教育、及社會制度之洗禮，日治末期的人們對日本的統治心悅臣服，認同日本的國民精神。周婉窈的〈實學教育、鄉土愛與國家認同——日治時期臺灣公學校第三期「國語」教科書的分析〉〔註9〕一文中，認為日治時期許多臺灣人民的國家認同與民族認同是不相一致的，他們可能因為教育的關係認同日本這個國家，卻知道自己是漢民族的後裔，而具有「臺灣意識」，且是與現代臺灣意識有相關聯的。

尤玉文的〈臺灣國小教科書中國家認同概念之演變——以 1949 年後之社會與音樂教科書為例〉〔註10〕一文指出，教科書中國家認同概念的演變情況，由傳統大中國論述，進而透露出概念上的過渡與模糊，最後揚棄了傳統國家認同論述的架構。社會與音樂教科書中對於臺灣圖像的描述上有顯著的差異。教科書中所反映出來的國家認同概念與社會上的主流政治論述之間呈現「時間差」的情況。並建議教科書中國家認同觀念的選擇宜呈現社會中多元的國家認同觀，使來自各種背景的學生也都有接觸不同觀點的國家認同論述的可能性。

劉曉芬的〈我國中學歷史教科書中臺灣史教材分析〉〔註11〕認為臺灣史教材多採單一觀點的歷史解釋，即以領導者或官方的角度為敘述的重心，以

〔註8〕 曾素秋，〈日治時期臺灣國家認同教育之探討（1895～1945）〉，國立臺灣師範大學教育研究所博士論文，2003。

〔註9〕 周婉窈，〈實學教育、鄉土愛與國家認同——日治時期臺灣公學校第三期「國語」教科書的分析〉，《臺灣歷史研究》，第 4 卷第 2 期（1997），頁 7～55。

〔註10〕 尤玉文，〈臺灣國小教科書中國家認同概念之演變——以 1949 年後之社會與音樂教科書為例〉，國立新竹師範學院國民教育研究所碩士論文，2002。

〔註11〕 劉曉芬，〈我國中學歷史教科書中臺灣史教材分析〉，國立政治大學教育研究所碩士論文，1991。

漢人移民史的角度看臺灣的開發。徐秀琴的〈「中國本位」與「臺灣本位」意識型態的制度衝突與調和——以國民中學「認識臺灣」課程爲例〉〔註12〕，指出以「中國本位」爲核心主軸的「黨國威權體制」，盤據政治中心位置，覆蓋所有社會部門，其所宣揚的意識型態，遂成教育制度與社會行動的終極綱領。「臺灣本位」意識型態被驅趕至社會邊緣的戰鬥位置。隨著知識菁英所主導的反對運動更形擴大，「臺灣本位」意識型態方逐漸揚升爲社會主流意識型態，國民黨黨國威權體制亦朝「臺灣本位」意識型態進行修正與轉型。由於兩方詮解「臺灣本位」意識型態的社會基礎，乃鑲嵌於政黨各自不同歷史脈絡與限制之中，不同政治意識型態立場的符號操弄以及社會動員，形成「一個臺灣、各自表述」的「制度的同形異質」現象。「認識臺灣」課程形成制度的過程，不僅突顯「中國本位」意識型態與「臺灣本位」意識型態的制度衝突。社會成員對於「臺灣本位」意識型態的差異詮釋，猶使《認識臺灣》教科書的編定，反映某種程度的政治妥協。

張期玲的〈國家認同的塑造：以國中的歷史教科書爲焦點〉〔註13〕一文以集體記憶理論、民族主義理論及政治社會化理論作爲理論架構，檢視臺灣政治民主化與族群的權力消長，對於集體記憶論述產生的影響，追索其在國中歷史教科書中的呈現。提出解嚴前、後版本教科書呈現不同的塑造國家認同的內涵，解嚴前版本是以中國爲中心，解嚴後的版本除了中國認同、臺灣認同，有些部分則隱晦不明。解嚴前版本教科書爲外省人歷史記憶所形成的集體記憶；解嚴後版本則是外省人以及本省人各自的歷史記憶所集合而成的集體記憶。

綜觀既有的研究成果，本文重心以戰後的歷史教育發展爲主，探討在黨國戒嚴體制下，政治精英如何透過歷史教育進行中國國族主義的建構，及至1990年代教育改革，尤其是1997年「認識臺灣」歷史篇的推出及教科書開放「一綱多本」下分析各版本教科書所欲塑造的集體記憶爲何？呈現何種臺灣意識？是否還在臺灣本位及中國本位中搖擺。另外，各個版本如何論述兩岸關係的演變，亦是本文探討的核心。此外，本文尚透過問卷調查，觀看教改

〔註12〕徐秀琴，〈「中國本位」與「臺灣本位」意識型態的制度衝突與調和——以國民中學「認識臺灣」課程爲例〉，東海大學社會學研究所碩士論文，2000。
〔註13〕張期玲，〈國家認同的塑造：以國中的歷史教科書爲焦點〉，淡江大學公共行政學系公共政策碩士班，2004。

後新世代（八年級生）臺灣意識的內涵為何？分析歷史教育對新世代的臺灣意識帶來了多少的影響。

第三節　研究範圍與方法

開端於 1983 年至 1984 年的臺灣意識一直是臺灣相當重要的一個課題，何謂「臺灣意識」？不同的學者有不同的答案與解讀，沒有明確的定論，亦沒有標準的答案。有人認為臺灣意識就是本土意識，強調對於臺灣鄉土的關懷；亦有些人認為臺灣意識就是臺灣主體意識，強調臺灣優先、臺灣利益、臺灣價值；還有些人認為臺灣意識就是臺獨意識，是一種強烈追求與認同臺灣為一個主權國家的思想，是與中國意識相對抗的；但是，亦有些人認為臺灣意識與中國意識雖具有對抗的意涵，卻又有其難以分割的特性。這些觀點都代表著某個階段某些臺灣人的心理知覺與認同，而認同的層次包括了地域認同、民族（身分）認同、文化認同、國家認同等眾多認同錯綜複雜的交匯並存著，但這些論述都只點出某個階段某些臺灣人的意識。

所謂的「意識」泛指一切精神活動。如知覺、記憶、想像、覺察、警悟等皆屬之。本文採用的臺灣意識是指：「生存在臺灣的人認識並解釋他們所生存的時空情境的思想及其認同，而這樣的思想與認同會隨著時空情境的變遷而有所變遷。」〔註14〕本文希望探究的是在臺灣多變的政局下，臺灣意識的變遷，了解每個時空中的臺灣人知覺什麼？認同什麼？當時空環境變遷後，臺灣人的思想與認同保留了些什麼？而又改變了些什麼？

戰後臺灣意識的核心問題是認同（國家認同與民族認同），本文欲探究引領臺灣意識變遷的內部因素（政治菁英及文化菁英的建構）及外部因素（國際及兩岸關係演變的影響）。另外，政治菁英建構認同的重要工具之一便是歷史教育，因此透過對戰後臺灣歷史教育的分析，觀看政治權力在歷史教育中雕鑿的痕跡，分析歷史教育塑造的集體記憶如何建構著臺灣人的集體認同。本文除了整合前人之研究，針對戰後臺灣意識的變遷做縱向的描述與分析外。另外，透過問卷調查分析 1990 年代教改後新世代（八年級生）臺灣

〔註14〕本文所採的臺灣意識的定義是改編自黃俊傑教授的定義，黃教授言所謂的「臺灣意識」是指生存在臺灣的人認識並解釋他們所生存的時空情境的方式及其思想，引自黃俊傑著，《臺灣意識與臺灣文化》（臺北市，正中出版，2000），頁 2。

意識的內涵爲何？再比較跟國民黨大中國教育下長大的年齡層所呈現的臺灣意識是否有差異性？甚至，不同族群（如：外省人、原住民、客家人、閩南人）、或者不同的學習階段（國中、高中），分析其各自所呈現的臺灣意識爲何？

本文研究的章節架構如下：

第一章　緒論

　　第一節　研究動機與目的

　　第二節　研究回顧

　　第三節　研究範圍與方法

第二章　戰前臺灣意識的變遷

　　第一節　清領時期——祖籍意識到本土意識

　　第二節　日治時期——紛亂的國家與民族認同

　　小結

第三章　戰後臺灣意識的變遷

　　第一節　省籍情結與中國國族主義（1945～1960 年代）

　　第二節　本土意識萌芽——臺灣結與中國結（1970～1980 年代）

　　第三節　臺灣國族主義的昂揚（1990～2011 年）

　　小結

第四章　戰後臺灣歷史教育的變遷

　　第一節　中國國族主義的建構（1945～1980 年代）

　　第二節　建立以臺灣爲主體的史觀（1990～2011 年）

　　第三節　國、高中歷史教科書內容之分析（1990～2011 年）

　　小結

第五章　教改後新世代（八年級生）的臺灣意識

　　第一節　問卷的設計理念

　　第二節　新世代（八年級生）的歷史記憶

　　第三節　新世代（八年級生）的國族認同

　　小結

第六章　結論

第一章緒論說明研究動機，進行研究回顧，安排研究架構。

第二章則概述戰前臺灣意識的發展，說明清領時期在 1860 年已經逐漸由

祖籍意識轉向本土意識，到了日本殖民時期，在日本殖民政府以國家之力，透過公學校在臺灣進行日本「國體」思想的建構，臺灣知識精英又如何保存漢族意識以反抗日本強制性之國家認同的教育，亦使「臺灣人」或「本島人」形成了相對於「日本人」的群體意識，成為了戰後臺灣國族主義運動的先聲。

第三章以三個階段說明戰後臺灣意識的變遷，1. 1945～1960 年代：說明臺灣光復後省籍情結的出現，到二二八事件後省籍情結的激化。而另一方面，因為黨國體制對國家社會的全面操控，成功地在臺灣建構中國國族主義。2. 1970～1980 年代：在國際孤立的危機中，及臺灣民間政治社會運動的崛起下，以 1970 年代的鄉土文學論戰探討本土意識的萌芽，及至 1980 年代的臺灣結與中國結──臺灣意識論戰的展開，挑戰長久以來官方論述的中國國族主義。3. 1990～2011 年：從李登輝的本土化政策，臺灣本土意識快速發展，到以臺獨為黨綱的民進黨在 2000 年贏得總統大選，臺灣國族主義更是達於高峰。論述政治精英如何解構中國國族主義重新建構臺灣國族主義，文化菁英亦在這場臺灣國族主義的盛會中共襄盛舉，而臺灣主體性在政治菁英及文化精英的共同論述下，已成了臺灣普遍的共識。

第四章討論戰後臺灣歷史教育的變遷，討論的重心以中國國族主義如何透過歷史教育進行建構以大中國為主體的史觀，而當 1990 年代教育改革後，臺灣國族主義如何爭取對歷史的解釋權，進行對以往中國國族主義的解構，及重新建構以臺灣為主體的史觀。

第五章則以問卷調查的方式，分析成長於臺灣國族主義昂揚的年代，接受以臺灣為主體的歷史教育的新世代（八年級生），其所呈現的歷史記憶與國族認同相較於六年級生有何變遷？

第六章則是總結描述臺灣意識與歷史教育發展的軌跡與轉變，探究每個階段臺灣國族認同建構的背景及其展現的面貌，並進一步透過問卷調查新世代（八年級生）所呈現的臺灣意識為何？

第二章　戰前臺灣意識的變遷

第一節　清領時期──從祖籍意識到本土意識

　　清領時代福建、廣東的漢人因人口過多，謀生不易，紛紛向外地發展，冒險橫越臺灣海峽，大量移民來臺。漢人移入臺灣以後，以原籍分別聚居，閩南人先來佔據平原肥沃之地，閩南的漳州人據近山的平原而泉州人則居沿海平原，因而有「漳山泉海」之稱；廣東人較遲抵臺，故聚居丘陵地帶。〔註1〕同鄉的人群聚集而居可發揮團結互助之功。早期移民這種以祖籍分類而聚居的發展，因為不同族群間的社會風俗等差異所形成的摩擦，以及彼此利益的衝突，爭奪田地、水源，因而形成不同祖籍間的分類械鬥，而臺灣社會「因分類而械鬥，因械鬥而更分類」集體械鬥的發生又更加強化了彼此的祖籍分類意識。再加上清廷在民變發生之際，往往利用不同原鄉移民間的矛盾，利用一個族群對付另外一個族群，這種分化的結果亦導致漢移民祖籍分類意識的深化。

　　這種祖籍意識在當時深入人心，《臺灣采訪冊》中寫道：「北路自諸羅山鹽水港，上至彰邑之風俗人心，牢不可破；即在平時，凡遇面生之人，不遑問其姓名，而輒詢其祖籍……」〔註2〕早期移民不問陌生人姓名而先問其祖籍的做法，生動地顯示了清領時期漢移民鮮明的祖籍意識。這樣的祖籍意識具體的顯現在原鄉守護神的信仰，漳州人崇信開漳聖王；泉州人崇信保生大帝；

〔註1〕另一說則言並非先來後到之故，而是原鄉生活方式的移植，影響了閩粵籍人士在臺居住空間的選擇。
〔註2〕陳國瑛、林棲鳳等，《臺灣采訪冊》（臺北：臺灣銀行，1959），頁37～38。

客家人則崇信三山國王，這種以不同祖籍所形成的祭祀圈正是當時臺灣漢人社會的一大特徵。

但是這種祖籍意識到了 1860 年代開始就逐漸轉變，以祖籍爲認同對象的意識逐漸淡化，1860 年代以後，幾乎再也沒有聽說過有大規模的，以祖籍人群爲分類單位的械鬥。陳其南指出清代臺灣從 1683 年到 1895 年的兩百多年中，是來臺漢人從移民社會（Immigrant Society）走向「土著化」（Indigenization）變成土著社會（Native Society）的過程。移民社會的性質就是原傳統社會移植和重建的過程，臺灣的漢人社會逐漸土著化後，社會群體的分類原則也跟著開始轉變。〔註 3〕移民日久，祖籍意識日趨淡薄，泉漳等祖籍概念漸爲下港人、頂港人取代，而以不同祖籍所形成的祭祀圈的界線亦逐漸模糊，漢移民的共同信仰，如媽祖、王爺、土地公的信仰則有提升的趨勢。另外，移民初期的移植型宗族（唐山祖）祭祀亦漸轉變爲源於來臺開基祖在本地所形成的新宗族（開臺祖）。臺灣意識在清領初期只有源自祖籍的「漳州意識」、「泉州意識」、「閩南意識」或「客家意識」等。〔註 4〕但 1860 年代以後，臺灣漢人逐漸形成以臺灣爲認同對象的「本土意識」了。

第二節　日治時期——紛亂的國家與民族認同

國家概念是近代的產物，1895 年臺灣人從（滿清）天朝的子民變成（日本）帝國的國民，依據馬關條約第五條規定：「日本准中國讓與地方人民願遷居讓與地方之外者，任便變賣所有產業，退去界外。爲此本約批准互換之後，限 2 年之內；但限滿之後尚未遷徙者，酌宜視爲日本帝國的臣民」，〔註 5〕1895 年 5 月 8 日換約之日起二年，兩年到期辦手續回清國者，選擇返回中國大陸者僅有 4,400 人，還不及臺灣總人口數的 1%。〔註 6〕且多爲大地主階級，這

〔註 3〕陳其南，〈臺灣本土意識與民族國家主義之歷史研究〉，《傳統制度與社會意識的結構——歷史與人類學的探索》（臺北：允晨文化實業公司，1998），頁 169～203。

〔註 4〕除了本文所述的祖籍意識外，當時臺灣社會亦有漢人意識，此漢人意識乃是源於漢番的接觸，因爲有他者，也才塑造著我群的形象，凝聚了漢人意識。但漢番的衝突規模不及漢人間祖籍別的械鬥，故我群意識在清領前期的臺灣社會是以祖籍意識較爲突出。

〔註 5〕外務省編，《日本外交年表竝主要文書》上卷（東京：原書房，1965），頁 166。

〔註 6〕依照 1896 年 4 月恢復爲民政之際所新規劃的臺北、臺中、臺南 3 縣與澎湖廳

並非臺灣人選擇了日本國籍，而是多數人不能夠亦捨不得離開這賴以維生之土地，最終只能被動的接受了日本國籍，在此之前臺灣人並不知有國家認同一事，割讓後才知有國籍改變的問題，隨著日本殖民教育的展開，從同化到皇民化，有多少人逐漸的從被動接受到主動認同呢？

由於日本殖民統治臺灣，使臺灣人在相對於日本人的脈絡中成為一個社會政治群體，這時的臺灣意識，表現出漢族對抗大和民族的漢民族意識，亦表現出統治階層與被統治階層的階級意識。日治時期的半個世紀中總督府治臺策略歷經三個階段，從漸進政策時期、同化政策時期到皇民化運動時期，日本官方在臺灣所建構的日本國族論述，也隨著三個階段的展開而不斷強化，而臺灣漢族意識及階級意識亦隨時遷移，以下便以日本殖民統治的三個階段來討論日治時期臺灣意識的變遷。

一、漸進政策下的臺灣意識（1895～1919）

（一）日本官方：日本國族主義的建構──以公學校教育為例

明治 31 年（1898），臺灣總督府在臺灣設立公學校，實行初等教育。公學校的教學科目與教科書有別於日本本土，乃是針對臺灣人而設計的，此與日本學童所接受的小學教育是不同的。歷史課程在日本近代化教育開始之初即是基本科目之一。但在臺灣，直到大正 12 年（1923）才出現歷史科。日治初期公學校的課程雖沒有歷史科，但當時所使用的第二期國語讀本《臺灣公學校用國民讀本》〔註7〕（共 12 卷）中，卷 12 有 3 課「我國的歷史」，從這 3 課中可以看到後來歷史教科書的「皇國史觀」，課文一開頭便說。

> 神武天皇是我國第一代天皇，是天照大神第六代孫，起初在九州定
> 都，後來平定東方，在大和橿原即天皇位，這就是紀元元年。（12-11
> 【表卷 12 第 11 課，以下同】「我國的歷史」）

其後便敘述歷代天皇的事蹟，雖然沒有明列天皇世系表，事實上也已經是在表現自神武天皇以來「萬世一系」的譜系。

之地方制度，來看離臺者的數目，臺北縣 1,874 人、臺中縣 301 人、臺南縣 2,200 人以上、澎湖廳 81 人。引自台灣總督府警務局編，《台灣總督府警察沿革誌Ⅱ》（東京：綠陰書房，1986），頁 666～667。

〔註7〕臺灣總督府編纂，《臺灣公學校與國民學校國語讀本　第二期──公學校用國民讀本（1913～1914）》（臺北市：南天書局，2003）。

　　另外，教科書也加強殖民地統治正當性的歷史觀，並且在從過去到現在的線性發展中，以「黑暗──過去 vs 進步──現在」的對比展現臺灣在日本統治之前與之後的改變。〔註8〕

> 明治天皇是很偉大的人……臺灣以前有很多壞人，欺負人民，因此天皇派北白川宮能久親王征討壞人。之後也掛心臺灣之事，我們才可以安心生活。……（6-1〔表卷6第1課，以下同〕「明治天皇」）
>
> 臺灣現在治安很好，但是2、30年前仍是未開化、到處有壞人的地方。明治28年，北白川宮能久親王受天皇之命來到這個島，壞人第一次碰到對手，終於懾服於親王的威勢而投降。（6-2「能久親王」）
>
> 兒玉總督是第四代臺灣總督，為了我們臺灣十分辛勞，將從以前便困擾人民的土匪剷除的是大將；發展製糖、製腦等各種產業的也是大將……（9-23「兒玉大將」）

　　由上可知，1910年代的第二期國語讀本《臺灣公學校用國民讀本》，呈現著日本「皇國史觀」，並以「黑暗──過去 vs 進步──現在」的對比展現臺灣在日本統治之前與之後的改變，加強了殖民地統治的正當性，由此建構著學童對於日本國族的認同。

（二）臺灣民間：漢族意識的抗衡

　　在此階段的臺灣，作為「漢族意識」的臺灣意識。表現在文化生活方面，最為明顯的是漢文書房與詩社，日治初期臺灣的絕大多數中、上階層家庭仍固守傳統的漢文書房教育。吳文星指出：1897年3月，全臺灣計有書房1,224所、學生19,022人；1898年3月增為1,707所、學生29,941人。傳統書房之數目及學生數無論是絕對值或增加率，均遠非國語傳習所所能比。〔註9〕表現在傳統詩社中，約兩百個詩社均以保存並發揚傳統的漢文化為職志，日治時期臺灣的傳統書房及詩社與日語學校教育的對抗正是漢民族意識的鮮明表現。除此之外，在底層社會之中，民間社會的鸞堂與祠堂則延續著儒學影響下具有民間宗教性的小傳統。鸞堂以神道設教的方式來宣揚儒家思想，

〔註8〕許佩賢，〈日治前期兒童的歷史意識與公學校的歷史教育──以1910年代為中心〉，《歷史意識與歷史教科書論文集》（臺北：稻鄉，2003），74。

〔註9〕吳文星，《日據時期臺灣社會領導階層之研究》（臺北：正中書局，1992），頁314～318。

祠堂以祖先崇拜的方式來發揚儒家的孝道、「慎終追遠」等家庭倫理。〔註10〕
另外，漢民族意識更突出的展現在後期（1907～1915）的武裝抗日，那時孫
中山在中國大陸的民族革命事業正如火如荼的展開，鼓舞著在臺灣的漢民族
起而反抗大和民族的統治，1912年苗栗事件的領袖羅福星便是打著「民族革
命」的口號進行抗日。

　　由上可知，日本殖民政府以強大的國家力量，透過公學校的教育，建構
臺灣人對日本帝國的認同感，同時臺灣民間知識精英則努力透過傳統書房及
詩社與日語學校教育相抗衡，以保存並發揚傳統的漢文化為職志，發揚漢民
族精神。

二、同化政策下的臺灣意識（1920～1936）

（一）日本官方：日本國族主義的建構——以公學校歷史教育為例

　　直到大正12年（1923）開始，日本殖民政府編纂了第一期的公學校歷史
教科書，透過臺灣公學校對臺灣漢人學童教授以日本為主體的歷史，在日本
歷史的框架下看不到臺灣漢人過去的生活遺跡，少數的臺灣史是與日本有關
的臺灣史，這些少數的歷史連接了臺灣與日本兩條原先各自發展的歷史，由
此日本歷史成為臺灣歷史的源頭，公學校的歷史教育宗旨是為闡發「國體」
的精神，此為「萬世一系天皇統治，臣民忠誠」的皇國史觀，強調「天皇的
盛業」及「忠良賢哲的事蹟」，天皇與臣民的特質是共同擁護「國體」，整個
日本歷史的發展被視為「國體」的發展史，依此「國體」所形成的對外關係
即是，外國文化增添了日本文化之豐富，而非取代日本文化，而日本因為對
外戰爭的勝利而使得「國威」提升，更證明了日本「國體」之優秀。其後的
公學校歷史教科書之內容均是奠基在此一原型之上，「國體」教育的推展與日
本近代國家主義的發展有著密切關係。〔註11〕

（二）臺灣民間：政治社會運動的崛起——「臺灣」逐漸成為「想像的共同體」

　　第一次世界大戰後民族自決思潮的蔓延，促使了臺灣的「漢族意識」及

〔註10〕陳昭瑛，〈日據時代臺灣儒學的殖民地經驗〉，《臺灣與傳統文化》（臺北：中
　　　　華民國中山學術文化基金會，1999），頁31～60。

〔註11〕蔡蕙光，〈日治時期臺灣公學校的歷史教育——歷史教科書之分析〉（國立臺
　　　　灣大學歷史學研究所碩士論文，2000），頁121～124。

「階級意識」的同步昂揚，關懷臺灣鄉土的「本土意識」亦隨之被歌詠，而「臺灣」──「想像共同體」也逐漸形成。

「階級意識」具體展現從「六三法撤廢運動」〔註12〕、「臺灣議會設置請願運動」、「臺灣民眾黨」、「臺灣地方自治聯盟」等，一連串的政治運動，將自治、普選、參政權等民主政治的基本觀念普及於社會，亦使總督府不得不有所退讓，於1935年總督府首度舉辦「市街庄議員選舉」。一九二○年代中期，農工階層在臺灣知識菁英的影響下，亦逐漸產生自覺意識，發生抗爭運動。「第一憨，種甘蔗給會社秤」這句諺語清晰地展現了農民的勞動階級對抗資產階級的意識。

臺灣文化協會的成立影響更是深遠，廣設讀報社、開辦夏季學校、舉辦講習會及文化演講，巡迴各地放映電影等，並發行《臺灣民報》，凡此種種成功喚醒臺人的本土意識，從文化啟蒙著手達到政治運動目的。文協活動的推展亦與臺灣新文學、戲劇、美術、音樂等創作互相呼應。如用臺語創作白話文，並以人道主義精神批判日本的殖民統治的賴和；及以寫實風格傳達臺灣本土特有的民情風俗的雕刻家黃土水等等。凡此種種都具體展現了當時臺灣的「漢族意識」與「本土意識」。而此時期「臺灣人」這個符號，相對於統治階級的「日本人」，也逐漸成為了一個新的「想像的共同體」，由1920年代初期與中國相連結、邊界模糊的意識，逐漸在論述中愈來愈清楚地呈現為「三百萬臺灣人」的邊界。至少到了1930年代，已經有一種很明顯的「全稱」臺灣人，臺灣文學，已擁有範圍明確的想像族群。〔註13〕這個「想像的共同體」初期雖然還是以漢族意識來對抗大和民族意識，但以臺灣為主體性的概念已逐漸成形。

早在1920年初期《民報》創刊以前，主張「抗日」的留日臺灣菁英，就開始出現「臺灣」的全稱，1923年4月15日創刊的《臺灣民報》，在創刊詞中宣稱：「請問同胞諸君，現在我們臺灣人甘自認做劣敗者麼？願受人淘汰麼？我們不得不再想一想。……唉！最親愛的三百六十萬父老兄姊！我們處在今日的臺灣社會，欲望平等，要求生存，實在非趕緊創設民眾的言論機關，

〔註12〕留日學生曾倡議「六三法撤廢運動」，但因反對六三法將使臺灣不具特殊性，因而停止活動。

〔註13〕蘇碩斌，〈看到了臺灣意識：日治時期的活字印刷術與想像共同體〉，《2007年臺灣社會學年會》（臺北：臺灣大學社會學系／臺灣社會學會主辦，2007），頁1。

以助社會教育，並喚醒民心不可了。」由此可知，在日本不合理的殖民統治下的「三百六十萬臺灣父老兄姊！」，因為有著共同的被殖民命運，而成為了「想像的共同體」。不過，在這個階段其邊界並不清楚，常常會與漢民族意識相連而使其邊界擴及整個中國大陸。

1925 年 8 月《臺灣民報》發行量已經超過一萬份，在「臺灣雜誌社五週年及民報發刊萬部紀念號」專刊中的〈本報的自祝並對一萬讀者的祝辭〉寫道：

> 「臺灣民報是咱大家公共的」這句話現在全島各處都可以聽到
> 了。……讀者諸君，我們沒有民報時，豈不是找不到交換智識的地
> 方和發表意見的機會嗎？今日居然也可以「登高而呼，四山皆應」
> 了。（臺灣民報，1925.8.26）

隨著這一份臺灣本土報紙的共同想像，原本還不太清楚、會延伸至中國大陸的模糊邊界，其實已經愈來愈清楚以臺灣「全島」為邊界了。1927 年 2 月 6 日《臺灣民報》中一篇蔡孝乾的〈轉換期的文化運動（三）〉，更明確宣稱「臺灣是臺灣人的臺灣」：

> 思想落後的臺灣，自從大正九年七月「臺灣青年」發刊以來，才發
> 見著「臺灣是臺灣人的臺灣」，……「臺灣青年」一出現，才把隸屬
> 的思想打破，才發見了「臺灣人的臺灣」，臺灣的思想界才有些生機
> 了。（蔡孝乾 1927.2.6）

1920 年代臺灣文化協會的《臺灣民報》所呈現的以「臺灣」為「想像的共同體」的臺灣民族意識，亦展現在當時的臺灣新文學，黃石輝在 1930 年 8 月《伍人報》上刊登〈怎不提倡臺灣文學〉，更清楚的呈現了以臺灣島為「想像邊界」的臺灣民族意識。

> 你是臺灣人，你頭戴臺灣天，腳踏臺灣地，眼睛所看見的是臺灣的
> 狀況，耳孔聽見的是臺灣的消息，時間所經歷的是臺灣的經驗，嘴
> 裡所說的是臺灣的語言，所以你的那枝如椽的健筆，生花的彩筆，
> 亦應該去寫臺灣的文學了。

明確的展現了以臺灣為主體性的概念，臺灣人相對於日本人，本島人相對於內地人，具有邊界的「想像的共同體」於此萌芽，而萌芽於此階段的臺灣民族意識，成為了戰後臺灣國族主義的先聲。

不過，另外值得一提的是，推動文協的臺灣年輕知識精英，他們在日治環境下接受日本教育成長，雖有著漢民族的情懷但卻又深受日本現代文化的

影響。臺灣新文學作者賴銘煌就曾如此說：「用日文來創作，並非我們所願意；可是坦白說，比起漢文白話文來，日文擁有更豐富的語彙，我們用日文反而更自由地操縱文字與表現文學思想，白話文倒不能也這樣方便。」〔註14〕身為被殖民者的臺灣人在文化上有著殖民者用心刻劃建構的痕跡，此處清楚的呈現出當時身為臺灣人在現實政治環境與民族情感間的矛盾與衝突。

三、皇民化運動下的臺灣意識（1937～1945）

隨著日本對外侵略氣焰的高漲，國家加強對人民的思想統治，要求人民更徹底了解「國體」之涵意。自昭和10年（1935）起，日本政府陸續發布了「國體明徵」聲明，「明徵」即是清楚的證明，並發行《國體的本義》一書，其精神即是「遵循我國的國體，奉行肇國的精神，以此精神扶翼皇運」，其內容的重點是「忠孝一本論」，〔註15〕這種急迫之感也影響了歷史教育，重新發行的歷史教科書均加入了關於「國體明徵」的教材，此一期（第二期）教科書之使用時間是中日戰爭時期，日本開始了國家動員，此時臺灣人已「被定位」為日本人，因此對於戰爭與日本人一樣有相同的責任，因此必須在「國體」上加入對戰爭之思考，才得以對戰爭產生貢獻，此時強調的是具實踐性格的歷史教育，教育學童需發揮歷史教科書中歷史人物支持國體之精神以用於戰場上。

昭和16年（1941），國民學校令公布，以「皇國之道」為教育原則，強調作為皇國民之任務，即是在戰爭中發揮「國體」之精神，為天皇效忠。第三期《初等科國史》〔註16〕完全反映了戰爭之時勢，此時的「國體」強調的是具有「神性」的國體，自神武天皇東征以來，在戰爭中即不斷有神幫助日本，與神國觀念配合的是以日本為首之「東亞共榮圈」的理想，加重了外國

〔註14〕 參見《臺北文物》第三卷第二期（1954年），本期主要在探討臺灣新文學運動的語文問題，而後數期亦對三〇年代的「文學創作」多所介紹。

〔註15〕 戶田金一，《國民學校——皇國之道》（東京：吉川弘文館，1993），42～44。轉引自蔡蕙光〈從「認識日本」到「認識中國」——日治時期與戰後初期臺灣初等歷史教育的比較〉，《歷史意識與歷史教科書論文集》（臺北：稻鄉，2003），106。

〔註16〕 臺灣總督府在臺灣共發行了二期公學校歷史教科書，分別為1923年第一期與1937年第二期，至1943年，臺灣則與日本本土一樣使用文部省出版的教科書——初等國史，稱之為第三期歷史教科書。引自蔡蕙光〈從「認識日本」到「認識中國」——日治時期與戰後初期臺灣初等歷史教育的比較〉，《歷史意識與歷史教科書論文集》（臺北：稻鄉，2003），頁109。

史之比重，以日本海外發展史作為支持「東亞共榮圈」的歷史。要求臣民忠勇報國，為了掩飾戰爭之殘酷，「死亡」在教科書中是壯烈與淒美的。在此一冊的教科書中，戰爭時期的「流行詞彙」遍佈於過去的歷史敘述當中，如此一來，日本的過去歷史以當代史的方式呈現，時間似乎「靜止」於戰爭時局中。〔註17〕

　　而上述的政治社會運動隨著中日戰爭的爆發，皇民化運動的推展而逐漸沉寂，但是上階段政治社會運動所鼓舞的臺灣意識並沒有就此完全消失。在皇民化時期，總督府為使臺灣人能為日本天皇效忠而投身戰局，以國家之力推動說日語、改日姓、養成日式生活習慣，拜日本神社等等。由於日本以強大之國家力量，推展同化政策與皇民化運動，使得臺灣人民國家意識逐漸轉向。曾素秋透過訪問日治末期接受國民學校教育的耆老，口述當時學校課程教學、生活教育、及社會生活；得出了經過日治末期學校教育、及社會制度之洗禮，日治末期的人們對日本的統治心悅臣服，認同日本的國民精神。〔註18〕但是日治時期許多臺灣人民的國家認同與民族認同是不相一致的，他們可能因為教育的關係認同日本這個國家，卻知道自己是漢民族的後裔，〔註19〕而具有「漢民族意識」。

　　而如此紛亂的國家與民族認同，隨著戰局的推展使臺灣人更深切的感受到所謂的「亞細亞孤兒」的悲哀。一方面不被日本政府所信任，但同時亦無法被中國人所接納。吳濁流說道：「在大陸，一般地都以『番薯仔』代替臺灣人。要之，臺灣人總被目為日本人的間諜……開戰後日本人再也不信任臺灣人，只是利用而已。臺灣人之中有不少是抗戰份子，為祖國而效命，經常都受著日本官憲監視。來到大陸，我這才明白了臺灣人所處立場是複雜的。」〔註20〕吳濁流的《亞細亞的孤兒》透過「日本文字」娓娓道出了當時身為「臺灣人」被國家（日本）監視被民族（漢人）拋棄的無奈與苦悶。

　　日治時期臺灣人因為強烈的漢民族認同，是故對「祖國」懷抱著無限的情感投注，但這並不代表當時臺灣人的國家認同是中國，「祖國」那是祖先的國度並不能直接等同於是我的國度，在日本殖民統治之下的臺灣人清楚的認

〔註17〕蔡蕙光，〈日治時期臺灣公學校的歷史教育——歷史教科書之分析〉（國立臺灣大學歷史學研究所碩士論文，2000），頁 121～124。

〔註18〕曾素秋，〈日治時期臺灣國家認同教育之探討（1895～1945）〉，國立臺灣師範大學教育研究所博士論文，2003。

〔註19〕周婉窈，〈實學教育、鄉土愛與國家認同——日治時期臺灣公學校第三期「國語」教科書的分析〉，《臺灣歷史研究》，第 4 卷第 2 期（1997），頁 7～55。

〔註20〕吳濁流，《無花果》（臺北：前衛出版社，1988），頁 125。

知到自己是屬於日本國籍的，但是認知也不完全等同於認同，臺灣人的漢民族認同夾在兩個不同的國家認同之中是矛盾的，而這樣的矛盾隨著中日兩國戰爭的爆發而尖銳化。

小　結

　　臺灣意識在清領初期只有源自祖籍的「漳州意識」、「泉州意識」或「閩南意識」、「客家意識」等。但1860年代以後，臺灣漢人已逐漸形成以臺灣為認同對象的「本土意識」。

　　進入日治時期，臺灣意識表現出漢民族對抗大和民族的漢族意識，亦表現出統治階層與被統治階層的階級意識。在漸進政策時期，日本殖民政府透過公學校教育，形塑臺灣人民認同日本之國民精神，建構臺灣人對日本帝國的認同感。同時中上層臺灣精英透過漢文書房與詩社，民間社會則透過祠堂與鸞堂等方式努力的保存著漢文化，默默地展現著漢族意識。

　　同化政策時期因世界民族自決思潮的蔓延，一波波政治社會運動的展開如「六三法撤廢運動」、「臺灣議會設置請願運動」、「臺灣民眾黨」、「臺灣地方自治聯盟」等，「臺灣文化協會」的成立影響更是深遠，臺灣的「漢族意識」及「階級意識」同步昂揚，關懷臺灣鄉土的「本土意識」亦隨之被大聲歌詠，此時期「臺灣人」這個符號，相對於統治階級的「日本人」，逐漸成為了一個新的「想像的共同體」，而這個新的「想像的共同體」雖然初期還是以漢族意識來對抗大和民族意識，但以臺灣為主體性的概念亦逐漸成形，而萌芽於此階段的臺灣民族意識，成為戰後臺灣國族主義的先聲。

　　但進入皇民化階段，由於日本以強大之國家力量，推展皇民化運動，以「皇國之道」為教育原則，強調作為皇國民之任務，即是在戰爭中發揮「國體」之精神，為天皇效忠。經過日治末期學校教育、及社會制度之洗禮，使得臺灣人民國家意識逐漸轉向，日治末期的人們對日本的統治心悅臣服，認同日本的國民精神。但是日治時期許多臺灣人民的國家認同與民族認同是不相一致的，他們可能因為教育的關係認同日本這個國家，卻知道自己是漢民族的後裔。而如此紛亂的國家與民族認同，隨著戰局的推展使臺灣人更深切的感受到所謂的「亞細亞孤兒」的悲哀。一方面不被日本政府所信任，但同時亦無法被中國人所接納。

　　由於長達半個世紀的日本殖民統治，在日治環境下接受日本教育成長的

年輕人，雖有著漢民族的情懷但卻又深受日本現代文化的影響，日語的普及
對於臺灣人的思維方式已有著顯著的影響，親日情懷或多或少或深或淺已在
年輕的一輩心中發芽成長。在長達半個世紀的時間裡，臺灣人與日本殖民政
府間既存在著對抗，卻又有著融合的發展。而這樣的「日治時期的經驗」在
戰後又轉變成為了臺灣國族主義者對抗「大中國主義」的利器。臺灣本土化
運動的特徵之一便是以美化「日治時期的經驗」來詮釋臺灣當前的經濟成就
與臺灣文化的部分特質，以擺脫中國的陰影。

第三章　戰後臺灣意識的變遷

　　延續第二章所論及的日治時期臺灣社會紛亂的國家（日本帝國）與民族（漢民族）認同，本章探討戰後臺灣意識的變遷，關注的重點仍在戰後臺灣意識中關於民族與國家認同的變遷，本章主要以中國國族主義與臺灣國族主義這兩個脈落來說明戰後臺灣意識中的民族與國家認同是如何被「建構」的。而何謂「國族主義」，這個詞彙來自英文中的「nationalism」，「nationalism」是一個相當複雜的概念，是故中譯也有了多個版本，一般譯成「民族主義」、「國家主義」、「國族主義」或「國民主義」，都各有其道理，但都不能夠涵括全面。例如：俄國藉著泛斯拉夫主義，企圖主導東南歐各國的政治，這種以血緣為依據的「nationalism」我們可翻譯為「俄國民族主義」。另外，如美國是個移民的國家，19 世紀以來族群更加複雜，所以他們是以國家利益為前提的「nationalism」，是故我們可翻譯為「美國國家主義」。由此可見，「nationalism」的意義必須落實在歷史的脈絡中來理解。

　　1983 年出版的班納迪克・安德森（Benedict Anderson）的《想像的共同體──民族主義的起源與散佈》[註1]一書可說是「近代建構論」的代表作，其將近代「nationalism」發展的歷史脈絡分為四波，而近代臺灣「nationalism」的出現，淵源自日治時期的同化政策階段（參見第二章第二節），正處於安德森所言的「最後一波」也就是一次大戰以後的亞、非洲殖民地民族主義，是對「官方民族主義」的另一面──帝國主義──的反彈，以及對先前百年間先後出現的三波民族主義經驗的模仿與「盜版」。而近代中國「nationalism」

〔註1〕 班納迪克・安德森（Benedict Anderson）著，吳叡人譯，《想像的共同體：民族主義的起源與散布》（上海：上海人民出版社，2003），導讀：頁 8～14。

的出現，也是處於安德森所言的「最後一波」。從晚清以來對帝國主義的反彈下，中國的政治文化精英們從前三波的民族主義經驗中逐漸建構了近代中國「nationalism」，終而創建了中華民國（nation-state）。安德森認爲「最後一波」民族主義的性格相當複雜，因爲他們出現於世界史中人們能夠以較前此要更複雜得多的方式來『模塑』民族的時期，他們不僅同時繼承了多元的思想與行動可能，也同時繼承了前人的進步與反動。

本文傾向將「nationalism」翻譯爲「國族主義」而不用「民族主義」是因爲「民族」（nation）這個概念本身便是一個富有爭議性的議題，傳統「民族」概念，經常將民族視爲一群有共同體質、語言、經濟生活與文化等客觀特徵的人群，被稱爲「客觀文化特徵派」，這樣的民族概念在許多學術研究中仍被奉爲圭臬；更不用說在一般民眾中這樣的觀點更是普遍。但這種傳統的民族意識和民族情感，與近代意義上的「nationalism」有相當大的差別。西方社會人類學界由於費德瑞克・巴斯（Fredrik Barth）等人的貢獻，在 1970 年代以後轉而著重於族群主觀認同的形成與變遷，被稱爲「主觀認同派」。1970 年代至 1980 年代中期，學者們曾爭辯於究竟族群認同是人類資源競爭與分享關係中的功利性工具（建構論），或是人類社會生活中無可選擇的根基性情感（原生論）。

事實上，「工具論者」與「根基論者」的爭論已指出了族群認同的兩大特質——它是工具性的，可因資源環境變化而改變；他也是根基性的，甚至族群情感所造成的認同有時不易改變，且常掩蔽人群間其他社會認同與區分，如性別、階級與地域。﹝註 2﹞而本文論述重點在了解戰後臺灣意識中的民族與國家認同是如何被「建構」的，﹝註 3﹞採用的是安德森對（nation）的定義：「他是一種想像的政治共同體——並且，它是被想像爲本質上有限的，同時也是享有主權的共同體。」﹝註 4﹞有別於傳統「民族」強調血統文化的

﹝註 2﹞ 王明珂，《羌在漢藏之間——一個華夏邊緣的歷史人類學研究》（臺北：聯經，2003），前言。

﹝註 3﹞ 這並不表示筆者認爲原生論無足輕重，就本文問卷所得的結果，新世代八年級生成長於臺灣國族主義昂揚的年代，接受以臺灣爲主體的歷史教育，但仍有 84.3% 的人同意自己是中華民族（華人、漢人）的成員（參見本文表 5-8）。由此觀之，原生論的觀點亦主導著民族的認同，但爲求論說脈絡的清晰，故本文僅就建構論的層面進行論説。

﹝註 4﹞ 班納迪克・安德森（Benedict Anderson）著，吳叡人譯，《想像的共同體：民族主義的起源與散布》（上海：上海人民出版社，2003），頁 5。

概念，安德森的（nation）較偏向於工具論（建構論），強調的是近代國家政治主權的概念，故筆者選擇將「nationalism」翻譯成「國族主義」。

所謂的「中國國族主義」者其主張的是：臺灣是中國的一部分，臺灣的歷史、文化、語言與共同生活經驗都是延續於中國的，並主張臺灣與中國在政治上之統一。相對的所謂的「臺灣國族主義」者主張的則是：臺灣是一個主權獨立的國家，絕非中國的一部分；其次，認爲國民黨政權爲外來政權，缺乏統治臺灣的正當性；第三，認爲臺灣擁有不同於漢文化的獨特文化，包括血緣、語言、宗教或民俗文化；第四，則是不同於中國國族主義的集體記憶。〔註5〕

近代中國受到帝國主義與殖民主義的刺激而建構的中國國族主義，戰後隨著國民黨政權遷移到臺灣，發展於中國大陸的中國國族主義亦因此遷移至臺灣，在黨國體制的建構下曾長期主導著臺灣社會，近代所謂的民族國家都是先有國族主義（Nationalism）再有民族國家（nation-state），但戰後臺灣的發展則是，「中華民國」此一於中國大陸所創建的民族國家（nation-state）遷移到臺灣後，才開始在臺灣社會建構著「中華民族」認同的中國國族主義（Nationalism），這是與現代民族國家先有國族主義（Nationalism）再有民族國家（nation-state）背道而馳的。隨著臺灣民主化的腳步，萌芽於日治時期的臺灣國族主義亦同步昂揚，而今天臺灣社會逐漸擺脫了中國國族主義的建構框架，進入了新一波的臺灣國族主義的建構。

有論者以中國國族主義與臺灣國族主義的分類方式，顯示出本省人與外省人對於國家集體認同與想像的差異。但是，後殖民主義學者 Bhikhu Parekh 認爲，國家認同會隨著其社會環境、歷史情境或是國民的個人目標與信念的變遷，而持續的改變。〔註6〕所以這樣的二分法似乎有所不妥，本省人不一定全都是臺灣國族主義的擁戴者，而外省人亦不一定全都是中國國族主義的擁戴者，且民族文化的認同有時與國家的認同是不一致的，認同中國文化卻支持臺灣獨立的大有人在。是故本章嘗試以三個階段 1. 省籍意識與中國國族主義（1945～1960 年代），2. 本土意識萌芽——臺灣結與中國結（1970～1980

〔註5〕 江宜樺，〈新國家運動下的臺灣認同〉，林佳龍、鄭永年編，《民族主義與兩岸關係》（臺北：新自然主義，2001），頁 181。

〔註6〕 Bhikhu Parekh, 1995, The concept of national identity, New community21（2），p267 轉引自張期玲《國家認同的塑造：以國中的歷史教科書爲焦點》（淡江大學公共行政學系公共政策碩士班，2004），頁 29。

年代），3.臺灣國族主義的昂揚（1990～2011 年），來描繪出戰後臺灣意識在不到百年間，隨著時空環境的快速變遷，兩波不同的國族主義建構的轉換歷程中，臺灣社會複雜的國家認同與糾結的民族情感。

第一節　省籍意識與中國國族主義（1945～1960 年代）

一、省籍意識 〔註7〕 的出現

吳濁流在《無花果》中寫道：「臺灣人具有這樣熾烈的鄉土愛，同時對祖國的愛也是一樣的。……臺灣即使一時被日本所占有，總有一天會收復回來。漢民族一定會復興起來建設自己的國家。老人們即使在夢中也堅信總有一天漢軍會來解救臺灣的。臺灣人的心底，存在著『漢』這個美麗而又偉大的祖國。」〔註 8〕等待了半個世紀之久，臺灣人的夢想成真了，但真實卻與想像的大不相同，臺灣人心中的所謂「祖國意識」在光復後經歷了戲劇性的轉變。「忍辱包羞五十年，今朝光復轉淒然」〔註 9〕葉榮鐘這首詩清楚的描繪了光復前後臺人心境的轉變。

光復後國民黨政府的政治腐敗驅散了臺灣人的祖國情懷。葉榮鐘在《小屋大車集》中寫道：「有人說陳儀長官在法理上代表國民政府，而國府又是祖國的代表，那麼歡迎陳儀長官不是就等於歡迎祖國嗎？這樣的三段論法當然可以成立，但這並不是邏輯的問題，這一股熱情所祈求的是血的歸流，是五千年的歷史和文化的歸宗，陳儀不配作我們傾注情感的對象。」〔註 10〕

省籍情結在光復之初就已經浮現，1945 年臺灣的光復，臺灣因為成為了中華民國統治下的一個省份，這樣的制度性的「省制」區分了他者與我群的身分，讓戰前原分屬交戰兩方的本省人與外省人相遇，而這場相遇可說是時代所造成的悲劇。日治 50 年讓本省人的經濟、社會、文化等走向現代化，風俗民情與外省人已不盡相同，對於外省兵素質的低落，及外省官的貪污腐化，不免而有「狗去豬來」之感慨。而對外省人而言，走過長達八年抗日民族保

〔註 7〕 戰後臺灣因為成為了中華民國統治下的一個省份，這樣的制度性的「省制」
　　　　區分了他者與我群的身分，因而形成了本省相對於外省的「省籍意識」。
〔註 8〕 吳濁流，《無花果》（臺北：前衛出版社，1988），頁 39。
〔註 9〕 葉榮鐘，《小屋大車集》（臺中：中央書局，1977），頁 212。
〔註 10〕 葉榮鐘，《小屋大車集》（臺中：中央書局，1977），頁 213。

衛戰，南京大屠殺的血海深仇還歷歷在目，看著腳踩著木屐，口中三不五時竄出日語的本省人，又何來好感與信任可言。在光復之初，雙方不同的生活經驗讓彼此的誤解與衝突不斷，加上權力的分配不公等問題，因而形成了本省相對於外省的「省籍意識」。

　　光復初期流傳的「五天五地」——「盟軍轟炸驚天動地、臺灣光復歡天喜地、官員接收花天酒地、政治混亂黑天暗地、民生痛苦喚天叫地」清晰的描繪出臺灣人從希望、失望到絕望的歷程，政治上對行政長官公署的不滿、社會上本省人與外省人的衝突，經濟上通貨膨脹的困境，而終有二二八事件的爆發，而二二八事件更進一步深埋了省籍情結，隨著國軍的軍事鎮壓與清鄉，更讓彼此的差距沒有拉近緩和的機會。

　　對本省人而言，外省人取代了日本人成為新的壓迫者，省籍情結的內涵中相當成分是所謂的「階級意識」，本省人與外省人呈現著被統治階級及統治階級，在權力分配的極度不公下，本省人與外省人的隔閡，使原本的本省人的漢民族認同與祖國認同斷裂了，我者（本省人）與他者（外省人）的意識使海外臺獨（臺灣國族主義）開始醞釀，但臺灣島內卻在緊接而來的戒嚴與白色恐怖中，從噤若寒蟬到集體失憶，記憶的是黨國體制所建構的中國國族主義。

二、中國國族主義的建構

（一）反共懷鄉文學

　　久別重逢的振奮並無法密合那日本殖民統治 50 載所帶來的落差與疏離。在民間社會及公私機構裡，臺灣人與外省人的隔膜處處存在。光復初期從大陸來的外省人常有這樣的經驗：

> 在無意的言談中，臺灣同胞卻慣常說：「你們中國」怎樣怎樣，「我們臺灣」怎樣怎樣，「你們中國人」怎樣怎樣，「我們臺灣人」怎樣怎樣。有一次，我看到有個來客到某機關裡去找一位外省職員，那臺灣門房告訴他：「先生不在，回去了。」「回到那兒？他家住在那裡？」來客問。「他回到中華民國去了」臺灣門房答著。這當然不是有意的，而只是一種潛意識的表現。〔註11〕

〔註11〕姚隼，〈人與人之間及其他〉，《臺灣月刊》二期 1946 年 11 月，頁 64～65。

　　這種潛意識的表現，對於中華民國政府而言是一種統治的危機，如何讓臺灣人潛意識的「你們中國」，變成「我們中國」。國民政府推動國語政策來清除日本文化的遺留，凝聚國家共識。推廣國語（北京話），禁止在學校使用方言，並將鄉鎮、街路、學校的名稱，改用中山、中正、忠孝等，以彰顯偉人與民族精神，使臺灣社會母語流失，鄉土文化長期受到忽視。

　　政府以反共為基本國策，強調「保密防諜」，鼓吹愛國的憂患意識。官方主導大部分藝文團體的活動方向，還有專人檢查報章雜誌的內容，1954 年在「中國文藝協會」主導下，發動「文化清潔運動」，發表「除三害」宣言，要清除文化界的赤色、黃色、黑色的毒。反共文學至此成為文化的主流，其他文類都在政治的壓抑下淪為旁枝末節。彭瑞金也在他的《臺灣新文學運動四十年》〔註 12〕中，以「從蒼白的大地上迸出來的綠意」的標題，認為「總結五○年代的臺灣文壇，是隨著撤退軍隊來到臺灣的「中國」作家喧賓奪主主控一切的局面下，配合以官方基於政治目標主導的文藝政策，臺灣本土作家靠邊站，淪為文壇邊緣人的文學。……十年間文藝不但離地生長，而且離群索居，完全不顧及臺灣這塊土地上生活的人民的過去與現在，更遑論未來，全是一廂情願不與人與土地溝通接觸的文學。」

　　主導 1960 年代臺灣文壇的中間作家仍是以隨軍遷臺的外省作家為主，時代背景下的散文主題，則自然圍繞在思鄉的主題上。1950 到 1960 年代除了「反共懷鄉文學」，也有不少人擺脫官方制約，從事「現代主義文學」的創作。夾雜在「反共懷鄉文學」及「現代主義文學」，臺灣本土作家吳濁流於 1964 年創辦《臺灣文藝》，也許算當時的一小片綠地。〔註 13〕

　　中國傳統文化成為官方推動的主流價值。其中歷史教育更是扮演了重要的角色，歷史教育是形塑民族認同與國家認同的重要手段，在黨國體制的操控下，一方面展開去日本化的教育與宣導，另一方面則加強中國化的政策。（請參見第四章第一節）

（二）國定節日的訂立

　　1945 年臺灣統治權的轉移，意味著臺灣內部的認同、語言、教育等必須面臨重整，經由國民黨政權化約、移植而來大中國主義的歷史記憶與想像，充斥在人民的日常生活中，透過國定節日的慶祝和紀念儀式中勾勒出鮮明的

〔註12〕彭瑞金《臺灣新文學運動四十年》臺北市：自立晚報社，1991。
〔註13〕李筱峰，《臺灣史 100 件大事（下）戰後篇》（臺北：玉山社，1999），頁 95～196。

形象，戰後在國民黨政府主導下長期被慶祝或紀念的節日，塑造了臺灣人共同的歷史圖像與思想。

表 3-1　中華民國國定節日法規之沿革（民國 31～43 年）

法 規 沿 革	法規要旨及節日變動
民國 31 年 3 月 5 日國民政府令公布「國定紀念日日期表」	中華民國開國紀念（1 月 1 日） 革命先烈紀念（3 月 29 日） 孔子誕辰（8 月 27 日） 國慶（10 月 10 日） 國父誕辰（11 月 12 日）
民國 37 年 9 月 8 日總統令修正「國定紀念日日期表」	*增加抗戰勝利紀念（9 月 3 日） *明文規定紀念日紀念方式，除抗戰勝利紀念未休假外，均休假一天。
民國 43 年 1 月 27 日行政院臺(43)內字第 0623號令訂定發布「紀念日（或節日）紀念辦法」	*紀念日分為兩類 「甲類國定紀念日」：五種 　中華民國開國紀念（1 月 1 日） 　革命先烈紀念（3 月 29 日） 　孔子誕辰紀念（9 月 28 日） 　國慶紀念（10 月 10 日） 　國父誕辰紀念（11 月 12 日） 「乙類紀念日（或節日）」：四種 　民族掃墓節（4 月間農曆清明） 　勞動節（5 月 1 日） 　抗戰勝利紀念日（9 月 3 日） 　聯合國日紀念日（10 月 24 日） *甲類由各地政府召開大會、懸旗，並休假一日；乙類不休假，由有關機關團體集會。未規定之各種紀念日（或節日），得由有關機關團體自行紀念。

資料來源：周俊宇，〈戒嚴、解嚴與集體記憶——以戰後臺灣的國定節日為中心〉，《臺灣文獻》，第 58 卷第 4 期（2007 年 12 月），頁 48。

　　由表 3-1 中華民國政府從民國 31～43 年，國定節日法規之沿革。周俊宇歸納這些紀念日呈現了一些重要的思想內含：

1. 文化道統的追求

　　透過「孔子誕辰紀念日」的尊孔思維，成為國民黨追求及維護統治正當性的象徵之一，延續著中國歷代祭孔大典和衍聖公制度的臺灣，儼然就成為

國民黨庚續中國文化道統的一個小朝廷。而遙祭黃陵的「民族掃墓節」對戰後臺灣而言是一個全新的移入，與臺灣漢人社會傳統的清明掃墓習俗相結合，將這個被建構為「中華民族」共同始祖的黃帝深入臺灣人心，讓臺灣人在掃墓祭祖的同時，遙祭遙念著大陸，如此一來身為「復興基地」的寶島臺灣，擔負著「反攻大陸，解救大陸同胞」的重任，是多麼的合情合理，偉大而又神聖。

2. 黨國關係的建立

1939 年與國民黨關係密切的三民主義青年團成立後，原先呈准中央以每年的 5 月 4 日為青年節。1943 年 3 月 29 日，三青團召開第一次全國代表大會，決議將青年節改定為 3 月 29 日與革命先烈紀念日合併。同是強調青年在國家發展中的角色，黃花岡之役與五四運動不同之處在於，它的歷史是屬於國民黨的，這樣的改動使該節日更添幾許黨國色彩。國民革命史觀成為官方國定節日論述的主流，這些論述在國民黨撤出大陸後，在臺灣藉由教育、媒體等國家機器的全面掌控發揮其影響力。在中華民國開國紀念、革命先烈紀念、國慶紀念、國父誕辰紀念、抗戰勝利紀念日、聯合國日紀念日中，經國民黨化約詮釋，強調黨與國命運相繫的歷史記憶，也長期成為臺灣社會中集體記憶的重要部分，而也由此鞏固了黨國體制的統治模式。

3. 領袖形象的塑造

國民政府在 1940 年決議稱孫中山為中華民國國父，1942 年訂其生辰為國父誕辰紀念日，隨著政權來臺後，國父孫中山就成為威權體制下塑造偉人形象的一個符號，每逢其誕辰中央皆舉行中樞紀念儀式，強調發揚國父革命精神及落實其遺教與治國之關聯。而蔣公誕辰紀念日，事實上早在該節日尚未成為法定節日前，臺灣社會已經長期以舉國規模為其個人祝壽，即使蔣中正個人每每於事前謙辭祝壽。〔註14〕

Peter Burke 在《製作路易十四》一書中，談及展演、再現及政治權力塑造的關聯性，〔註15〕透過國定節日的各種儀式，配合廣電媒體的聯播及報章雜誌的動員，國民黨政權不斷的展演、再現了大中國主義的歷史記憶與想像，

〔註14〕 周俊宇，〈戒嚴、解嚴與集體記憶——以戰後臺灣的國定節日為中心〉，《臺灣文獻》，第 58 卷第 4 期（2007 年 12 月），頁 51～58。

〔註15〕 Peter Burke 著，許綬南譯，《製作路易十四》（臺北市：麥田出版，1997），頁 3～19。

亦成功塑造了黨國的權威及領袖的崇拜，而大中國主義、黨國體制、及領袖崇拜的建構，亦使外來的國民黨政權合理化了其支配統治著臺灣的正當性。正如克里斯・哈曼（Chris Harman）所言：「民族性（ethnicity）可以超過社群公有主義，而以最野蠻的手段強施新的民族國家界線。」〔註16〕

第二節　本土意識萌芽——臺灣結與中國結
（1970～1980 年代）

臺灣經濟起飛之際，卻陷入國際孤立的外交困境中，政府高倡革新保臺。國內外的有識之士，則掀起回歸鄉土、關懷社會的熱潮，長期被忽視的本土文化，終於展現了春風吹又生的力量。展現在文藝上，鄉土文學興起，強調社會寫實，生動描寫民眾的生活，如黃春明的兒子的大玩偶、王拓的金水嬸等。歌仔戲、布袋戲等重新引發社會大眾對本土戲劇的重視。以臺灣社會、鄉土文學為題材的新電影，風行一時。而紅葉、金龍少棒隊擊敗日、美強敵，締造三冠王的戰績，更是在國際孤立的年代中鼓舞著、激勵著、凝聚著臺灣人心。

另外，擺脫了西洋、東洋的流行音樂，寫詞、作曲、演唱都是自己創作的校園民歌亦開始流行。侯德健的一首《龍的傳人》引起了廣大的共鳴，撫慰著當時失落的人心。本節從 1970 年代末期的鄉土文學論戰及校園民歌談起，論說在時代巨變中臺灣知識菁英們逐漸萌發的本土意識，再到1980 年代初期形成的臺灣結與中國結的臺灣意識論戰，在戒嚴的年代開始觸碰那思想的禁區。最後透過國定假日的變遷來論說時代巨變中，官方的中國國族主義又有怎樣的反應與修正。

一、本土意識的萌芽——鄉土文學論戰

1960 年代末期到 1970 年代之間，隨著臺灣經濟發展的繁榮、加上國際孤立的時局，及文學發展本身的困境，於是向現實紮根、回歸鄉土的呼聲高漲。如：鍾肇政的《臺灣人三部曲》；黃春明《莎喲娜啦・再見！》、《鑼》、

〔註16〕克里斯・哈曼（Chris Harman）著，白曉紅譯，《民族問題的重返》（The Return of National Question）（臺北：前衛出版社，2001），頁 113。轉引自林正珍，《近代日本的國族敘事——福澤諭吉的文明論》（臺北：桂冠出版，2002），頁 124。

《兒子的大玩偶》、《小寡婦》；陳映眞的《第一件差事》、《將軍族》；王禎和的《嫁妝一牛車》；王拓的《金水嬸》、《望君早歸》；楊青矗的《在室男》、《工廠人》等等。

　　但討伐之聲開始出現，在 1977 年 4 月份的《仙人掌雜誌》上，王拓、銀正雄、及朱西甯的三篇文章爲整個「鄉土文學論戰」正式揭開了序幕。王拓認爲鄉土文學的興盛是可喜的現象。至於鄉土文學的書寫對象，不應該僅包括所謂的農村文學，也還應該包括以描寫都市生活爲主的社會現實文學，所以他建議以「現實主義文學」這個稱謂，來取代「鄉土文學」這個標誌。〔註17〕銀正雄則大力批評王拓以及其他所謂鄉土文學作家的作品，「有變成表達仇恨、憎惡等意識的工具的危機」〔註18〕。朱西甯〈回歸何處？如何回歸？〉〔註19〕一文認爲過於強調鄉土有可能流於地方主義，而且部分鄉土文學論者有主張臺灣獨立的嫌疑。他質疑：「在這片曾被日本佔據經營了半個世紀的鄉土，其對民族文化的忠誠度和精純度如何？」朱氏的論調讓人有重回 32 年前臺灣光復之初的錯亂之感，在光復之初對臺灣的不信任感，在共同走過了 32 年的歲月之後，這份不信任感依舊如此之鮮明。

　　同年 8 月，彭歌在《聯合報》上發表〈不談人性，何有文學？〉〔註20〕點名批判王拓、尉天聰及陳映眞三人，指責他們「不辨善惡，只講階級」，和共產黨的階級理論掛上鉤。余光中也發表〈狼來了〉〔註21〕，認爲臺灣的鄉土文學就是中國大陸的「工農兵文學」，其中若干觀點和毛澤東的〈在延安文藝座談會上的講話〉，「竟似有暗合之處」。彭歌與余光中爲鄉土文學扣上了「中共同路人」的紅帽子，於是一場原本是關於文學和社會現實之關係的討論，引起國民黨官方的側目，而主動開始攻擊所謂的鄉土文學作家。

　　根據楊碧川的資料，單單是國府官方以及所謂的《中國時報》和《聯合報》兩大報，從 1977 年 7 月 15 日到 11 月 24 日爲止，就有五十八篇文章攻擊

〔註17〕王拓，〈是「現實主義」文學，不是「鄉土文學」〉第二期（臺灣：仙人掌雜誌，1977），頁 53～73。

〔註18〕銀正雄，〈墳地裡哪來的鐘聲？：從王拓的一篇小說談起，兼爲「鄉土文學」把脈〉第二期（臺灣：仙人掌雜誌，1977），頁 137。

〔註19〕朱西甯，〈回歸何處？如何回歸？〉，《鄉土文學討論集》（臺北：遠景，1978），頁 219。

〔註20〕彭歌，〈不談人性，何有文學（上）（中）（下）〉，聯合報，1977 年 8 月 17～19 日，聯合副刊。

〔註21〕余光中，〈狼來了〉，聯合報，1977 年 8 月 20 日，聯合副刊。

鄉土文學。1977 年 8 月 29 日，國民黨爲此召開第二次文藝會談，共有 270 多
人參加，而所有所謂「有問題」的作家，都未被邀請參加該次座談。當時擔
任中華民國總統的嚴家淦，並出面大聲疾呼，要作家們「堅持反共文學立場」。
直到 1978 年 1 月，在臺北召開的「國軍文藝大會」上，楚崧秋期待文學界要
平心靜氣、求眞求實，共同發揚中華民族文藝。總政戰部主任王昇則強調要
團結鄉土，鄉土之愛，擴大了就是國家之愛、民族之愛。這次大會意味著官
方對鄉土文學之批判的終止，也爲「鄉土文學論戰」畫上了一個暫時的休止
符。〔註22〕

　　此次鄉土文學論戰之後，關懷本土、回歸鄉土的主張，形成了一股風潮。
回顧那段歷史，在 1970 年代的時空背景下，所謂的「鄉土」與今日的定義
並不完全相同。1970 年代「鄉土」或「本土」大抵有三層意義。1. 以「中
國」相對於「西方」2. 以「臺灣」相對於「中國」以及「西方」，但這種思
想在當時戒嚴的環境中，沒有太明顯的表露 3. 以「農工大眾」相對於「資
本家及統治者」。在同樣的「鄉土」符號下，每個人心中的定義都不相同，
國族的想像也大不相同，也因此當年被劃歸「鄉土文學」陣營裡的人，都有
今天的「統派」和「獨派」人士。〔註23〕

　　1970 年代關懷本土、回歸鄉土的風潮，除了對文壇創作產生影響之外，
其他電影、美術等也受影響。最明顯而立即反映的是當時掀起了一股「唱自
己的歌」的「校園民歌」風潮。

二、校園民歌——唱自己的歌

　　　島嶼在感覺到孤獨的時候開始唱起自己的歌

　　　　　　　　～蔣勳〈思想起　李雙澤——30 年前的悼念〉

　　「校園民歌」係指 1970 年代中期起，起源於校園，曲風清新淳樸的歌曲。
是當時臺灣一批眾多年輕人所自覺創作的國語流行音樂，其最初的動機有對
西洋流行音樂的反思、對當時國語流行歌曲的不滿及對音樂本身的熱愛。還
有的是年輕人對 1970 年代臺灣政治社會劇烈變遷，及國際孤立的外交環境所
做的反應。因此，企圖尋找屬於自己語言和自己所認同、喜悅的歌曲來，而
慢慢形成的一個運動風潮。在主題上，跳脫昔日國語流行歌曲題材的侷限與

〔註22〕楊碧川，《臺灣歷史詞典》（臺北：前衛，1977），頁 335。
〔註23〕李筱峰，《臺灣史 100 件大事（下）戰後篇》（臺北：玉山社，1999），頁 97。

狹窄，將關懷觸角延伸到周遭人事物，社會寫實、民族國家、鄉土情感、自然田園、童年記趣、親情、友情、愛情等，呈現出豐富而多樣的面貌。

從 1975 年楊弦的「現代民謠創作演唱會」及 1976 年李雙澤「唱我們自己的歌」事件點燃了校園民歌運動的風潮開始，及至 1981 年逐漸走向沒落，蔡明振將校園民歌短短數年的發展歷程分為了 4 個階段，萌芽期（1975.06～1976.12）、推廣期（1977.01～1977.11）、興盛期（1977.12～1981.04）、沒落期（1981.05～1981.12），萌芽期與推廣期的階段，校園民歌的風格是由理想取向所主導，內容偏重民族、國家、鄉土關懷當然也有個人的抒懷，楊弦與李雙澤便是此兩階段的代表人物，興盛期到沒落期則因商業的介入，理想轉淡，校園民歌由理想轉而為商業取向所主導，內容則偏重個人情感的宣洩，少了對民族、國家、鄉土的關懷。〔註 24〕故本文僅就萌芽期與推廣期階段的楊弦與李雙澤去進行分析，探究 1970 年代中後期校園民歌所呈現出來的臺灣意識。

（一）1975 年楊弦的「現代民謠創作演唱會」

1975 年 6 月 6 日，楊弦在臺北中山堂，以「現代民謠創作演唱會」的名義開唱，將余光中詩集《白玉苦瓜》用「以詩入歌」的方式譜曲，發表了〈民歌手〉、〈白霏霏〉、〈江湖上〉、〈鄉愁四韻〉、〈小小天問〉、〈搖搖民謠〉、〈鄉愁〉、〈民歌〉等八首音樂創作作品，創作作品發表會中，楊弦說：「雖然面對著屹立的西洋搖滾樂和流行歌曲的洪流，我們仍憑著一股信心和一份對鄉土的執著，試著去尋找一條能供我們沐浴心靈的清溪。」〔註25〕楊弦的「鄉土」有著濃濃的「中國」味，楊弦在追溯其演唱的情景說道：「我唱『民歌』的時候，覺得那已經不只是一種鄉愁而已，而是一種中國長久被壓抑，渴望掙扎，突破的力量在奔張，唱到後來，激動的快唱不出來了。」〔註26〕，其對「中國」的感懷，由歌詞中表露無遺。

〔註24〕蔡明振，〈「時代樂府」──民國六○年代〔七○年代〕校園民歌之研究〉（中國文化大學中國文學研究所，2004），頁 56～57。

〔註25〕楊弦，《楊弦的歌》（臺北：書評書目，1977），頁 73。轉引自蔡明振，〈「時代樂府」──民國六○年代〔七○年代〕校園民歌之研究〉（中國文化大學中國文學研究所，2004），頁 41。

〔註26〕楊弦，《楊弦的歌》（臺北：書評書目，1977），頁 74。轉引自蔡明振，〈「時代樂府」──民國六○年代〔七○年代〕校園民歌之研究〉（中國文化大學中國文學研究所，2004），頁 131。

〈鄉愁四韻〉

　給我一瓢長江水啊長江水

　那酒一樣的長江水

　那醉酒的滋味是鄉愁的滋味

　給我一瓢長江水啊長江水

〈鄉愁〉

　而現在　鄉愁是一灣淺淺的海峽　我在這頭　大陸在那頭

〈民歌〉

　傳說北方有一首民歌

　只有那黃河的肺活量能歌唱

　從青海到黃海

　風也聽見　沙也聽見

〈江湖上〉

　一片大陸　算不算你的國

　一個島　　算不算你的家

　一眨眼　　算不算年少

　一輩子　　算不算永遠

　答案啊答案　在茫茫的風裡

　　而前三曲可以看到懷念中國大陸的故鄉情懷，延續的依舊是 1950 到 1960 年代的懷鄉文風，官方建構的大中國意象依舊主導著 1970 年代的國族想像，但 1970 年代的外交困境，也讓迷惘與困惑在當時的臺人心中漸漸蔓延開來，故〈江湖上〉開始探問「一片大陸，算不算你的國。一個島，算不算你的家。」這樣的探問在李雙澤的身上更加明顯。

（二）1976 年李雙澤「唱我們自己的歌」事件

　　1976 年 12 月 3 日，淡江文理學院在校內舉辦「西洋民謠演唱會」，本擔任表演者的胡德夫因傷未能出席，由李雙澤代為上場。李雙澤看到其餘演出者，還是唱著西洋歌曲。等到他上場時，他背著一把吉他，手握著一瓶可口可樂上臺，開場白就說：「從國外回到自己的土地上真令人高興，但我現在喝的還是可口可樂。」他將可樂放下，問第一位上臺演唱的同學：「你一個中國人唱洋歌，什麼滋味？」接著開始演唱《補破網》、《恆春之歌》、《雨夜花》

等三首臺灣民謠，接著又唱《國父紀念歌》，唱完這首歌本來準備下臺的他，因為臺下觀眾的反應很不一樣，噓聲、喝采聲互相交織。本要下臺的他再次回到麥克風前，並對觀眾說：「如果你們不滿意的話，我也沒有辦法了。」然後憤怒的又拿起吉他，說：「你們要聽洋歌？洋歌也有好的。」激動的唱了 Bob Dylan 寫的〈Blowing In The Wind〉。在下臺前又問了觀眾一個問題：「你們為什麼要花 20 塊錢，來聽中國人唱洋歌？」隔天便燃起臺灣藝文界對「中國現代民歌」的論戰，並在之後幾期的《淡江周刊》上有熱烈討論，史稱「淡江事件」。〔註27〕

　　李雙澤對於年輕人沉迷於西洋歌曲，他認為社會要負一切的責任，因為太多人鼓勵這些東西，卻沒有人站出來抗議，也沒有人為年輕朋友製作中國民歌，讓他們有選擇的餘地。提到楊弦，李雙澤表示欽佩，但他不喜歡楊弦的做法，因為所謂「民歌」就是要大家都能上口，不能加進太繁複華麗的旋律，太具有西洋音樂的色彩。李雙澤曾嘗試過作曲，但是他認為這要大家一起來，從生活中找尋題材，甚至改編舊有的民歌。〔註28〕

　　淡江事件後到 1977 年 9 月 10 日李雙澤逝世前，〔註29〕李氏不斷創作，用自己的語言來貫徹「唱自己的歌」，李雙澤因為早逝並未出版發行過專輯唱片，其創作作品收集於梁景峰所編輯的《再見，上國／李雙澤作品集》〔註30〕。集中有〈心曲〉、〈我知道〉、〈紅毛城〉、〈老鼓手〉、〈愚公移山〉、〈美麗島〉、〈少年中國〉、〈我們的早晨〉、〈送別歌〉等九首歌曲。

　　李雙澤的詞曲中依舊包含著官方所建構的大中國意象，以改編自蔣勳詩作而成的少年中國，依舊懷念遙遠的山河、祖國的土地。

〈少年中國〉（曲及改編詞：李雙澤，原詩：蔣勳）
　　我們隔著迢遙的山河　去看望祖國的土地
　　你用你的足跡　我用我遊子的鄉愁　你對我說
　　古老的中國沒有鄉愁　鄉愁是給沒有家的人

〔註27〕蔡明振，〈「時代樂府」——民國六〇年代〔七〇年代〕校園民歌之研究〉（中國文化大學中國文學研究所，2004），頁 43。

〔註28〕呂欽文，〈為什麼不唱？為什麼不唱！〉，《淡江週刊》第 663 期，臺北：淡江週刊，1976 年 12 月 20 日。

〔註29〕1977 年 9 月 10 日，李雙澤在淡水興化店海灘因拯救溺水的外國遊客而淹死，得年 28 歲。

〔註30〕梁景峰，《再見，上國／李雙澤作品集》臺北：長橋出版社，1978 年。

少年的中國也不要鄉愁　鄉愁是給不回家的人

蔣勳在〈思想起　李雙澤——30年前的悼念〉〔註31〕中寫到：「戰後統治島嶼的軍事強人去世了，軍事強人代表的威權不容易覺察地一點一點鬆動。美軍撤退了，許多邦交國陸續撤離大使館，島嶼被排斥在聯合國組織之外，大家意識到：「威權」原來是一種假相，島嶼在世界上原來這麼孤立。我們能夠很認真地去愛一個孤獨的島嶼嗎？……島嶼在感覺到孤獨的時候開始唱起自己的歌。」故李雙澤相較於楊弦的作品，所關懷的主題更著重描寫的是自身所存在的這一塊土地上的歷史、傳統、景物與人民。

〈美麗島〉（陳秀喜詩，梁景峰改寫，李雙澤曲）
　　我們搖籃的美麗島，是母親溫暖的懷抱
　　驕傲的祖先們正視著，正視著我們的腳步
　　他們一再重複的叮嚀，不要忘記，不要忘記
　　他們一再重複的叮嚀，篳路藍縷，以啓山林
　　婆娑無邊的太平洋，懷抱著自由的土地
　　溫暖的陽光照耀著，照耀著高山和田園
　　我們這裡有勇敢的人們，篳路藍縷，以啓山林
　　我們這裡有無窮的生命，水牛、稻米、香蕉、玉蘭花

〈愚公移山〉（曲：李雙澤，詞：楊逵）
　　大肚深似海　水清可見底　大度山不是臥龍崗　龍種早已絕
　　我們要好好學挖地　要深深地挖下去
　　好讓根群能紮實　從現在就要學挖地

〈紅毛城〉　原詞：李利國，改寫：李雙澤，曲：徐力中
　　走過了多少的苦　終於看見　漫漫黑夜以後露出的光明
　　團結起來親愛的同胞　英勇抵抗廢除了所有的不平等條約
　　趕走了所有凶狠的豺狼
　　紅毛城呀　紅毛城　妳是我們的證人
　　紅毛城呀　紅毛城　妳是我們的土地

或許是僑生的背景，李雙澤比起同一代的年輕人更早體會到「殖民」的

〔註31〕蔣勳，〈思想起　李雙澤——30年前的悼念〉，聯合副刊，2006年4月12日。

意義，也因此比很多人更早想到自己的文化、尋求自己的根。除了歌曲、繪畫的創作之外，他也曾經撰文呼籲政府收回並保護淡水的紅毛城（英國雖然1950年就承認中共，但直到1972年才撤除在淡水的領事館，在李雙澤的時代，紅毛城先後由澳洲與美國代管，到1980年中華民國政府才正式收回）。而他的關懷社會、關懷土地與民族主義創作路線，後來由楊祖珺、胡德夫繼續延續，1970到1980年代校園民歌蔚為風潮，盛行不衰。

　　回顧歷史，我們必須很謹慎的掌握當時的時空脈絡，若說1950～1960年代臺灣人的國族想像幾乎完全是官方所建構的大中國主義，到了1970至1980年代臺灣人的國族想像除了官方所建構的大中國主義外，對於臺灣這片鄉土之愛，也在國際孤立的窘境中漸漸的覺醒，故1970年代到1980年代臺灣人的國族想像或可以「在臺灣的中國人」來描述吧！所謂「唱自己的歌」在1970年代可說同時包含著「臺灣」與「中國」以對抗來自於國際的孤立，故李雙澤的創作中包含著「美麗島」跟「少年中國」。

三、臺灣結與中國結——臺灣意識論戰

　　臺灣社會在國際孤立的窘境下，在國際政治上吶喊著中華民國是唯一合法代表中國的政權，對於大陸政權採取的是漢賊不兩立的態度，文化上因政府長久以來灌輸著大中華文化，故臺灣社會普遍以中國人自居，侯德健的「龍的傳人」引起廣大共鳴有其時空背景。「龍的傳人」創作於1978年12月16日，此為侯德健之成名作，當時由於美國與中華民國斷交，轉與中華人民共和國建交。消息傳來後，侯德健奮筆以一小時作成了「龍的傳人」，其後首先經臺灣民歌手李建復演唱，及當時臺灣報紙在官方授意下一再宣傳，最終傳遍所有華人社區，成為言簡意賅、激勵人心的愛國歌曲。

> 遙遠的東方有一條江　它的名字就叫長江
> 遙遠的東方有一條河　它的名字就叫黃河
> 雖不曾看見長江美　夢裡常神遊長江水
> 雖不曾聽見黃河壯　澎湃洶湧在夢裡

　　歌詞中傳達出了濃烈的民族情感，並引起了廣大的共鳴，國際孤立的窘境更加激發了濃烈的民族情感，正如安德森所言的民族是一種想像的共同體，歌詞中「雖不曾看見長江美，夢裡常神遊長江水。雖不曾聽見黃河壯，澎湃洶湧在夢裡。」清晰的展現了這種想像的性質，而這樣的想像源自於何

方呢？侯德健在創作「龍的傳人」的二十年後接受媒體採訪，談到「龍的傳人」的民族情感，侯德健宿命地說：「我是四川人，岡山眷村長大的小孩，從小受反共愛國教育，是一個狹隘的民族主義分子。」〔註32〕

　　侯德健自言這樣的想像來自於教育，教育培養了其對中華文化、中華山川的孺慕之情，但現實政治中臺灣卻又面對著中華人民共和國的威脅及「一個中國」框架的束縛，國際孤立的窘境下，臺灣人高呼著龍的傳人以此自勵，但臺灣人終究迷惘了，誰是龍的傳人呢？我是龍的傳人嗎？臺灣人面對著又一次的斷裂，文化的中國、政治的中國、地理的中國在拉鋸著。1983 年，侯德建無視國民黨政府的禁令，隻身前往大陸，不但使臺灣的國民政府難堪，亦挫傷了當時的臺灣人心，臺灣結與中國結的爭論亦因之而起，「臺灣」與「中國」逐漸地成為兩個相對的概念。

　　《前進週刊》最先報導了這個消息。同時，該雜誌也刊出了楊祖珺對此事件的評論，她說：

> 我看到他（侯德健）心理對自我的期許及要求，從小在歷史課本中看的中國，長大社會中宣傳工具裏的中國，絕對不會因為「龍的傳人」一首歌走紅，就撫平了這愛國孩子的心靈。說得更嚴格點，「龍的傳人」只是侯德健在學時代，輾轉反側深思不解的中國，「龍的傳人」是他揣測、擔憂中的中國。〔註33〕

　　由楊祖珺的文章點出了侯德健事件中的「中國意識」問題，雖然這種意識是從歷史課本及政令宣傳而來，但其成功塑造了當時臺灣年輕一代對「中國」有著濃烈且真實的情感。故陳映真針對侯德健事件在《前進週刊》發表文章，陳映真認為「龍的傳人」在臺灣廣泛流行，並不是一些人所嘲弄的「空想漢族主義」所能解釋，「這首歌整體地唱出了深遠、複雜的文化和歷史上一切有關中國的概念和情感。這種概念和情感，是經過五千年的發展，成為一整個民族全體的記憶和情結，深深地滲透到中國人的血液中」。

　　林世民在《前進週刊》上發表了與陳映真立場迥異的文章。林世民認為侯德健在中國大陸依然找不到那條龍。他表示，「他（侯德健）大陸可以找到的，只是沒有生命的長江，只是沒有生命的山川與古墓。假使他在自己生長

〔註32〕劉淑，民生報民國 87 年 12 月 1 日
〔註33〕楊祖珺，〈巨龍、巨龍，你瞎了眼！〉，《前進週刊》，11 期，臺北：前進出版，1983。

的鄉土找不到那條活生生的龍，他還能在什麼地方找得到？」〔註34〕

在《夏潮論壇》於1984年3月推出批判臺灣結的專題，以及《臺灣年代》稍後製作的專輯出版後，這場論戰在表面上大致畫下休止符。然而臺灣島內關於臺灣意識和中國意識的論戰並未就此結束，主要的爭議基本上在於「臺灣意識的有無」及「如何定位臺灣意識」兩個問題上。臺灣年輕一代的知識份子，長久以來對「臺灣意識」的認同與瞭解，也都在這場長達年餘的論戰中充分表現出來，戰後30年來，還未有過一場論戰能夠如此放膽觸探思想的禁區。〔註35〕

1970年代到1980年代臺灣人的國族想像——「在臺灣的中國人」在經歷這場論戰後，進入到1990年代，臺灣人的國族想像漸漸的被集中到以「臺灣」爲單位，相對於「中國」而言。〔註36〕 1970年代的「中國」與1990年代以後的「中國」涵義亦有所轉變了，1970年代所謂的「中國」，大多指稱的是傳統文化的中國抑或是中華民國，但1990年代以後的「中國」雖亦有文化中國的概念，但「中國」二字已由「中華民國」逐漸轉向指稱「中華人民共和國」。〔註37〕

四、中國國族主義的反應與修正——以國定節日的訂立爲例

面對國際孤立危機下，國民黨政權一方面仍延續過往透過文化道統的宣傳，黨國一體的國民革命史觀及領袖崇拜的塑造來鞏固其統治的正當性，但另一方面卻也更加關注呼應臺灣民間社會的聲音，來強化其政權的合理性。展現在1982年國定假日的變遷如下：

表3-2　中華民國國定節日法規（民國71年）

法　規　沿　革	法　規　要　旨　及　節　日　變　動
民國71年10月29日 內政部臺（71）內民字第 117911號令修正發布「紀念	*「紀念日」：9種 　中華民國開國紀念（1月1日） 　國父逝世紀念日（3月12日）

〔註34〕池煥德，〈「臺灣」：一個符號鬥爭的場域——以臺灣結／中國結論戰爲例〉（東海社會碩士論文，1997），頁56。

〔註35〕施敏輝，《臺灣意識論戰選集‧序》，臺北市：前衛出版，1988。

〔註36〕李筱峰，《臺灣史100件大事（下）戰後篇》（臺北：玉山社，1999），頁97。

〔註37〕參見本文第五章的問卷調查。過半數的八年級生認爲所謂的「中國」就是中華人民共和國。不過，有3成左右的八年級生認爲所謂的「中國」是泛指中華民族（華人、漢人）。不到一成的八年級生認爲「中國」指的是中華民國。

日及節日實施辦法」	革命先烈紀念（3 月 29 日） 先總統蔣公逝世紀念日（在民族掃墓節舉行） 孔子誕辰紀念日（9 月 28 日） 國慶日（10 月 10 日） 先總統蔣公誕辰紀念日（10 月 31 日） 國父誕辰紀念日（11 月 12 日） 行憲紀念日（12 月 25 日） 除國父逝世紀念日外，均休假。 ＊「民俗節日」：春節、民族掃墓節、端午節、 　中秋節、農曆除夕等 5 種，均休假。 ＊「節日」：8 種 　婦女節（3 月 8 日） 　青年節（3 月 29 日） 　兒童節（4 月 4 日） 　勞動節（5 月 1 日） 　軍人節（9 月 3 日） 　教師節（9 月 28 日） 　臺灣光復節（10 月 25 日） 　中華文化復興節（11 月 12 日） 　青年節、教師節、中華文化復興節依同日期紀念日 　之規定休假，其餘節日依特定職業、社群休假，如： 　婦女節為婦女休假，臺灣光復節為臺灣地區休假。

資料來源：周俊宇，〈戒嚴、解嚴與集體記憶——以戰後臺灣的國定節日為中心〉，
《臺灣文獻》，第 58 卷第 4 期（2007 年 12 月），頁 48。

由表 3-2 1982 年的國定假日與 1954 年的（參見表 3-1）相較，可看出兩個面向，一是政治性紀念日的增加，二是民俗節日與節日的倍增，分述如下：

（一）政治性紀念日增加：

除了原本的開國紀念、革命先烈紀念、孔子誕辰紀念、國慶日、國父誕辰紀念日外，與民國 43 年的國定節日相較（參見表 3-1），增加了國父逝世紀念日、先總統蔣公逝世紀念日（在民族掃墓節舉行）、先總統蔣公誕辰紀念日、行憲紀念日，由增加的節日可看出

1. 更強調領袖崇拜

在國際孤立的危局中，更加強調領袖的崇拜來鞏固統治的正當性，1975年蔣中正於 4 月 5 日逝世，由於時間點的巧合將之和民族掃墓節合併，該節

日又與蔣中正個人形象結合，讓臺灣人在掃墓祭祖的同時，還不忘蔣中正這位民族救星。〔註38〕清明節在同為民族掃墓又是蔣公逝世紀念日的安排下，性質已非單純的民間習俗，更有明顯的國家權力操作的痕跡。

2. 強調民主價值

行憲紀念日標示著國民黨政權對民主價值的強調，用以爭取臺灣民眾的支持，蔣經國先生更推動「催臺青」政策吸收臺灣本土菁英進入國民黨政權，在其『臺人治臺』之口號下，政治上進一步開放臺籍人士參選途徑。然而，蔣經國最初仍以有限度之讓步方式，讓臺籍菁英處於居高而權不重之地位參政，賦予執行權，無決策權之配角屬性，但以李登輝為首的臺籍菁英在 1980年代末期，逐漸成為了國民黨政權的主流派。除了增加亦有刪除，退出聯合國後，原本的聯合國紀念日悄悄的被刪除了。

（二）「民俗節日」與「節日」的倍增：

除了政治考量外，亦有現實經濟面的考量，關注呼應臺灣民間社會的需求，衡量總體工商競爭力和民眾休閒權利下逐步調整：

1.「民俗節日」

以往「民俗節日」並不放假，1982 年除原本的民族掃墓節外，尚增加春節、端午節、中秋節、農曆除夕等，且均休假。由這些傳統民俗節日的增加及休假，一來可以與中華傳統文化作連結，進而鞏固中華民國的法統地位，二來也可以當做政府施行的德政，用以爭取臺灣民間社會的支持。

2.「節日」

除關注各個階層與職業，而有婦女節、青年節、兒童節、勞動節、軍人節、教師節等，另外尚有政治性的是臺灣光復節與中華文化復興節的設置，將國父誕辰紀念日定為中華文化復興節，標誌出國民黨政權之於中國文化的道統傳承關係，強化了孫中山不只做為近代中國的民族偉人，更是中華文化道統傳承者之象徵。〔註39〕而臺灣光復節，可說是國民黨政權第一次以臺灣歷史發展的重要時刻所設定的節日，但這個節日意欲彰顯的是國民黨政權

〔註38〕 蔡佩娥，〈國家與民俗節日的關係——以清明節為例〉，《臺灣風物》第 57 卷第 1 期（臺北市：臺灣風物雜誌社，2007 年 3 月），頁 110～118。

〔註39〕 林桶法，〈逐漸模糊的偉人塑像——國父誕辰紀念日相關報導的分析（1950～2004）〉，《第八屆孫中山與現代中國學術研討會論文集》（臺北市：國立國父紀念館，2005），頁 67～70。

對臺灣的貢獻，用以爭取臺灣人的認同。另一個反面來說，國民黨政權開始需要強調其對臺貢獻，亦可看出國民黨威權的逐漸消逝及臺灣社會力的逐漸上升。

第三節　臺灣國族主義的昂揚（1990～2011 年）

　　本省人與外省人共同走過近 40 個年頭，彼此通婚的增加，加上普及的教育，使得原本屬於歷史性、社會性的省籍矛盾已逐漸單純化，而戰後近 40 年和中國大陸有著不同的歷史經驗，以致於不僅是本省人，連「土生土長」（在臺灣出生長大）的外省人也自然而然地產生臺灣自覺意識。〔註40〕一些外省作家逐漸體認到空間上真實的臺灣才是他們活生生的鄉土經驗，在懷鄉的創作上，空間從大陸轉到臺灣來。〔註41〕

　　而伴隨 1987 年解嚴後的另一項重大改革則是開放臺灣人民到大陸探親，因為在赴大陸探親或觀光之後，兩岸分途發展的差異成為許多臺灣人現實的經驗，形成臺灣人的異己感，對照「他者」往往是「我族」形成的重要因素，不管是本省人或者是外省人到了中國大陸，通通變成了「臺胞」，這無疑地是加深了臺灣的自覺意識。上述的時代氛圍加上政治及文化菁英的積極建構，終於形成了 1990 年代萬聲齊鳴的臺灣國族主義，終使中國國族主義逐漸消退，而以臺灣為主體的意識逐漸成為多數人的共識。

　　本節論說政治及文化精英如何參與建構這場臺灣國族主義的盛宴。從 1990 年代李登輝的本土化政策，國民黨的國族論述有了重大轉變；民進黨亦於此時建立了「臺獨黨綱」，臺灣國族主義及臺獨運動能夠自由公開的在臺灣發展，到 2000 年代政黨輪替民進黨扁政府的執政與「臺灣正名運動」更將臺灣國族主義推向高峰。另外，再從 1990 年代到 2000 年代國定假日的變遷分析國族論述的顛覆與重建；最後論說 1990 年代起文化精英中雖然外省作家與本省作家的論述各不相同，但以臺灣為主體卻是共同趨勢，文學書寫的主題從大中國的框架中解放，描繪臺灣、書寫臺灣成了熱門的主題。

〔註40〕若林正丈，《轉型的臺灣——脫內戰化的政治》（臺北：故鄉，1989），頁 47。
〔註41〕吳忻怡，〈「多重現實」的建構：眷村、眷村人與眷村文學〉（國立臺灣大學社會學研究所碩士論文，1996），頁 134～136。

一、李登輝的本土化（臺灣化）政策——1990年代

　　臺灣從 1988 年蔣經國去世，本省的李登輝上臺，已使外省人統治色彩大為褪色。1991 年通過的憲法增修條文，該條文規定中央政府民意代表僅由「自由地區」（即臺灣）選出，亦即中華民國立法部門的權力正當性，是來自於臺灣人民，而排除了中國大陸地區，開啓了中華民國的政治體制正式走向「臺灣化」的第一步，從此以後歷次修憲，都特別標明了參與中華民國中央政府組織的權利是保留給臺灣人民的。

　　長久以來隨著政府遷臺的國民大會代表，因為其象徵著中華民國政府統治全中國的法統，故一直無法進行改選，而 1992 年國會全面改選，不但代表著中國法統，大中國主義的消退，中華民國的政治體制更趨「本土化」，且臺灣政壇的弱勢族群亦反過來從本省人逐漸易位為外省人。另外，李政府執政階段，由內政部主導的新戶籍法於 1992 年 6 月付諸實行。臺灣居民的身分不再沿用行之有年的祖籍，而改用出生地。如此一來，臺灣出生的居民在各自身分證上完全看不出本省籍或外省籍，這一新措施是政府設法在法律上消弭省籍衝突，同時也意味著本土化政策特別指向外省籍第二代子弟。〔註42〕

　　國民黨官方論述對國際關係、兩岸關係及臺灣定位上亦有重大的轉變，紀慧君整理李登輝總統在其上任後到 1994 年的元首元旦文告，發現李登輝總統論述之於過去的創新包括：國際關係上從漢賊不兩立到務實外交，兩岸關係上從反共復國到兩岸雙贏，臺灣定位上從復興基地到臺灣經驗。〔註43〕

　　1996 年在中共的武力恫嚇中，所完成的臺灣史上第一次的總統直選，更使中華民國已經轉變成以臺灣人民為基礎，並具有普遍代表性與正當性的「中華民國在臺灣」。另外，1998 年凍省的政策，除了因為中央政府與臺灣省政府的管轄區域甚多重疊的現實考量外，亦有其更深層的政治意義，因為臺灣省政府仍是大中國主義下的產物，臺灣省的繼續存在，就等同於中華民國政府代表包含大陸地區的法統繼續存在，這個法統的內涵便是「臺灣省（地方政府）是中華民國政府（中央政府）統治全中國下的其中一個省份」，而凍省進一步瓦解著大中國法統，促使中華民國的政治體制更符合臺灣主體意識的原則。

〔註42〕盧建榮，《分裂的國族認同》（臺北市：麥田出版，1999），頁 259～276。
〔註43〕紀慧君，《我國元首論述中價值觀之呈現與轉變——民國 39 年到 83 年元旦文告之語藝分析》（臺北縣：輔仁大學大眾傳播研究所碩士論文，1994），頁 75～78。

1999 年李登輝總統接受「德國之聲」專訪所發表的「特殊國與國關係」（兩國論）主要的論述包括：1. 1991 年的憲法增修條文已將憲法效力限縮在臺灣，並承認中華人民共和國統治大陸的合法性。2. 中華民國的民意機關代表及總統、副總統均由人民直選，所建構出來的機關只代表臺灣人民，國家權力的正當性也僅只源自於臺灣人民的授權，與中國大陸人民無關。3. 中華民國一直是主權獨立的國家，而一九九一年修憲以來，臺灣海峽兩岸關係已定位在國家與國家，至少是特殊的國與國關係，也沒有再宣布臺灣獨立的必要性。﹝註 44﹞由上觀之，中華民國政府不再爭奪代表「中國」的權利，而且更充分表達中華民國政治體制的臺灣化。

李登輝總統的本土化政策除了從中華民國的政治體制進行調整修正，以符合臺灣主體意識原則外，亦從教科書的改革下手，去建構屬於臺灣本土的文化內涵，1997 年《認識臺灣》教科書的推出便是重要的里程碑。（請參見本文第四章第二節）

二、民進黨「臺獨黨綱」的建立——1991 年

民主進步黨利用「黨外公政會」之集會時機，於 1986 年 9 月 28 日宣布成立「民主進步黨」，並於同年 11 月 10 日召開第一次全國大會，為因應年底選舉而通過〈競選綱領〉，明訂：

　　臺灣的前途由臺灣全體住民共同決定。﹝註45﹞

在戒嚴的年代裡，因為「自決」主張具有民主正當性，故以「自決」來包裝臺獨訴求。但在解嚴後，國民黨仍可運用〈懲治叛亂條例〉與〈刑法〉第 100 條「普通內亂罪」對臺獨言行施以法律制裁。1987 年 11 月 9 日，民進黨第二屆全國黨員代表大會，為回應 8 月爆發的「蔡許臺獨案」﹝註 46﹞，通過〈人民有主張臺灣獨立的自由〉之決議：

﹝註44﹞許子威，〈民主化與臺灣意識的推展：以《認識臺灣》教科書、護照加注 TAIWAN、以及國營事業與外館正名為例〉（中正大學政治學研究所碩士論文，2004），頁 30～36。

﹝註45﹞謝長廷〈競選綱領：我們對此次選舉的共同政見〉，《民主進步黨》（臺北：自由時代雜誌社，無出版年），頁 55。

﹝註46﹞1987 年 8 月底「臺灣政治受難者聯誼會」成立大會上，具有民進黨籍身分之蔡有全、許曹德等人提案將「臺灣應該獨立」列入章程而獲通過。國民黨旋即於 10 月中將蔡、許二人以臺獨叛亂罪嫌起訴。

　　爲了實質貫徹本黨「住民自決」基本綱領，我們重申確保人民提出
　　各種和平性政治主張的自由和權利，對於不斷遭受政治恫嚇及司法
　　迫害的臺灣獨立主張，我們要特別強調「人民有主張臺灣獨立的自
　　由」。願全黨同志和臺灣人民，團結一致，共同護衛本黨黨綱及言論
　　自由。〔註47〕

　　但國民黨政府依然採取「殺雞儆猴」的方式，於 1988 年 1 月將蔡、許兩人重判十年以上徒刑，藉此警告民進黨推動臺獨所將會付出的慘痛代價。但 1988 年 4 月 17 日第二屆全國黨員代表大會第一次臨時會通過〈四一七決議文〉：

　　如果國共片面和談；如果國民黨出賣臺灣人民之利益；如果中共統
　　一臺灣；如果國民黨不實施眞正的民主憲政，則本黨主張臺灣應該
　　獨立。……本黨要求政治當局應速依據實際，全面調整政治法律結
　　構，使國家體制正常化。〔註48〕

　　民進黨以「四個如果」設定前提，間接點出臺獨訴求，並朝「建制的臺獨」——改變臺灣內部法政結構方向邁進。〔註 49〕但是民進黨的宣示口惠而不實，如：對於鄭南榕遭到國民黨對其爭取百分之百臺獨言論自由的壓迫，民進黨未給予實際的支援，導致鄭只能憑藉一己之力與國民黨作困獸之鬥，展開長期的「自囚」歲月，甚至於 1989 年 4 月 7 日於孤立無援的悲憤中自焚身亡，造成一場臺獨悲劇。〔註50〕

　　在鄭南榕自焚事件的催化下，加上內部支持者的催促，以及海外臺獨回歸行動所可能搶占臺獨版圖的壓力，民進黨必須表明對臺獨信念之堅持毫無退縮。〔註51〕於是 1990 年 10 月 7 日，第四屆第二次全國黨員代表大會通過〈一〇〇七決議文〉：

　　我國事實主權不及中國大陸及外蒙古。我國未來憲政體制及內政、

〔註47〕　民進黨中國事務部編，〈民主進步黨第二屆全國黨員代表大會決議文：「人民有主張臺灣獨立的自由」聲明〉，《民主進步黨兩岸政策重要文建彙編》（臺北：民主進步黨，2000），頁 2～3。

〔註48〕　民進黨中國事務部編，〈四一七決議文〉，《民主進步黨兩岸政策重要文建彙編》（臺北：民主進步黨，2000），頁 4。

〔註49〕　陳佳宏，〈解嚴前後臺獨運動之匯聚〉，《臺灣文獻》，第 58 卷第 4 期（2007年 12 月），頁 11。

〔註50〕　李敖，《鄭南榕研究》（臺北：李敖出版社，1989），頁 202。

〔註51〕　陳佳宏，〈解嚴前後臺獨運動之匯聚〉，《臺灣文獻》，第 58 卷第 4 期（2007年 12 月），頁 11。

外交政策，應建立在事實領土範圍之上。〔註52〕

〈一○○七決議文〉要求臺灣的憲政等各般建制，必須以「事實領土」為規劃範疇，為「實質的臺獨」鋪路作準備。1991 年 5 月發生了一場解嚴後最大的臺獨風暴——「獨臺會事件」，起因於 5 月 9 日調查局以迅雷不及掩耳之勢逮捕陳正然、廖偉程等尚具學生身分的「獨臺會」成員，隨後以臺獨叛亂罪嫌將其移送收押，引起知識界一片譁然，12 日知識界成立「反政治迫害聯盟」，15 日一些學生團體占據臺北車站以示抗議，在社會輿情的壓力下，「臺獨會事件」諸人獲得交保，立法院亦於 22 日廢除〈懲治叛亂條例〉。以李鎮源、陳師孟等為首的知識界人士更於 9 月成立「一○○行動聯盟」，以「廢惡法」為運動定位，欲廢除刑法第 100 條，鎖定雙十國慶進行「反閱兵、廢惡法」遊行。〔註53〕民進黨為呼應此臺獨趨勢，遂於 1991 年 10 月 13 日第五屆第一次全國黨員代表大會修正通過〈建立主權獨立自主的臺灣共和國〉基本綱領：

> 依照臺灣主權現實獨立建國，制定新憲，使法政體系符合臺灣社會現實，並依據國際法之原則重返國際社會。……基於國民主權原理，建立主權獨立自主的臺灣共和國及制定新憲法的主張，應交由臺灣全體住民以公民投票方式選擇決定。〔註54〕

此即一般通稱的民進黨〈臺獨黨綱〉，直到 1992 年 5 月 15 日，立法院三讀通過〈刑法〉第 100 條修正案，廢除其中「和平內亂罪」條款，使得臺獨言論及臺獨結社權之法律箝制至此走入歷史，臺獨運動自此能在臺灣自由發展。

由民進黨〈臺獨黨綱〉推出的發展歷程，可以看見 1980 年代末期以來，臺灣民間社會對於臺灣國族主義的吶喊已不能壓抑。而在臺灣民主化的歷程中，為了爭取廣大民眾支持，無論國民黨亦或是民進黨的政治精英們也不得不對臺灣國族主義的吶喊作出積極的回應。

〔註52〕民進黨中國事務部編，〈一○○七決議文〉，《民主進步黨兩岸政策重要文建彙編》（臺北：民主進步黨，2000），頁 10。

〔註53〕陳佳宏，〈解嚴前後臺獨運動之匯聚〉，《臺灣文獻》，第 58 卷第 4 期（2007年 12 月），頁 12。

〔註54〕民進黨中國事務部編，〈「建立主權獨立自主的臺灣共和國」基本綱領全文〉，《民主進步黨兩岸政策重要文建彙編》（臺北：民主進步黨，2000），頁 11～12。

三、民進黨執政與「臺灣正名運動」——2000 年代

（一）民進黨執政後的臺灣國族主義建構——以護照加註「Taiwan」為例

2000 年標榜臺灣獨立的民進黨取得政權後，民進黨政府更加強調以「臺灣」作為政治體制的代表立場，其中的一個重要作為便是在護照加註「Taiwan」，張茂桂在 1993 年的文章中便言及護照作為一種在全球化的國際社會中辨認身分的工具，在護照加註「Taiwan」可以建立一個相對於「中國／中華人民共和國」而言，更清楚而適當的自我指認。〔註 55〕民進黨政府執政後於 2001 年 5 月開始推動在護照加註「Taiwan」的政策。

2002 年 1 月陳水扁總統在臺灣人公共事務協會大會上，表示他已批准「護照加註 TAIWAN」的公文，並且將在 11 月正式發行，此舉遭到在野黨的反對，親民黨主席宋楚瑜表示：「護照加註臺灣，如果只是行政層次問題，親民黨不會反對，但總統試圖把這件事拉高到憲政層次，這容易引起朝野爭議及社會的混淆。」中共國臺辦認為護照加註臺灣是「漸進式臺獨」，將加速兩岸關係之緊張，並表示陳水扁政府的這項政策是違反自己「四不一沒有」的諾言。面對質疑聲浪，陳水扁總統回應護照加註臺灣，完全不涉及更改國號的問題，加註臺灣的目的最主要還是利於民眾出國時，提供外國人辨認身分之用。因為在國內仍對護照加註臺灣有所爭論，所以此一政策當時仍懸而未決。

及至 2002 年年底進行 92 年度中央政府總預算審查時，此一問題再度被提出討論，政府高層為了能在立法院順利推動此一政策，已經達成「在正式國號『Republic of China』後直接加註『Taiwan』字樣」的共識。2003 年 6 月外交部發言人石瑞琦在記者會中表示，外交部曾做過四次民調，最近一次是 2003 年 1 月，有五成八的受訪者支持「護照以適當的方式加註臺灣字樣」，而另有約二成六的受訪者反對，一成五沒有意見。隨後外交部長簡又新宣布，將於 2003 年的 9 月 1 日起，發行封面加註「Taiwan」字樣的新版護照，護照的封面中英文國名並未改變，國徽與護照內頁也不變，而「Taiwan」字樣則是加註在國徽的下方。國親立委認為，考量民眾旅行便利以及務實、功能性的考量，尊重外交部的行政裁量權。除了國內各方漸獲共識外，美國政府將護

〔註55〕張茂桂，〈省籍問題與民族主義〉，《族群關係與國家認同》（臺北：業強出版，1993），頁 268。

照加註臺灣的作法定義為「臺灣內部事務，美方不需要過問」等於給予了此一措施最需要的外部支持。

護照加註「Taiwan」的政策施行後，當臺灣社群的成員持用新護照，在每次出國時表達自己是「From Taiwan」，對臺灣內部而言是強化了對「Taiwan」的認同，而對國際社會而言則是加深了對「Taiwan」的認知，「Taiwan」是有別於「中國／中華人民共和國」，而當「Taiwan」可以有效的提供外國人對臺灣此一共同體的辨認後，早先「中華民國」作為臺灣社會國族符號的功能也就日漸被「Taiwan」所取代。〔註56〕

由上觀之，政黨輪替的重大意義之一，就是過去一直佔據臺灣政治體制主流地位的「中國意識」更替為「臺灣意識」的里程碑，「去中國化」與「臺灣化」成為了扁政府相當大的一個政治目標，舊體制所強調的「中國法統」逐漸崩解了，而「臺灣」不但是扁政府力推的國族符號，亦是臺灣民間社會逐漸認同的國族符號。

（二）臺灣正名運動

陳水扁總統在 2002 年 2 月接見世界臺灣人大會代表時，主張必須要進行臺灣正名於憲政改革，此舉鼓勵了臺灣正名的支持者更加勇於表達自己的主張，2003 年 5 月 11 日，民間人士組成的「臺灣正名聯盟」，並舉行了「五一一大遊行」，訴求包括自稱臺灣人、修改教科書、國營企業、私人企業與社團不應用「中國」登記、外館正名、修改國號等。2003 年 9 月 6 日「臺灣正名聯盟」進一步邀請前總統李登輝主持一場規模更為盛大的遊行，李登輝並發表演說，希望能不要繼續使用「中華民國」國號，而由臺灣人自己決定新國號。

但是「臺灣正名聯盟」訴求的國營企業、私人企業與社團不應用「中國」登記、外館正名、修改國號等遭遇相當大的阻力。國營企業、私人企業與社團不應用「中國」登記，不僅牽涉了相當多商業上及法律上的難題，最重要的是其成本極為巨大，此其失敗之因。而外館正名與修改國號則受限於來自中共與國際壓力，在中共堅持著「一中原則」不斷打壓臺灣的國際生存空間下，現有的國際體系沒能給臺灣一個國家的地位，是故無法達成外館正名與修改國號。〔註57〕

〔註56〕許子威，〈民主化與臺灣意識的推展：以《認識臺灣》教科書、護照加注 TAIWAN、以及國營事業與外館正名為例〉（中正大學政治學研究所碩士論文，2004），頁 56～69。

〔註57〕許子威，〈民主化與臺灣意識的推展：以《認識臺灣》教科書、護照加注

　　不過「臺灣正名聯盟」的訴求，在自稱臺灣人與修改教科書部分是取得相當成果的，由政大選研中心所做的問卷調查，2003 年認同自己是臺灣人的比例為 42.5%到 2010 年則有 52.6%，本文對新世代（八年級生）所做的調查結果認同自己是臺灣人的比例更高達 78.6%，〔註 58〕推動臺灣人認同的上升當然來自於多方的力量，「臺灣正名聯盟」的行動亦是推促其上升的重要力量之一，而教科書的修改在 2000 年代國、高中的新課綱中都顯示了越來越趨向「臺灣本位」（請參見第四章第二節）

四、國族論述的解構與建構——以國定假日為例（1990～2000 年代）

　　在戒嚴時期，國民黨政權長期而穩定地控制著節日及其中的歷史記憶詮釋權。但 1990 年代，臺灣歷經一連串的民主化政治改革，社會風氣也漸漸呈現出蓬勃多元的面貌，在此時空背景下，從 1991 年至 2007 年共有 13 次修訂「紀念日（或節日）紀念辦法」，1990 年代政治風氣的變異反映在國定節日的活動與論述中，不只在於反對勢力對既有節日中官定意識形態的衝撞，他們也試圖爭取創造國定節日場域，以便喚醒、強化過去長期因受官方壓抑而集體失憶的歷史記憶。〔註 59〕其中最受矚目的當屬二二八和平紀念日的訂立、蔣公誕辰與逝世紀念的廢除等。

表 3-3　中華民國國定節日法規之沿革（民國 80～96 年）

法　規　沿　革	法　規　要　旨　及　節　日　變　動
民國 80 年 2 月 1 日 內政部臺（80）內民字第 895069 號 令修正發布第 4、5 條條文	調整春節、婦女節及兒童節休假規定。春節增假一日，婦女節及兒童節合併休假。
民國 84 年 10 月 5 日 內政部臺（84）內民字第 8485872 號 令修正發布第 2、3 條條文	「紀念日」項目增訂和平紀念日（2 月 28 日），只紀念不休假。
民國 84 年 10 月 21 日 內政部臺（84）內民字第 8486060 號 令修正發布第 5 條條文	修訂臺灣光復節休假規定，改為全國休假，而非臺灣地區休假。

TAIWAN、以及國營事業與外館正名為例〉（中正大學政治學研究所碩士論文，2004），頁 69～82。

〔註 58〕參見本文圖 5-1 及表 5-12。

〔註 59〕周俊宇，〈戒嚴、解嚴與集體記憶——以戰後臺灣的國定節日為中心〉，《臺灣文獻》，第 58 卷第 4 期（2007 年 12 月），頁 69。

民國 86 年 2 月 27 日 內政部臺（86）內民字第 8676875 號 令修正發布第 3 條條文	規定和平紀念日全國休假一日。
民國 86 年 12 月 30 日 內政部臺（86）內民字第 8606827 號 令修正發布增訂第 5-1 條條文	紀念日及節日之休假日，得由行政院所屬中央 各業務主管機關調移並公告之。
民國 87 年 10 月 8 日 內政部臺（87）內民字第 8706459 號 令修正發布第 3、5 條條文	取消先總統蔣公逝世紀念日明文由中央暨地 方政府舉行紀念會之規定
民國 88 年 10 月 27 日 內政部臺（88）內民字第 8897074 號 令修正發布第 2、3 條條文	「紀念日」項目增訂佛陀誕辰紀念日（農曆 4 月 8 日），並規定紀念方式，休假併至 5 月第 二個星期日。
民國 89 年 2 月 3 日 內政部臺（89）內民字第 8972185 號 令修正發布第 5 條條文	「一般節日」項目增訂道教節（農曆 1 月 1 日）， 並規定慶祝方式，休假併至農曆春節。
民國 89 年 12 月 30 日 內政部臺（89）內民字第 8962562 號 令修正發布第 3、5 條條文	*修改部分紀念日及節日紀念及慶祝方式。 「紀念日」：除中華民國開國紀念日、國慶日、 和平紀念日外，均不休假 「節日」：除勞動節和軍人節依特定職業、社 群休假外，其餘均不休假。
民國 95 年 3 月 9 日 內政部臺內民字第 0950045320 號令 修正發布第 2、3 條條文	「紀念日」增訂反侵略日（3 月 14 日），只紀 念不休假。
民國 96 年 7 月 11 日 內政部臺內民字第 0960110433 號令 修正發布第 2、3 條條文	「紀念日」增訂解嚴紀念日（7 月 15 日），只 紀念不休假。
民國 96 年 8 月 29 日 內政部臺內民字第 0960131407 號令 修正發布第 2、3 條條文	「紀念日」廢除先總統蔣公誕辰紀念日（10 月 31 日）及先總統蔣公逝世紀念日（4 月 5 日）。
民國 96 年 10 月 3 日 內政部臺內民字第 0960155673 號令 修正發布第 2、3 條條文	「紀念日」增訂臺灣聯合國日（10 月 24 日）， 只紀念不休假。

資料來源：周俊宇，〈戒嚴、解嚴與集體記憶——以戰後臺灣的國定節日為中心〉，
　　　《臺灣文獻》，第 58 卷第 4 期（2007 年 12 月），頁 49。

　　由表 3-3 可見重大的變遷包括：1. 二二八和平紀念日的設立：二二八事
件從禁忌到正視、平反、顯立的過程，意味著臺灣社會中，本土意識的抬頭。

2. 反侵略日的設立：2005 年中華人民共和國針對臺灣通過「反分裂國家法」用以恫嚇臺灣內部日漸成為主流的臺灣國族主義，2006 年內政部正式增訂反侵略日，只紀念不休假，是民進黨政府上臺後制定的第一個國定節日。3. 解嚴日的設立：2007 年適逢解嚴 20 週年，內政部訂 7 月 15 日為解嚴日，是民進黨政權制訂的第二個國定節日，亦是只紀念不休假，用以象徵臺灣從威權走向民主自由的發展 4. 蔣公誕辰與逝世紀念的廢除。5. 臺灣聯合國日的制定。

我們可從此階段國定假日的變遷，清楚地看到以往的民族英雄、偶像崇拜被顛覆了，而以臺灣為主體的紀念日則不斷增設，透過紀念日的種種活動，新的國族認同已然逐漸形成，改變了人們舊有的觀念，更深刻的影響了成長於此一時代氛圍中的青年學子。

另外，解嚴後臺灣的政治社會運動頻繁，而國定紀念日成為政治人物動員社會群眾的最佳時機。其中規模最大的當屬 2004 年 2 月 28 日所發起的「228 牽手護臺灣」，還有 2007 年紅衫軍於 10 月 10 日國慶日發起「天下圍攻」的倒扁活動，不同立場的人都利用國定紀念日放假之時機進行社會動員，並對社會大眾闡述著自己的主張。

五、臺灣國族主義──文化菁英的建構（1990 年代）

1990 年代當臺灣權力結構版圖重組，其所牽動的原有族群分類框框開始喪失其效力。原來在文學界握有權力的外省作家集體淪為弱勢團體，在所涉及的族群書寫上有了大幅度的調整。其中有從最極端的全盤否定認同如朱天心，到和緩地跳出兩極對立的族群衝突路線，即張大春、苦苓等一干作家。至於新佔權力核心的本省作家，從活躍於解嚴前的如李喬、李昂、東年、楊照以及東方白等，到解嚴後的新銳作家如陳燁和陳漱意，表面上則或多或少都在做歷史回顧式的控訴，並鞭笞中國國族主義。〔註60〕

雖然外省作家與本省作家的論述各不相同，但以臺灣為主體卻是共同趨勢，文學書寫的主題從大中國的框架中解放，描繪臺灣、書寫臺灣成了熱門的主題，如龍應臺在天下雜誌出版的《發現臺灣》這本書中言道：

> 臺灣的孩子沒讀過臺灣史？……我們一直不太把臺灣當一回事。
>
> 讀「發現臺灣」的感覺，就好像，這臺灣的孩子我已經認識了一輩

〔註60〕盧建榮，《分裂的國族認同》（臺北市：麥田出版，1999），頁 293。

子的時間，卻第一次看見屬於他的照片簿。簿子裡有發黃的照片，
照片下面有母親的手跡，寫著孩子胎記的顏色、第一次摔破頭的地
方、上學時走過的路、第一篇作文……。對著照片本子我輕聲「啊」
了出來，「對，他就是這副德性，原來如此──」〔註61〕

　　的確，對於土地的情感可以壓抑，但卻不可能消失，在長久大中國主義
壟罩下被壓抑的情感與記憶慢慢的被喚醒，屬於臺灣的故事並沒有消失只是
缺乏紀錄，而懵懂的存留在各個人群的心中，一旦書寫成冊時，人們才「輕
聲『啊』了出來，『對，他就是這副德性，原來如此──』」。解嚴後天下雜
誌發行了《發現臺灣》，而教育部則頒行了「認識臺灣」，說來眞是不可思議，
居住在臺灣的臺灣人在此居處了三、四十年後，猛然間「發現」了臺灣，也
開始「認識」了臺灣。

　　但是正如伊薩・伯林（I.Berilin,1909~1997）所說：「受傷的『民族精神』
就像被壓彎的樹枝，一放手，就會劇烈反彈回來。」〔註62〕是故備受壓抑因
而高漲的臺灣國族主義，若走向激進的國族主義，將會排斥並壓迫國內其他
弱勢邊緣團體。盧建榮在《分裂的國族認同》便點出了這個問題，其書指出
1994 年東方白的小說《芋仔蕃薯》書名意味著族群融合。問題是誰在主導這
個融合？書本的扉頁寫著：

　　　他就像一條芋仔蕃薯，外表是代表著外省人的芋仔，而内心卻有一
　　　顆蕃薯心，是個道地的臺灣人。

　　這樣寬大爲懷接納異類的族群認定標準的背後，卻蘊藏著強制性暴力。
這是強迫異類同化在我群意識下的思維模式，這樣的想法本身就是對多元價
值社會的否定，也是對社會異質性缺乏容忍的表示。這與中國先秦時代「夷
狄入中國則中國之」的我族中心主義如出一轍。〔註63〕「臺灣人」意識的高
漲，愛臺灣就要說臺語，以臺灣最多數的族群──閩南人的河洛語爲最高標
準。臺灣人有從被壓迫者轉而成爲壓迫者之姿，外省人的不安及原住民及客
家族群的不滿。民族主義可以喚起人民共同情感，但在凝聚共識的過程中若
是走向激進的國族主義，將會排斥並壓迫國內其他弱勢邊緣團體。〔註64〕則

〔註61〕天下編輯著，《發現臺灣》下冊（臺北市，天下雜誌發行，1992），頁 505。
〔註62〕林正珍，《近代日本的國族敘事──福澤諭吉的文明論》（臺北：桂冠出版，
　　　　2002），頁 124。
〔註63〕盧建榮，《分裂的國族認同》（臺北市：麥田出版，1999），頁 89～91。
〔註64〕林正珍，《近代日本的國族敘事──福澤諭吉的文明論》（臺北：桂冠出版，

是推展臺灣國族主義的過程中得小心謹慎的。

小　結

一、省籍意識與中國國族主義（1945～1960 年代）

　　臺灣人心中的所謂「祖國意識」在光復後經歷了戲劇性的轉變，光復後國民黨政府的政治腐敗驅散了臺灣人的祖國情懷。二二八事件的爆發更一步深埋了省籍情結，外省人取代了日本人成為新的壓迫者，省籍情結的內涵中相當成分是所謂的「階級意識」，本省人與外省人呈現著被統治階級及統治階級，在權力分配的極度不公下，本省人與外省人的隔閡，使原本本省人的漢民族認同與祖國認同斷裂了，海外臺獨（臺灣國族主義）開始醞釀，但臺灣島內卻在緊接而來的戒嚴與白色恐怖中，從噤若寒蟬到集體失憶，記憶的是黨國體制所建構的中國國族主義。

　　民國 38 年（1949）臺灣全島戒嚴，年底中央政府遷臺，在黨國威權統治下，進入了白色恐怖時期（1950～1960 年代），臺人無力反抗只能再度的隱忍。日治時期政府的種種政策都基於為殖民母國——日本服務，而在黨國體制統治下的政策則是基於「反攻大陸，解救大陸同胞」，長久以來在臺灣的政權，都不是以臺灣為施政的考量重心。官方主導大部分藝文團體的活動方向，還有專人檢查報章雜誌的內容，1954 年在「中國文藝協會」主導下，發動「文化清潔運動」，發表「除三害」宣言，要清除文化界的赤色、黃色、黑色的毒。反共文學至此成為文化的主流，其他文類都在政治的壓抑下淪為旁枝末節。

　　臺灣統治權的轉移，意味著臺灣內部的認同、語言、教育等必須面臨重整，經由國民黨政權化約、移植而來大中國主義的歷史記憶與想像，充斥在人民的日常生活中。透過孔子誕辰紀念日、民族掃墓節、國慶紀念日、國父誕辰紀念日、蔣公誕辰紀念日等，國定節日的各種儀式，配合廣電媒體的聯播及報章雜誌的動員，國民黨政權不斷的展演、再現了大中國主義的歷史記憶與想像，亦成功塑造了黨國的權威及領袖的崇拜。正如克里斯‧哈曼（Chris Harman）所言：「民族性（ethnicity）可以超過社群公有主義，而以最野蠻的

2002），頁 122。

手段強施新的民族國家界線。」臺灣人原本的漢民族意識在官方的建構中轉向了中國國族主義，亦使外來的國民黨政權支配臺灣的正當性得以合理化。

二、本土意識萌芽——臺灣結與中國結（1970～1980 年代）

　　1970 年代臺灣經濟起飛之際，卻陷入國際孤立的外交困境中，政府高倡革新保臺。國內外的有識之士，則掀起回歸鄉土、關懷社會的熱潮。鄉土文學論戰及校園民歌，說明了在時代巨變中臺灣知識菁英們逐漸萌發的本土意識。回顧歷史，我們必須很謹慎的掌握當時的時空脈絡，若說 1950～1960 年代臺灣人的國族想像幾乎完全是官方所建構的大中國主義，到了 1970 年代的臺灣人的國族想像不僅有官方所建構的大中國主義，亦有對於臺灣這片鄉土之愛，此階段臺灣人的國族想像或可以「在臺灣的中國人」來描述吧！所謂「唱自己的歌」在 1970 年代可說同時包含著「中國」與「臺灣」以對抗來自於國際的孤立。但「在臺灣的中國人」的國族想像在侯德健事件後開始有了轉變，1980 年代初期臺灣結與中國結的臺灣意識論戰，在戒嚴的年代開始觸碰那思想的禁區，而「臺灣」相對於「中國」的概念漸漸成形。

　　另外，面對國際孤立危機下，國民黨政權一方面仍延續過往透過文化道統的宣傳，黨國一體的國民革命史觀及領袖崇拜的塑造來鞏固其統治的正當性，但另一方面卻也更加關注呼應臺灣民間社會的聲音。如臺灣光復節的設定，可說是國民黨政權第一次以臺灣歷史發展的重要時刻所設定的節日，但這個節日意欲彰顯的是國民黨政權對臺灣的貢獻，用以爭取臺灣人的認同。另一個反面來說，國民黨政權開始需要強調其對臺貢獻，亦可看出國民黨威權的逐漸消逝及臺灣社會力的逐漸上升。

三、臺灣國族主義的昂揚（1990～2011 年）

　　戰後近 40 年在臺灣生長的經驗，以致於不僅是本省人，連「土生土長」的外省人也自然而然地產生臺灣自覺意識。赴大陸探親或觀光之後，不管是本省人或者是外省人到了中國大陸，通通變成了「臺胞」，這樣的時代氛圍加上政治及文化菁英的積極建構，終於形成了 1990 年代萬聲齊鳴的臺灣國族主義，終使中國國族主義逐漸消退，而以臺灣為主體的意識逐漸成為多數人的共識。

　　政治菁英從 1990 年代李登輝的本土化政策，國民黨的國族論述有了重大

轉變；民進黨亦於此時建立了「臺獨黨綱」，臺灣國族主義及臺獨運動能夠自由公開的在臺灣發展，到 2000 年代政黨輪替民進黨扁政府執政與「臺灣正名運動」更將臺灣國族主義推向高峰。而由二二八和平紀念日的訂立、蔣公誕辰與逝世紀念的廢除更可看出，中國國族主義正在解構與臺灣國族主義正在建構。1990 年代起文化精英中雖然外省作家與本省作家的論述各不相同，但以臺灣為主體卻是共同趨勢，文學書寫的主題從大中國的框架中解放，描繪臺灣、書寫臺灣成了熱門的主題。

當下的臺灣人共同享受著臺灣經濟的果實，共同擁有著臺灣民主的成就，卻也共同面對著臺灣國際生存的困境，但就當下時間的橫切面觀之，不同的年齡層（如在大中華教育下長大的年齡層與接受認識臺灣教育下長大的年齡層）、不同的族群（如：本省人、外省人、原住民、客家人、閩南人）、或者不同的居住區域（臺北、臺中、臺南等），甚至是不同的經濟階層（如：資產階層、中產階層、農工階層）等，所呈現的臺灣意識是有差異性的。

就不同年齡層而論，若說成長環境會對一個人造成極為深刻的印記，一年級〔註65〕與二年級生成長於日治末年，「皇民意識」變成了他們共同的印記；三年級與四年級生成長於國民黨黨國時代，「中國國族主義」與「省籍情結」則為他們共同的印記；對五年級生而言國際孤立的局勢，紅葉少棒的傳奇伴隨著他們成長，「中國國族主義」依舊而「本土意識」卻也悄悄萌芽；對六年級生而言政治逐漸鬆綁，民主化伴隨著他們成長，「中國國族主義」鬆動而「本土意識」昂揚；而對八年級生而言成長於自由的臺灣，面對中華人民共和國的崛起與打壓，李登輝的兩國論、陳水扁的一中一臺，「臺灣國族主義」正式登場亮相。成長的印記在歷經了歲月的掏洗後是否依舊清晰，因人而異吧！是緬懷過往呢？還是活在當下呢？亦或放眼未來呢？不到百年的臺灣人走過了如此多變的時空環境，臺灣認同的紛雜與多元應該是不難理解的，少了歲月掏洗的八年級生應該是較上幾個世代的人更能坦然面對認同的一群人吧！

就不同族群而論，對少數的外省人而言，第一代有著難以抹滅的抗日戰爭與漂泊異鄉的苦難情懷，第二代外省人有著家鄉中的異客的感慨，他們的

〔註65〕 文中所述的一年級生指的是民國 10～19 年間出生的一群，同理二年級生指的是民國 20～29 年間出生的一群……八年級生指的是民國 80～89 年間出生的一群。

意識或許無法成爲當今主流的意識，但望當今高漲的臺灣國族主義能有更高
的包容心來看待同存於臺灣這片土地的少數們。正如伊薩‧伯林（I. Berilin,
1909~1997）所說：「受傷的『民族精神』就像被壓彎的樹枝，一放手，就會
劇烈反彈回來。」〔註66〕21 世紀的頭幾年，臺灣高漲的國族主義，回過頭來
控訴並鞭笞著舊有的中國國族主義，但若走向激進的國族主義，將會排斥並
壓迫國內其他弱勢邊緣團體。〔註67〕這則是在推展臺灣國族主義過程中須小
心謹慎的，莫使臺灣社會方掙脫了一個極端的中國國族主義卻又走向另一個
極端的臺灣國族主義。

〔註66〕林正珍，《近代日本的國族敘事──福澤諭吉的文明論》（臺北：桂冠出版，
　　　　2002），頁 124。
〔註67〕林正珍，《近代日本的國族敘事──福澤諭吉的文明論》（臺北：桂冠出版，
　　　　2002），頁 122。

第四章　戰後臺灣歷史教育的變遷

第一節　中國國族主義的建構（1945～1980 年代）

　　Halbwachs 指出：「集體記憶」非常依賴各種文化媒介，譬如雕像、紀念碑、紀念儀式、文獻、教科書、電視、電影、戲劇、海報等等作為傳達共同集體記憶的媒介，而控制了這些文化媒介，也就控制了集體記憶本身。〔註 1〕Eviatar Zerubavel 進一步提出「政治性的記憶」觀念，Zerubavel 認為記憶並不是屬於個人的，而是一個地區的族群教導人們去記得什麼以及遺忘什麼的過程。群體記憶的過程中，有驚人的權力在運作。

　　1980 年代中期以來，許多研究者都注意到「歷史」〔註 2〕與族群認同之間的關係，以共同的起源「歷史」來模擬人類最基本的「手足之情」，「歷史」作為一種社會集體記憶，它可以被選擇、失憶與重新建構，因此族群認同可能發生變遷。安德森也指出民族歷史的「敘述」是建構民族想像不可或缺的一環。族群認同背後的政治權謀與歷史因素成為關注的焦點。〔註 3〕學校歷史

〔註 1〕 Maurice Halbwachs, 1992, On collective memory, Ed&trans by Lewis A. Coser, p252.轉引自張期玲的《國家認同的塑造：以國中的歷史教科書為焦點》，淡江大學公共行政學系公共政策碩士班，2004，頁 16。

〔註 2〕 此處加了括號的「歷史」來與歷史做區分：歷史是指過去真正發生的一些自然與人類活動過程，而「歷史」則指人們經由口述、文字與圖象表達的對過去之選擇與建構。參見王明珂，《羌在漢藏之間——一個華夏邊緣的歷史人類學研究‧前言》，臺北：聯經，2003。

〔註 3〕 王明珂，《羌在漢藏之間——一個華夏邊緣的歷史人類學研究‧前言》，臺北：聯經，2003。

課程提醒我們過去的記憶對個人行動的重要性，藉以形成一種社會的規則，教導我們記得什麼且遺忘什麼。〔註4〕

「集體記憶」的形成雖然不是全部都來自於學校教育，而是多個層面作用下的產物，但學校教育在「集體記憶」的形塑過程中佔有相當重要的地位，並深刻影響著人們的國族認同，故本章節僅就戰後臺灣歷史教育的變遷去分析其建構的歷史記憶為何，而又建構著怎樣的國族認同。第一節先論說在黨國體制下歷史教科書與課程標準如何逐漸的型塑了中國國族主義的集體記憶，並選擇性的遺忘了臺灣人的在地經驗。第二節則論說在時代變遷之後，為了回應日益高漲的臺灣國族主義，1990～2011年所陸續推動的教育改革歷程，就新課綱的內容分析以臺灣為主體的史觀是如何被建構的，第三節進一步分析 1990～2011 年國、高中歷史教科書內容所呈現的國族認同與兩岸論述。

一、中國國族主義的建構

以 1946 年出版的高級小學歷史教科書為例，可以清楚的看到近代中國國族主義如何被建構：

> 中華民族是由多個宗族融合而成，……同是黃帝的子孫……重要的有漢滿蒙回藏等各宗族。
>
> 在中華民族的各宗族中，漢人開化最早，人口最多，很早就蕃衍於黃河流域……臺灣和澎湖群島等地，本來也是漢人開發的地方，當然是我國的領土，絕不可以分割的。
>
> 中華民族的構成，原動力是文化的融合，不是武力的侵略。融合的方法是同化，不是征服，……成為世界上一個強大的民族。〔註5〕
>
> 秦王政……完成中國統一的大業，是一位有雄才大略的民族英雄。

〔註4〕 Eviatar Zerubavel, 1997, Social mindscapes: an invitation to cogniteve sociology, Cambridge, Mass: Harvard University Press, 4（1），p.84-99. 轉引自張期玲的《國家認同的塑造：以國中的歷史教科書為焦點》，淡江大學公共行政學系公共政策碩士班，2004，頁 16。

〔註5〕 《高級小學歷史課本》第一冊（教育部教科用書編輯委員會，1946），「第一課 中華民族的起源」，頁 1～2。轉引自蔡蕙光〈從「認識日本」到「認識中國」──日治時期與戰後初期臺灣初等歷史教育的比較〉，《歷史意識與歷史教科書論文集》（臺北：稻鄉，2003），頁 124～125。

〔註6〕

漢武帝……不但是漢代的英明君主，而且是中華民族的偉大人物。

〔註7〕

唐代之統一帝國與征服外族也是中華民族的大發展，唐太宗爲此時代最偉大的領袖。〔註8〕

……委員長也就滿懷革命大志……加入中國同盟會……。國父很讚賞他，……以後偉大而艱苦的革命重任就落在他的身上。

他終日所希望的是民族的復興，他深知要復興民族，對內必須完成全國的統一，對外必須爭取國家的自由與平等。

委員長爲人類爭正義的精神昭耀世界，我國國際地位因而提高，百年來的不平等條約也由友邦自動廢除，……國民革命也於此才眞正完成。〔註9〕

　　教科書以「中華民族」的概念作爲中國歷史發展的主體，並將臺灣納入「中華民族」這個大架構中，從共同的「始祖」黃帝開始談起，到完成中國統一大業的「民族英雄」秦始皇，「中華民族偉大人物」的漢武帝，再到「最偉大的領袖」的唐太宗，帝國的建立與拓展被視爲等同於民族之擴展，宣揚悠久文化燦爛的史實，認識民族的傳統精神，用以啓發復興國家責任之自覺，鴉片戰爭被視爲「中華民族反抗外力壓迫的開始」，最後以蔣中正爲「民族復興的領導者」。〔註10〕由此建構著傳承著悠久燦爛文化的中華民族創建了中華民國，復興接續著悠久的中華文化。這樣中華民族、中華文化、中華民國三

〔註6〕同注5，「第十五課　秦始皇統一帝國」，頁28～29。轉引同注5，頁125。

〔註7〕同注5，「第十七課　漢武帝的武功」，頁32。轉引同注5，頁126。

〔註8〕《高級小學歷史課本》第二冊（1948年12月／1950年1月臺灣版），「第四課　唐太宗的功業」，頁8。轉引自蔡蕙光〈從「認識日本」到「認識中國」——日治時期與戰後初期臺灣初等歷史教育的比較〉，《歷史意識與歷史教科書論文集》（臺北：稻鄉，2003），頁126。

〔註9〕《高級小學歷史課本》第四冊（1948年12月／1950年1月臺灣版），「第十六課　蔣委員長和民族復興」，頁43～45。轉引自蔡蕙光〈從「認識日本」到「認識中國」——日治時期與戰後初期臺灣初等歷史教育的比較〉，《歷史意識與歷史教科書論文集》（臺北：稻鄉，2003），頁126。

〔註10〕蔡蕙光，〈從「認識日本」到「認識中國」——日治時期與戰後初期臺灣初等歷史教育的比較〉，《歷史意識與歷史教科書論文集》（臺北：稻鄉，2003），頁127。

位一體的近代中國國族想像逐漸深植於臺灣社會。〔註11〕教科書中「強人」領導的性格非常強烈，在悠久文化燦爛的史實中，及恢復民族文化的歷史敘述脈絡中，課文多引申這些強人的事功與之結合，宣揚塑造其為「民族英雄」、「偉大人物」等形象。

　　1952 年是臺灣官方主持國定本（統編本）教科書編撰的開始，也是訂定歷史教學目標，成為後來沿用不替的開始。〔註12〕由 1952 年國小、國中、高中的課程標準亦可看出官方掌控意識形態的痕跡。

表 4-1　西元 1952 年國小、國中、高中課程標準

國小（社會科）	**教學目標** 1. 指導兒童明瞭民族的發展，和文化演進的概況，激發其愛護國家的民族的情緒，增進其發揚固有文化的信心。 2. 指導兒童明瞭民族獨立，民權運用，民生改善的意義和方法，以樹立建設國家，促進大同的信念。 **教學要點** 1. 足以發揚三民主義精神，或表揚我國固有文化。 2. 足以激發兒童愛護國家、復興民族的情緒。 3. 關於共黨危害基本人權及身體自由，破壞家庭、摧殘文教，欺騙兒童，破壞農村及共黨集團侵略我國等事實，應盡量設法列入公民及歷史等科教材內。
國中	1. 明瞭中華民族的演進和歷代疆域的變遷。 2. 明瞭我國政治制度及社會生活的演進。 3. 從建國悠久文化燦爛史實中，認識民族的傳統精神，以啓發復興國家責任之自覺。 4. 明瞭世界各主要民族演進的大要，及我國在國際上的地位和責任。
高中	1. 明瞭中華民族之演進及各宗族間之融洽與相互依存關係。 2. 明瞭我國歷代政治、經濟、社會、文化等變遷的趨向，特別注重光榮偉大的史實，以啓示復興民族之途徑及其應有之努力。 3. 明瞭世界各主要民族演進之歷史及其相互影響。 4. 明瞭世界文化之演進及現代國際大勢，確立我國對國際應有之態度與責任。

資料來源：國小──教育部，《國民學校課程標準》（臺北：商務印書館，1952），123。
　　　　　國中──教育部，《中學課程標準》（臺北：教育與文化社，1952），112。
　　　　　高中──教育部，《中學課程標準》（臺北：教育與文化社，1952），116。

〔註11〕戴寶村，〈解嚴歷史與歷史解嚴：高中歷史教科書內容的檢視〉，《臺灣文獻》，第 58 卷第 4 期（2007 年 12 月），頁 400。
〔註12〕徐雪霞，〈光復以來初級中學歷史教科書變遷及歷史意識〉，《臺南師專學報》，20 下：204。

　　從 1952 年國小、國中、高中的課程標準中，一樣可以看出以「中華民族」作爲中國歷史發展主體的架構，並由此培養學生「愛護國家、復興民族的情緒」。另外，值得注意的是，課程標準中數度使用「我國」二字，用以強化臺灣人的「中國認同」。姚隼的〈人與人之間及其他〉中寫道：「光復之初，在無意的言談中，臺灣同胞卻慣常說：『你們中國』怎樣怎樣，『我們臺灣』怎樣怎樣，『你們中國人』怎樣怎樣，『我們臺灣人』怎樣怎樣。這當然不是有意的，而只是一種潛意識的表現。」〔註 13〕正是這種潛意識的表現，清晰的展現了源自日治同化政策階段臺灣人的「想像的共同體」，而這種潛意識對國民政府而言是一種統治的危機，爲了讓臺灣人能將潛意識中的「你們中國」轉換成「我們中國」，讓臺灣人打從心中認同中國，故戰後臺灣的歷史教科書在敘述中國歷史時慣常以「我國」稱之，使得學習者在學習歷史的過程中認同「中國」爲「我國」。王仲孚在〈試論中學歷史教科書〉〔註 14〕一文中舉 1984 年 8 月出版的《國中歷史教科書》第一冊，有關「漢武帝興革」的敘述，在這段簡單的教材中，三次提到「我國」，說明歷史教科書中堅強的「中國國家認同」。

　　在此時期的小學、國中、高中各階段的歷史教育，一律以中國史和外國史（世界史）〔註 15〕爲內容，臺灣史則穿插在中國史的明末清初、1894 年的甲午戰爭前後、1945 年的中華民國在臺灣。在塑造中國國族主義的年代裡，臺灣的歷史教育只講授片斷的、少的可憐的臺灣史知識。戰後以來臺灣的歷史教育長期以中國史爲本國史，臺灣學生對中國史的認知顯然高於臺灣史，王明珂在一項針對臺灣青少年所作的社會歷史記憶調查指出，臺灣青少年對本國史的認知場域不限於臺灣，而且對中國史的認知遠高於臺灣；對左鎮人、鄭成功與吳沙的認識，遠不及北京人、秦始皇或孫中山。〔註 16〕

　　20 世紀前半期的臺灣人接受著日本國族建構的官方教育，而 20 世紀後半期的臺灣人則又接受著中國國族建構的官方教育，臺灣先後爲敵對的兩國所統治，由其所背負的兩時代的歷史可以想見其中的尷尬與沉重，而臺灣史

〔註 13〕姚隼，〈人與人之間及其他〉，《臺灣月刊》二期 1946 年 11 月，頁 64～65。
〔註 14〕王仲孚，〈試論中學歷史教科書〉，中國近代史學會主辦，「歷史教科書與歷史教育學術研討會」（臺北：中央研究院，2000.11.17～18），頁 3。
〔註 15〕1980 年代以後，外國史爲世界史所替代，但基本上並沒有太大的差異性。
〔註 16〕王明珂，〈臺灣青少年的社會歷史記憶〉，《臺灣師範大學歷史學報》，25（臺北：1997.06）：頁 149～182。

則消失隱沒於這兩時代的歷史之中，身為臺灣人卻不知臺灣史可說是百年來臺灣數代人的悲哀吧！臺灣的歷史教育直至 1990 年代方有重大轉變，臺灣人才有緣得以看見以臺灣為主體的歷史書寫。

二、國際孤立衝擊下的轉變──以 1975 年國民小學社會科課程標準為例

中華民國政府早先所建構的中國國族主義的論述，為了回應國際孤立的衝擊而有所轉變，而這樣的轉變亦展現在國民小學社會科歷史課程標準。

表 4-2　西元 1952 年及 1975 年國民小學社會科課程標準

1952	1975
教學目標 1.指導兒童明瞭民族的發展，和文化演進的概況，激發其愛護國家的民族的情緒，增進其發揚固有文化的信心。 2.指導兒童明瞭民族獨立，民權運用，民生改善的意義和方法，以樹立建設國家，促進大同的信念。 **教學要點** 1.足以發揚三民主義精神，或表揚我國固有文化。 2.足以激發兒童愛護國家、復興民族的情緒。 3.關於共黨危害基本人權及身體自由，破壞家庭、摧殘文教，欺騙兒童，破壞農村及共黨集團侵略我國等事實，應盡量設法列入公民及歷史等科教材內。	**教學目標** 1.指導兒童從歷史的演進中，明瞭中華文化的淵源與現代生活的關係，以培養愛民族、愛國家的情操，發揮團結奮鬥、合作進取的精神。 **中年級目標** 1.指導兒童瞭解臺灣的歷史發展經過，及近代偉人對於臺灣建設的貢獻。 2.指導兒童認清臺灣為復興基地，及其對於光復大陸的重要性。 **高年級目標** 1.指導兒童明瞭中華民國的歷史演進及民族融合的過程，建立民族的自尊心。 2.指導兒童了解中國人的智慧、技能與德行等優越民族特性，並建立民族自信。 3.指導兒童知道中華民族的傳統道德與民族文化，願意發揚光大。 4.指導兒童瞭解我國歷代的科技發明及重要的典章制度。 5.指導兒童明瞭近代世界的大勢與中西關係的變動情形。 6.指導兒童敬仰　國父暨　蔣總統對於國民革命的貢獻。 7.指導兒童認識共匪暴行，明瞭國際現勢及自由與極權兩大陣營的對立情勢。 8.指導兒童認清中華文化對於世界人類的貢獻，及中國人對於世界應盡的責任，並建立維護世界和平促進世界大同的理想。

資料來源：教育部，《國民學校課程標準》（臺北：商務印書館，1952），123。
　　　　　教育部，《國民小學課程標準》（臺北：正中書局，1975），153～155。

　　面對國際孤立的窘境，中華民國政府更需臺灣內部的支持，如何繼續鞏固其統治的正當性，及如何回應崛起中的臺灣政治社會運動，則是新的時代難題，國民政府修正了國民小學社會科課程標準以因應時代之變局，中國國族主義有了另一番的面貌，而由表 4-2 可知，1975 年國民小學社會科課程標準呈現了特點有三：

（一）對中國人及中華文化的更加強調

　　因為美國的支持，中華民國直至 1971 年之前都在聯合國代表著唯一合法的中國政權，何謂中國？理所當然、毫無疑問的是中華民國。但當 1971 年後在聯合國代表唯一合法的中國政權變為中華人民共和國。何謂中國？中華民國政府如何「莊敬自強，處變不驚」，在國際社會否定中華民國之際如何自我肯定呢？早在 1966 因應中國大陸的文化大革命對傳統文化的摧殘，中華民國政府於 1967 年，成立中華文化復興運動推行委員會以之相抗衡，發揚固有文化。中國文化的道統在臺灣，中國政治的正統就會在臺灣，這樣的論說符合著中國史學的傳統，而這樣的論說亦是在那樣時代中的自強之道吧！是故，在 1975 年的課程標準對中國、中國人、中華文化的特加強調有其時空背景，在此前強調的是「我國」，要臺灣人打心底認同「中國」就是「我國」，而在退出聯合國之後，要臺灣人打心底認同的是「我國」就是「中國」。

（二）提及「臺灣的歷史發展經過」

　　在失去外部認可下，中華民國政府更需臺灣人民的支持，順應臺灣民意則成為了必須。在 1952 年的國小課程標準中「臺灣」二字不曾出現，而 1975 年的國小歷史課程標準，在國際孤立的時空背景下，提及了「臺灣的歷史發展經過」，依據此新的社會科課程標準，臺灣的部份於第七冊，為四年級上學期修習課程，依 1981 年國編館出版的教科書，其內容如下：

第一單元　美麗的寶島：敘述臺灣的地理位置、說明花綵列島和臺
　　　　　灣海峽的重要性、臺灣的地形、人文與建設的信心和力
　　　　　量以及金門、馬祖是反攻大陸的前哨。

第二單元　追尋我們的根：內容包括金門的史蹟、保衛金門的戰爭、
　　　　　金門墾殖歷史及大陸移民來臺歷程。

第三單元　多少臺灣舊事：敘述臺灣開拓的史實和開發臺灣有功之
　　　　　人物——沈葆楨、劉銘傳，以及忠貞愛國的典型——連
　　　　　橫。

第四單元　光復臺灣的兩位偉人：敘述臺灣的兩次光復（蔣介石和鄭成功），兼敘國民革命與臺灣、臺灣是我國海上堡壘等。〔註17〕

　　雖然依舊附屬於反共復興基地的主軸下，臺灣史的介紹依舊是片斷的、選擇性的，且並無臺灣主體性可言，但臺灣史課程內容所占的比例相較以往已有大幅的增長。

（三）對領袖崇拜的更加強調

　　在失去外部認可下，又面臨政治強人蔣中正逝世的衝擊，爲了維繫蔣經國接棒的正當性，而特加強調國父及蔣總統對於國民革命的貢獻，父業子承，使蔣經國的接棒之路走得順理成章。

　　綜觀上述，教科書對中國人及中華文化的更加強調，可以看出在臺灣社會運動湧起的 1970 年代，官方論述仍然以「中國法統」、「大中國主義」，爲其政權正當性的主要論述，對孫中山及蔣中正領袖崇拜的更加強調，則有助於蔣經國的接棒之路，並確立國民黨建立中華民國的貢獻，合理化國民黨政權的統治。不過，爲了回應民間政治社會運動的聲浪，教科書的內容大量增加了「臺灣的歷史發展經過」，但整體而言臺灣史的份量雖較以往有所增加，卻仍是附屬於中國史，塑造「臺灣自古是中國的一部分」，並由「臺灣光復」來論述國民黨對臺灣的貢獻，確認國民黨統治臺灣的正當性。

第二節　建立以臺灣爲主體的史觀（1990～2011 年）

　　雖說集體記憶的過程中，有驚人的政治權力在運作，但是蕭阿勤認爲 Halbwachs 的「集體記憶」必須從兩個不同的層次觀之：團體記憶與社會記憶，團體記憶是指一個社會團體所擁有的特殊記憶，這些團體包括了家庭、家族、族群以及宗教團體等；社會記憶是指一個社會普遍流行，而以不同程度和方式爲其成員所共享的那些記憶。〔註18〕黨國體制下，政治權力操控了社會記憶，從而建構了中國國族主義，但並不能完全抹殺了團體記憶中本省族群對鄉土情感，本省族群的鄉土情感在 1950～60 年代受到中國國族主義

〔註17〕國家政策研究基金會　中小學臺灣史課程的沿革。
　　　　http://www.npf.org.tw/post/2/8146http://www.npf.org.tw/post/2/8146
〔註18〕蕭阿勤，〈集體記憶理論的檢討：解剖者、拯救者、與一種民主觀念〉，《思與言》第 35 卷第 1 期，1997 年 3 月，頁 252。

的全面壓抑，但 1970 年代國際孤立的危機中漸漸甦醒，而 1980 年代隨著臺灣意識論戰的展開，長久以來的思想言論禁忌被打破，並提出一個不同於官方版本的另類國族認同——臺灣國族主義。在此衝擊下，官方版本建構的社會記憶亦隨之轉變。1990 年代本省的鄉土情感已進入社會記憶的層次而與舊有社會記憶建構的中國國族主義競逐，這樣的改變除了顯示於 1990 年代臺灣史研究蔚為風尚，〔註19〕亦見於 1990 年代教育改革的展開。本節僅就 1990 年代從國小到國中及高中新課綱的推出、及至 2000 年代教育改革的持續推動來分析歷史教育的新課綱中如何逐步建構以臺灣為主體的史觀。

一、1990 年代教育改革的展開

　　1990 年代以臺灣為主體思考的歷史研究蔚為風潮，與此同時，1900 年代亦是臺灣的歷史教育轉變的重要關鍵年代，1993、1994、1995 年教育部分別發布了小學、國中、高中課程標準和此前各次修訂的版本有著極大的差異。內容如下：

表4-3　西元 1952 年與 1990 年代國小、國中、高中課程標準之比較

	1952 年	1993 年
國小	**教學目標** 1.指導兒童明瞭民族的發展，和文化演進的概況，激發其愛護國家的民族的情緒，增進其發揚固有文化的信心。 2.指導兒童明瞭民族獨立，民權運用，民生改善的意義和方法，以樹立建設國家，促進大同的信念。 **教學要點** 1.足以發揚三民主義精神，或表揚我國固有文化。	**教學目標** 1.輔導兒童了解其生活環境和本國的歷史、地理和文化，以培養其愛鄉土、愛社會、愛國家的情操。 2.輔導兒童了解世界大勢、擴充其視野和胸襟，以培養平等、互助、合作的世界觀。 **中年級目標** 1.了解家鄉和臺灣地區的環境和政治、經濟和社會等方面的發展，培養愛社會的情操。 2.了解不同地區政治、經濟和社會的發展和互動，培養寬廣的胸襟。

〔註19〕臺灣史在 1965 年以前完全無人研究，1972 年以後方持續有研究論文，但比例不高，直至 1987 年以後臺灣史研究急遽上升，尤其是在 1994 年的比例，首次與中國近現代史相同，1997～1998 臺灣史比例高於中國近代史：此後臺灣史與中國近現代史所占比例互有頡頏。引自彭明輝，〈臺灣地區歷史研究所博、碩士論文取向：一個計量史學的分析（1945～2000）〉，《臺灣史學的中國纏結》（臺北：麥田出版，2001），頁 151～205。

	2.足以激發兒童愛護國家、復興民族的情緒。 3.關於共黨危害基本人權及身體自由，破壞家庭、摧殘文教，欺騙兒童，破壞農村及共黨集團侵略我國等事實，應盡量設法列入公民及歷史等科教材內。	高年級目標 1.瞭解我國的地理環境及文化傳統，培養愛國的情操。 2.了解世界的地理環境、文明的發展及人類環境面臨的問題，培養平等、互助、合作的世界觀。 3.了解當前社會多元化的特性，培養多元化社會應有的態度與能力。
	1952 年	1994 年
國中	1.明瞭中華民族的演進和歷代疆域的變遷。 2.明瞭我國政治制度及社會生活的演進。 3.從建國悠久文化燦爛史實中，認識民族的傳統精神，以啓發復興國家責任之自覺。 4.明瞭世界各主要民族演進的大要，及我國在國際上的地位和責任。	認識臺灣（歷史篇） 1.認識各族群先民開發臺、澎、金、馬的史實，加強承先啓後、繼往開來的使命感，並培養團結合作的精神。 2.認識自己生活周遭環境，培養愛鄉愛國的情操與具有世界觀的胸襟。 3.增進對臺、澎、金、馬文化資產的瞭解，養成珍惜維護的觀念。 歷史 1.引導學生了解歷史知識的本質。 2.引導學生對歷史發生興趣，俾能主動學習。 3.引導學生認清國家創建的艱辛及個人的責任。 4.培養學生具有開闊的心胸並成爲具有世界觀的國民。
	1952 年	1995 年
高中	1.明瞭中華民族之演進及各宗族間之融洽與相互依存關係。 2.明瞭我國歷代政治、經濟、社會、文化等變遷的趨向，特別注重光榮偉大的史實，以啓示復興民族之途徑及其應有之努力。 3.明瞭世界各主要民族演進之歷史及其相互影響。 4.明瞭世界文化之演進及現代國際大勢，確立我國對國際應有之態度與責任。	歷史 1.啓發學生對歷史的興趣，俾能主動學習歷史，吸取歷史經驗，增進人文素養。 2.引導學生了解歷史知識的特質，使其認清歷史變遷對時代的重要性，以強化其思考與分析能力。 3.引導學生思索人我、群我的關係，以培養學生對社會、民族、國家的認同感和責任心。 4.培養學生具有開闊的胸襟及世界觀，使能以更寬廣的角度思索中國歷史文化在世界歷史文化中之地位。

資料來源：國小──教育部，《國民小學課程標準》（臺北：教育部，1993），頁 159
　　　　　　　　～160。
　　　　　國中──教育部，《國民中學課程標準》（臺北：教育部，1994），頁 147：
　　　　　　　　217。
　　　　　高中──教育部，《高級中學課程標準》（臺北：教育部，1995），頁 91。

　　由表 4-3 可知，1990 年代的課程標準不再強調三民主義、反共宣傳、大中國亦被解構，認識臺灣不再是因爲復興基地，增進對臺、澎、金、馬文化資產的瞭解，是爲了養成珍惜維護的觀念，在愛國之前更有愛鄉土、愛社會，臺灣的主體性逐漸清晰，歷史教育更擺脫了只爲政治服務的功能。回歸到歷史學的本質，啓發學生們對歷史的興趣。尤其是 1994 年的國中課程標準，明訂國民中學一年級學生必須學習「認識臺灣」課程，這個課程的內容分爲地理、歷史與社會篇，〔註 20〕將「認識臺灣」課程獨立爲一科目，說明以臺灣爲主體性思考的臺灣史教學意涵。

　　但這樣鮮明的臺灣主體性不可避免的與長期過往的中國主體性發生激烈的衝撞。故認識臺灣於 1997 年 9 月試用前，早在編寫過程中就引發了各界的熱烈討論，這個議題初期只圍繞著菁英階級（包括學術界以及政治界）進行，直到 1997 年 6 月 3 日新黨立委李慶華舉行公聽會對《認識臺灣》教科書的歷史篇及社會篇共提出 32 項質疑，抨擊此一教材「親日、反華、捧李」，認爲此一教科書試圖切斷臺灣與中國大陸之間文化與歷史的聯繫，是「爲臺獨鋪路」的行爲。〔註 21〕李慶華公開質疑後《認識臺灣》教科書自此成爲大眾關心的議題，根據不完全的統計，有關「認識臺灣」教科書的新聞報導超過 250 則，社論 18 篇，專欄 100 篇，以及臺灣流行的讀者投書 200 篇。〔註 22〕

　　杜正勝指出「過去以大中國主義爲主體而編撰的教科書，臺灣人宿命地認受，不曾反抗或抱怨，而今不過是要讓臺灣青少年認識他所生活的土地的歷史和文化，卻引來這麼大的反彈，我想只有結合過去歷史教育所塑造的意識形態和現在臺灣政治黨派的鬥爭，才比較容易理解。」〔註 23〕由其言可知以臺灣爲主體思考的意識，激烈衝撞著官方歷史教育長期來所堅持的以「中

〔註 20〕教育部，《國民中學課程標準》（臺北：教育部，1994），頁 133～198。
〔註 21〕王甫昌，〈民族想像、族群意識與歷史──認識臺灣教科書爭議風波的內容與脈絡性分析〉，《臺灣史研究》8 卷 2 期（2001），頁 149。
〔註 22〕杜正勝，〈歷史教育的改造〉，《臺灣心，臺灣魂》（高雄：河畔出版社，1998），頁 158。
〔註 23〕杜正勝，〈歷史教育的改造〉，《臺灣心，臺灣魂》（高雄：河畔出版社，1998），頁 158～160。

國」爲「我國」的國家意識，大中國主義的歷史教育逐漸的解構了，但是這並不意味著大中國主義的全面消失，「中國本位」與「臺灣本位」仍在教改後的臺灣歷史教科書中不斷的爭奪著歷史的解釋權。（參見本章第三小節）

　　另外值得一提的是，有別於國小、國中有獨立的臺灣史課程，1995 年版《高級中學課程標準》的歷史課程，臺灣史內容仍是插入中國史課程的部分章節之中來介紹，直至 2005 年發布之《普通高級中學課程暫行綱要》（簡稱95 暫綱）實施後方才改變。

二、2000 年代教育改革的持續推動

（一）國中九年一貫課程的實施〔註24〕

　　繼 1990 年代的教育改革，歷史教育建立以臺灣爲主體史觀的重大變遷後，爲迎接 21 世紀的來臨與世界各國之教改脈動，民國 92 年（2003 年）政府推動進一步的教育改革。這次的改革強調國中小課程的連貫性，繼國小六年級後，原本的國中一年級改稱爲七年級，國中二年級改稱爲八年級，而國中三年級，則改稱爲九年級，而跨世紀的九年一貫新課程標榜應該培養具備人本情懷、統整能力、民主素養、鄉土與國際意識，以及能進行終身學習之健全國民。

　　九年一貫的課程大幅異動了以往的課程目標，提出十大基本能力〔註25〕與分段能力指標，而課程架構也打破以往學科的分界提出語文、健康與體育、社會、藝術與人文、數學、自然與生活科技及綜合活動等七大學習領域，並強調資訊教育、環境教育、性別平等教育、人權教育、生涯發展與家政教育等六大重要議題融入領域教學。

　　而因爲國民中小學九年一貫課程綱要係採行「一綱多本」的教科書多元化政策，民國 94 年在課程綱要中又增列基本內容，〔註26〕以期有助於增進各版本內容的交集，以利教科書編輯、師生教學、學測命題之參酌。

〔註24〕資料來源：國民教育司 http://www.edu.tw/eje/content.aspx?site_content_sn=4420
〔註25〕十大基本能力包括：（1）增進自我了解，發展個人潛能。（2）培養欣賞、表現、審美及創作能力。（3）提升生涯規劃與終身學習能力。（4）培養表達、溝通和分享的知能。（5）發展尊重他人、關懷社會、增進團隊合作。（6）促進文化學習與國際了解。（7）增進規劃、組織與實踐的知能。（8）運用科技與資訊的能力。（9）激發主動探索和研究的精神。（10）培養獨立思考與解決問題的能力。
〔註26〕參見附錄一　九年一貫 7～8 年級社會學習領域基本內容（摘錄歷史相關）

　　民國 97 年針對 92 年所頒布的九年一貫課綱進行微幅的修正，依 97 年新課綱的教科書將在 100 學年度起正式啓用，而 97 年新課綱僅進行課綱內容之微幅修訂，未涉及課程架構之改變，仍是十大基本能力，仍劃分爲 7 大學習領域，但六大議題新增了一項「海洋教育」成了七大議題融入學習領域。社會學習領域基本內容，在這次研修過程中，除文字敘述的調整，〔註 27〕不做其他修改。

　　2000 年代九年一貫的教育改革主要是爲迎接 21 世紀的來臨與世界各國之教改脈動而推動的，九年一貫的精神內涵、優劣得失並非本文所論重點，本文關注的重點仍是歷史教育中的臺灣意識的展現，以下就社會領域分段能力指標中有關歷史教育部份的增修內容進行分析：

表 4-4　西元 2003 與 2008 年的九年一貫社會領域分段能力指標〔註 28〕
　　　　的比較

92 年（2003）	97 年（2008）
2-1-1 了解住家及學校附近環境的變遷。	2-1-1 瞭解住家及學校附近環境的變遷。
2-1-2 描述家庭定居與遷徙的經過。	2-1-2 描述家庭定居與遷徙的經過。
2-2-1 了解居住城鎮（縣市鄉鎮）的人文環境與經濟活動的歷史變遷。	2-2-1 瞭解居住地方的人文環境與經濟活動的歷史變遷。 盡可能同時論述水域環境和居民生活、經濟活動之間的關係，不過，基於現實上的考量，教科書編者不必依縣市之不同而有不同版本，但應協調主管教育行政機關協助授課老師取得以當地人文環境與經濟活動爲主要內容的補充教材。
2-2-2 認識居住城鎮（縣市鄉鎮）的古蹟或考古發掘，並欣賞地方民俗之美。	2-2-2 認識居住地方的古蹟或考古發掘，並欣賞地方民俗之美。 基於現實上的考量，教科書編者不必

〔註27〕如將「台」調整爲「臺」、國語數字（ex 二十世紀）改爲阿拉伯數字（ex20 世紀）。

〔註28〕分段能力指標編號「a-b-c」當中，a 代表主題軸序號，b 代表學習階段序號，c 代表流水號。a.所代表的主題軸共有九大主題軸：（1）人與空間。（2）人與時間。（3）演化與不變。（4）意義與價值。（5）自我、人際與群己。（6）權力、規則與人權。（7）生產、分配與消費。（8）科學、技術、與社會。（9）全球關連。b.所代表的學習階段，第一學習階段爲小學二年級結束，第二學習階段爲小學四年級結束，第三學習階段爲小學六年級結束，第四學習階段爲國中三年級結束。

	依縣市之不同而有不同版本，但應協調主管教育行政機關協助授課老師取得以當地的古蹟、考古發掘及民俗為主要內容的補充教材。
2-3-1 認識今昔臺灣的重要人物與事件	2-3-1 認識今昔臺灣的重要人物與事件。每個歷史分期（荷西、鄭氏、清朝、日本、戰後）各舉一個具有重大而久遠影響的事件，並各舉一或二名與該事件有密切關係的人物做較深入的介紹。凡在此一階段編入教科書之事件及人物，盡可能不要在其他階段重複，即使重複也應有詳略及深淺的差異。
2-3-2 探討台灣文化的淵源，並欣賞其內涵。	2-3-2 探討臺灣文化的淵源，並欣賞其內涵。應該包括「海洋文化」，例如不同時期的臺灣先民（如原住民或其他族群）海洋拓展的歷程，及其和臺灣文化之間的關係。
2-3-3 了解今昔中國、亞洲和世界的主要文化特色。	2-3-3 瞭解今昔中國、亞洲和世界的主要文化特色。
2-4-1 認識臺灣歷史（如思想、文化、社會制度、經濟活動與政治興革等）的發展過程。	2-4-1 認識臺灣歷史（如政治、經濟、社會、文化等層面）的發展過程。應該特別注意臺灣特殊的地理位置（太平洋中的海島）及其和人類海洋活動的關係。
2-4-2 認識中國歷史（如思想、文化、社會制度、經濟活動與政治興革等）的發展過程，及其與臺灣關係的流變。	2-4-2 認識中國歷史（如政治、經濟、社會、文化等層面）的發展過程。
2-4-3 認識世界歷史（如思想、文化、社會制度、經濟活動與政治興革等）的發展過程。	2-4-3 認識世界歷史（如政治、經濟、社會、文化等層面）的發展過程。
2-4-4 了解今昔臺灣、中國、亞洲、世界的互動關係。	2-4-4 瞭解今昔臺灣、中國、亞洲、世界的互動關係。
2-4-5 比較人們因時代、處境、角色的不同，所做的歷史解釋的多元性。	2-4-5 比較人們因時代、處境與角色的不同，所做的歷史解釋的多元性。設定此一能力指標的主要目的之一是要引導學生反省歷史知識的客觀性與主觀性，並思考「多元文化」（以及價值的多元性）的議題。本學習領域涉及「多元文化」的能力指標不在少數，

	教學者可以適度加以整合運用。不過，凡以藝術角度切入者，因「**藝術與人文**」學習領域已有所論述，本學習領域可以省略。至於情意層面的陶冶，可以交由「綜合活動」學習領域做進一步的發揮，但要提醒學生注意彼此的關連性。
2-4-6 **了解**並描述歷史演變的多重因果關係。	2-4-6 **瞭解**並描述歷史演變的多重因果關係。

注：粗黑加底線爲修正部份

資料來源：國民教育司 http://www.edu.tw/eje/content.aspx?site_content_sn=4420

　　由表 4-4 可知，民國 92 與 97 年的九年一貫社會領域分段能力指標的變遷呈現了 2 大特點：

1. 努力建構著臺灣文化的獨特性——「海洋文化」

　　92 年的社會分段能力指標「2-3-2 探討臺灣文化的淵源，並欣賞其內涵。」97 年的能力指標加注「應該包括「海洋文化」，例如不同時期的臺灣先民（如原住民或其他族群）海洋拓展的歷程，及其和臺灣文化之間的關係。」的內容，92 年的「2-4-1 認識臺灣歷史（如思想、文化、社會制度、經濟活動與政治興革等）的發展過程。」到 97 年也加注「應該特別注意臺灣特殊的地理位置（太平洋中的海島）及其和人類海洋活動的關係。」

2. 避談臺灣文化與中國文化的關聯性

　　92 年的社會分段能力指標「2-4-2 認識中國歷史（如思想、文化、社會制度、經濟活動與政治興革等）的發展過程，及其與臺灣關係的流變。」97 年刪除了「及其與臺灣關係的流變」改爲「2-4-2 認識中國歷史（如政治、經濟、社會、文化等層面）的發展過程。」教改前的歷史是大中國史觀，不斷強調臺灣與中國歷史的關聯，而今日的教改卻又刻意的避談中國歷史與臺灣關係的流變。

　　綜觀上述，2000 年代九年一貫課程仍延續 1990 年代《認識臺灣》的以臺灣爲主體的史觀之架構，國一學臺灣史、國二學中國史、國三學世界史。但 1990 年代教改課程中「臺灣本位」與「中國本位」的競爭，在 2000 年代的趨勢則是「臺灣本位」越來越佔有優勢地位，避談臺灣文化與中國文化的關聯性，而戮力建構著臺灣文化有別於中國文化的獨特性——「海洋文化」。

（二）高中 95 暫綱的施行〔註29〕與民國 100 新課綱的公佈

1. 高中 95 暫綱

　　「普通高級中學課程暫行綱要」（95 暫綱）除了提出教學目標外，更詳盡的列出各單元下的每個主題，每個主題中的重點，重點還列出數點的說明，另外值得一提的是，除了教學目標外，還提出了四大核心能力：一時序觀念、二歷史理解、三歷史解釋、四史料證據。由表 4-5 可知，歷史教育為政治服務的功能雖然依舊存在，但比例已大為降低，而更著重於歷史學本身進行學習，時序觀念的建立、歷史理解的訓練、歷史解釋的判斷、史料證據的掌握，著重於歷史思維的養成、訓練與應用。

表 4-5　西元 2006 年的「普通高級中學課程暫行綱要」（95 暫綱）

目　標	核　心　能　力
必修科目「歷史」課程綱要 一、培養歷史學科的方法，藉由歷史問題的探討提升學生的思維。 二、幫助學生理解自己文化的根源，建立自我認同感。 三、建立學生對於世界上各種文化的基本認識和理解，養成包容並欣賞多元文化的開闊胸襟。 四、激發學生對歷史的興趣，以充實其生活的內涵。 **選修科目「歷史」課程綱要** 一、加強培養學生在閱讀、思考、辨析、論證等方面的能力。 二、學習史學方法，反思三年來學習歷史之心得。 三、強調從今日之臺灣觀看東亞（含中國大陸）、亞太及世界史上的重要問題。	**一、時序觀念** （一）運用各種時間術語描述過去，認識幾種主要的歷史分期方式 （二）區別過去與現在的不同、兩個或更多時代之間的差異，並建立過去與現在的關連性 **二、歷史理解** （一）能夠直接地就一歷史敘述文本的內容與意義，進行認知與掌握 （二）能夠就一歷史事件，嘗試進行設身處地的認知 （三）能夠在歷史脈絡中，進行關於「重要性」或「意義」的選取與評價 **三、歷史解釋** （一）分辨不同的歷史解釋，說明歷史解釋之所以不同的原因 （二）理解歷史學科的因果關係，對歷史事件的原因與影響提出解釋 **四、史料證據** （一）運用思辨，判斷史料得以作為證據的適當性 （二）自行根據主題，進行史料蒐集的工作 （三）應用史料，藉以形成新的問題視野，或屬於自己的歷史敘述

資料來源：中等教育司 http://www.edu.tw/high-school/content.aspx?site_content_sn=8411

〔註29〕普通高級中學課程暫行綱要於民國 94 年 1 月 20 日（台中（一）字第○九四○○○六○九九 B 號令修正）發布之，依照修訂暫行綱要所編輯之教科用書，自 95 學年度起由一年級逐年實施，故一般統稱 95 暫綱。

　　本文關注的仍是歷史教育中所呈現的臺灣意識，1990 年代教改後的高中歷史教材與國中不同，臺灣史仍穿插於中國史下，直至 2000 年代 95 暫綱的施行，高中歷史教材才終於有了獨立的臺灣史課程，不再附屬於中國史。高中一年級第一學期爲臺灣史，第二學期爲中國史，二年級爲世界史，分兩學期講授。高一上學期學習的臺灣史分爲「早期臺灣」、「清代的長期統治」、「日本統治時期」、「當代的臺灣與世界」四個單元（請參見附錄二），完整連貫、略古詳今地介紹臺灣歷史發展的脈絡，〔註 30〕確立了以臺灣爲主體的史觀。

　　但是高三選修歷史有 8 個歷史專題──「儒家思想與中國社會」、「道教與民間信仰」、「（中醫）醫療與社會文化」、「日常生活與大眾文化──茶與市民社會；戲劇、通俗文學與大眾文化」、「從華僑到海外華人」、「生態環境、物質文明與近代人文生活」、「資訊傳播媒體的普及」、「歷史是什麼？個人的反思」（請參見附錄二）。8 個專題當中，有 5 個專題討論中國傳統文化與社會變遷，2 個專題討論現代，1 個專題討論歷史學科本身，5 個專題討論中國傳統文化的專題都是由古至今（當代臺灣社會）的模式進行討論，追本溯源本是史學的重要內涵，但略古詳今也是史學的重要原則，5 個專題討論中國傳統文化，一再明示著臺灣文化的源頭來自中國傳統文化，卻沒有 1 個專題以臺灣爲主軸討論 400 年來臺灣社會及文化的變遷。國中歷史課程的比重臺灣史、中國史、世界史是 1：1：1，而 95 暫綱的高中歷史雖有獨立的臺灣史，但臺灣史的比重明顯弱於中國史及世界史，相較於國中課程，高中課程的中國本位顯得較爲濃厚。

2. 民國 100 年新課綱的公佈

　　95 暫綱施行至 98 學年度終止適用，原計畫於民國 97 年發布「普通高級中學課程綱要」，自 99 學年度高中一年級起逐年實施（一般稱爲 99 課綱）；惟國文科及歷史科爭議較大，並沒有於 99 學年度如期施行，國文科延至 99 年 10 月 1 日方才公佈，歷史科則延至 100 年 5 月 27 日。兩科都預計於 101 學年度高中一年級起逐年實施，語文教育與歷史教育一直都是灌輸意識形態的重要工具，由這兩科相較其他各科多延宕兩年才公佈，亦可看出中國國族主義與臺灣國族主義爭奪著教科書中的文化認同與歷史解釋權。

〔註 30〕戴寶村，〈解嚴歷史與歷史解嚴：高中歷史教科書內容的檢視〉，《臺灣文獻》，第 58 卷第 4 期（2007 年 12 月），頁 424。

　　民國 100 年新公佈的課綱與 95 暫綱相較，課程綱要內容與核心能力訓練的重點變動不大，惟高一與高二必修歷史中臺灣史、中國史、世界史的比重由 95 暫綱時的 1：1：2 改爲新課綱的 1：1.5：1.5，〔註31〕中國史的比重有明顯的增加，高三選修歷史部份 95 暫綱上、下學期共學習 8 個歷史專題，當中有 5 個討論中國傳統文化，2 個討論現代社會，1 個討論歷史學科本身，而民國 100 年新課綱則是第一學期學習華夏文明與東亞文化交流及歐洲文化，第二學期學習印度文化、伊斯蘭文化、非洲文化及中、南美洲文化。（參見附錄三）選修歷史部份中國史的比例有下降的趨勢，世界文化史則有所上升，惟 95 暫綱選修歷史中 5 個討論中國傳統文化的專題都或多或少的提及臺灣文化，雖是架構在中國傳統文化底下的，但高中 100 年新課綱的選修歷史似乎只有中國文化與世界文化，無任何介紹臺灣文化的單元與主題，相較於國中 97 新課綱中戮力建構臺灣文化的獨特性——「海洋文化」，避談臺灣文化與中國文化的關聯，高中課程的臺灣主體性較爲薄弱。

　　因爲「一綱多本」的教科書多元化政策，爲了增進各版本內容的交集，以利教科書編輯、師生教學、大考命題之參酌。故 95 暫綱與 100 年新課綱亦都有教材綱要的編纂（參見附錄二、附錄三），中國史部分有別於 95 暫綱主題式的教學脈絡，100 新課綱又重回以朝代爲脈絡的編纂方式。另外，比較兩者的單元名稱臺灣史部分，95 暫綱最後單元名稱爲「當代的臺灣與世界」，而 100 新課綱則以「中華民國時期：當代臺灣」爲名，又重新標示著中華民國，強化了此一政治符號；不過，在中國史的部分 95 暫綱最後單元名稱爲「共產中國與兩岸關係」，而 100 新課綱則以「當代中國與臺海兩岸關係」爲名，95 暫綱的「共產中國」在中國前冠上政治體制——中共，似乎暗示著除了共產政體之外，還有另一個自由政體的中國存在，而 100 新課綱「當代中國」則似乎直言了當代中國便是中華人民共和國。

　　高中 100 新課綱在臺灣史部分強化了中華民國的符號，同時卻又在中國史的部分直指當代中國爲中華人民共和國。由此可見，與 2000 年代的國中課綱中呈現的臺灣本位越來越占優勢的趨勢不同，2000 年代高中課綱仍搖擺在臺灣本位與中國本位之間不斷拉鋸著。

〔註31〕高中一年級第一學期爲臺灣史，第二學期爲中國史。二年級第一學期前半段爲中國史，後半段爲世界史，第二學期爲世界史。

第三節 國、高中歷史教科書內容之分析
（1990～2011 年）

1990 年代教育改革的實施，認識臺灣歷史教科書的推出，國族的想像及兩岸關係的論述已有了重大變遷，而 2001 年九年一貫暫行綱要的推出後，一綱一本的統編版教科書全面退出，〔註 32〕一綱多本的教科書，多元論述同時並存於各個版本的教科書中，以往透過統編版的歷史教育，形成單一論述，全面的對青年學子進行官方意識形態的灌輸已成過往。「一綱多本」實施的好壞不是本文所要討論的重點，本文關注於從 1990 年代到 2000 年代，國、高中教科書內容中的國族想像與兩岸關係的論述有怎樣的變遷。

一、國族想像的轉變

（一）1990 年代新課綱的歷史教科書內容分析

1. 1994 年課綱的國中歷史教科書

1994 年新課綱頒行後，直到 1997 年教科書才正式實施，國一學生學習《認識臺灣》歷史篇，國二學生學習《國民中學歷史第一冊》、《國民中學歷史第二冊》，內容為中國史，國三學生學習《國民中學歷史第三冊》、《國民中學歷史第四冊》，內容則為世界史。

民國 86 年（1997 年）出版的《認識臺灣》歷史篇，以七大分期，敘述史前時代、荷西時代、鄭氏治臺、清領前期、清領後期、日治時期、中華民國在臺灣的發展，確立了以臺灣為主體的歷史書寫。從 1895 到 1997 年百年之間，臺灣歷史教科書的世界與臺灣人實質的生活世界是疏離的，從日本殖民政府的皇國民教育，再到中華民國政府所建構的中國國族主義，百年來生活在臺灣的人不認識臺灣歷史，成為失憶的族群，也造成了今日臺灣社會認同的迷惘與錯亂。〔註 33〕1997 年《認識臺灣》歷史篇是教科書有史以來第一次以臺灣為主體進行歷史書寫，七大分期完整連貫的建構了以臺灣為主體的史

〔註 32〕 早在民國 78 學年度開始，國民小學使用教科書陸續開放由民間出版商依據國家規定之課程標準（綱要）來編輯教科書，經政府機關、及國立編譯館審定後供全國小學選用，稱為「審定制」的教科書，開始了一綱多本的制度。而高中也在民國 88 年實施一綱多本。相較而言，國中最晚實施一綱多本的制度，直到民國 91 學年度才開始實施。

〔註 33〕 戴寶村，〈解嚴歷史與歷史解嚴：高中歷史教科書內容的檢視〉，《臺灣文獻》，第 58 卷第 4 期（2007 年 12 月），頁 401。

觀。

　　但這不代表中國國族主義的全然消失，在國二的歷史教科書中仍有大中國主義的影子，民國87年（1998年）出版的《國民中學歷史第一冊》的課文敘述如下：

> 近代以前，「中國」的含義常與「華夏」相通，並未用作國名。早在秦朝以前，黃河流域即有許多不同民族匯集，……「華夏」與「夷狄」之間的文化交流與民族混合，始終不曾停止。漢朝以後，「華夏」又稱「漢族」。現在我們所說的中華民族，就是中國歷史上漢族與其他民族不斷融合的結果。

> 中國是世界文明古國之一，……埃及和西亞，歷史起源雖比中國早，但她們的古文明都已斷絕，只有中國不但歷史悠久，而且始終連綿不斷。

> 兩千多年，朝代雖屢有盛衰更迭，政治制度、思想傳承大體相沿不決，不僅成為中華民族共有的文化資產，對世界文化也有重大的貢獻。〔註34〕

　　從第一章導論中，就定調了整本書的精神為宣揚中國悠久輝煌之文化，值得注意的是，在1970年代以前「中國」理所當然就是中華民國，不需解釋也不用說明，國際孤立的現實使臺灣興起了回歸鄉土的熱潮，1970年代到1980年代臺灣人的國族想像──「在臺灣的中國人」，這樣的雙元認同，進入到1990年代，臺灣人的國族想像漸漸的被集中到以「臺灣」為單位，相對於「中國」而言。「中國」的含意從原本的中華民國轉變為中華人民共和國，在對「中國」認同急遽消退的1990年代，〔註35〕教科書對當時的學生們特別解說著「近代以前，「中國」的含義常與「華夏」相通，並未用作國名。」可說是用心良苦，除了政治的「中國」，強調著尚有民族文化的「中國」。而「中華民族，就是中國歷史上漢族與其他民族不斷融合的結果」此一論說若與「認識臺灣歷史篇」的內容加以連結，從鄭成功建立第一個漢人政權，及清領時代的漢移民社會，所以中華民國在臺灣也就「順理成章」的繼承了「中國」（中華民族）悠久的文化傳統，以此挽回些對「中國」文化

〔註34〕國立編譯館，《國民中學歷史第一冊》（臺北：國立編譯館，1998），頁3。

〔註35〕參見圖5-1，以1992～1998年為例，中國人認同由25.5%退到16.3%，兩者都是的雙元認同由46.4%退到39.6%，而臺灣人認同則由17.6%增加到36.2%。

的認同，同時鞏固著對「中華民族」的認同。

黃帝不僅代表中國歷史文化的開端，也成為中華民族的共同始祖。
〔註36〕

秦併六國，開創了中國歷史上前所未有的新局面。……嬴政自稱「始皇帝」，這就是歷史上著名的秦始皇。〔註37〕

漢武帝是一個雄才大略的君主。……漢朝經過這一連串的革興，面目一新，國力達於極盛。〔註38〕

歷史上著名的唐太宗。……社會安定富裕，史稱「貞觀之治」。……唐滅東突厥，西北各族君主紛紛歸順，並向太宗上「天可汗」稱號，成為當時東亞的國際盟主。〔註39〕

宋朝長期受困於外族，武力不及強鄰，但文化優勢則遠在他族之上。
〔註40〕

元世祖的種族歧視政策，卻是元政的一大失策。

總計蒙古以遊牧民族入主中原，前後只有九十年。〔註41〕

康、雍、乾諸帝都積極吸收漢文化，並勤於政事，……到了乾隆年間，國勢更達於極盛。

現代中國版圖的輪廓，主要即由盛清時代所完成。〔註42〕

黨國體制時代以「中華民族」的概念作為中國歷史發展的主體，所建構的民族文化認同依舊延續下來，相較以往強烈歌功頌德的用詞，始祖的黃帝、歷史上著名的秦始皇、雄才大略的漢武帝、歷史上著名的唐太宗，不僅政治稱霸，文化亦稱霸東亞、武力衰弱的宋代依舊強勢傳承了漢文化，異族入主中原的元、清兩代，種族歧視的元代失策而積極漢化的清代則能達於極盛，這樣的歷史脈絡清晰的呈現著中華民族文化的「優良傳承」。

鴉片戰爭是清廷應付中西一連串衝突的開端，也是中國歷史轉入新

〔註36〕同注34，頁 13～14。
〔註37〕同注34，頁 30。
〔註38〕同注34，頁 34～36。
〔註39〕同注34，頁 60～61。
〔註40〕同注34，頁 76。
〔註41〕同注34，頁 82～83。
〔註42〕同注34，頁 104～106。

階段的起點。〔註43〕

辛亥革命時期，許多人推崇洪秀全，……是因爲他曾領導了一場驚天動地的民族革命運動，孫中山自命爲「洪秀全第二」。〔註44〕

優勝劣敗、適者生存的進化原理，……大大影響國人的世界觀。〔註45〕

維新變法……以浪漫氣氛開幕，以肅殺氣氛下場的短命政治改革……帶給國人新的刺激和教訓，……由上而下的改革運動，既然行不通，那麼由下而上、破壞現況的反清革命，便接著上陣了。〔註46〕

從鴉片戰爭到庚子年間……國人飽受洋人凌辱，積憤已深。〔註47〕

國父孫中山先生領導的革命運動，是推翻現況，再造中華……救國的醫生——孫中山先生……〔註48〕

孫中山先生病逝後，國民革命的重責大任由蔣中正承擔……孫中山先生生前所不能完成的北伐，蔣中正以有限的兵力完成了……〔註49〕

抗戰初期，國人雖以血肉之軀抵擋日軍的坦克、大砲，但幾乎每個人都熱血沸騰……國人自可從「國必自伐而後人伐之」的古訓加以反省。〔註50〕

第一冊建構了中華民族文化的「優良傳承」，第二冊中國近代史則是優良的中華民族面對近代西方的挑戰而來的復興運動，最終由「國父孫中山先生」領導革命，再造中華，孫中山先生病逝後，國民革命的重責大任由蔣中正承擔，如此論說雖未言明但也隱晦地說出孫中山與蔣中正爲民族的救星。

另外，教改之前在中國歷朝發展過程當中，常常以「我國」二字進行敘述，而教改之後這樣的敘述雖然已不存在傳統中國歷朝歷代的發展脈絡中，卻仍存於近代中國史的敘述之中，只不過用詞明確的「我國」改換成較爲模

〔註43〕國立編譯館，《國民中學歷史第二冊》（臺北：國立編譯館，1999），頁8。
〔註44〕同註43，頁22。
〔註45〕同註43，頁43。
〔註46〕同註43，頁47。
〔註47〕同註43，頁50。
〔註48〕同註43，頁57。
〔註49〕同註43，頁103～105。
〔註50〕同註43，頁145。

糊的「國人」，在描述中國近代百年悲慘的歷史發展時，數度使用「國人」二字，使學習者於不自覺中產生切膚之痛，也激發了其對中華民族的情感。

另外，值得注意的是第十五章戰後中國，第一節為中共政權的演變，第二節為中華民國在臺灣的發展，所以戰後中國有兩個脈絡發展一是中共政權在中國大陸的演變，一是中華民國在臺灣的發展，兩個都是戰後的中國，是否與李前總統的「兩國論」相互輝映呢？第二冊的中國近代史的發展，最終章的回顧與展望，內容標題「近代我國歷史發展的軌跡」、「政治走向民主」、「經濟趨向高科技」、「社會多元又開放」、「跨世紀的沉思」，如此章節內容的安排，建構著近代中國→我國→中華民國在臺灣的脈絡。由上可知，屬於中國國族主義的觀點仍然隱藏於教改後的歷史教科書中。

但「臺灣本位」於教科書中，亦爭取到相當的歷史解釋權，第十三章十年生聚教訓中的【問題與討論】

　　一、試比較民國二十四年與民國八十七年政府公布的國定假日，然後回答下列問題：

　　　1. 六十多年來仍然繼續紀念的紀念日有哪些？

　　　2. 六十多年後不再列為紀念日的有哪些？

　　　3. 民國二十四年與民國八十七年紀念日比較下：

　　　　（1）哪些是新增的紀念日？有何特殊意義？

　　　　（2）同一天不同名稱的紀念日有哪幾個？

　　　　（3）民國二十四年以什麼紀念日最多？代表什麼意義？

　　　　　　　　〔註51〕

這樣的【問題與討論】的成效，其實相當部份要取決於教師如何進行引導，屬於國民黨黨國節日的取消，及屬於臺灣節日的設立，或可引導學生對國民黨黨國史觀進行反思，對以臺灣為主體的史觀進行思考。

2. 1995 年課綱的高中歷史教科書——以三民版為例

1995 年新課綱頒行後，高中教科書仍將臺灣史穿插於中國史的脈絡之中，一年級學的是中國史，二年級學世界史，三年級學中國文化史與世界文化史，以臺灣為主體的史觀仍未能明確建立，整體架構依舊是以中國為本位，但國族的想像已與以往不同，為政治宣傳服務的功能也大幅降低，也開

〔註51〕國立編譯館，《國民中學歷史第二冊》（臺北：國立編譯館，1999），頁116～117。

始反思國族主義意識形態的灌輸。而且與國中教材不同的是高中教科書於
1999年便已開放一綱多本，故多元論述業已逐漸成形，而且跳脫以往用朝代
為主軸的模式，偏向主題式教學。以下僅就《三民版》進行分析

> 五帝時代，不僅是宮室、服飾、文字等制度的起源，也是舟車、天
> 文、音律等知識的萌芽。五帝一方面是文明之祖，但另一方面，隨
> 著政治力量的強大與資源的爭奪，也導致戰爭時代的來臨。〔註52〕

由上述可知，對「中華民族」的起源「黃帝」的傳說已不再似以往般強
調，而且附圖放的不是黃帝像，而是蚩尤像，圖像的說明：「神話中蚩尤始
作銅兵，技術比黃帝還先進。蚩尤可能是東方民族的代表，春秋時齊國尚祭
祀蚩尤。」〔註53〕相較於以往稱黃帝為中華民族共同的始祖已有相當大的改
變。另外，在高三所學的中國文化史中的「貳　民族問題　第一節　中國的
形成」課文有如下的敘述：

> 19世紀末以來，由於西方列強的入侵，中國在帝國主義的壓迫下，
> 激起了民族主義的熱情，因而熱衷探索中華民族的由來。……一是
> 一元論……二是多元論……三是外來說……〔註54〕

另外在資料閱讀中亦有對民族起源論述的探討：

> 神話、傳說皆隨人而遷徙，故黃帝誠發源於西北，其故事之大本營
> 在西北，惟以崇拜者漸多，自能傳播而至東方。方此之時，生民有
> 大一統之要求，故託之於共祖，假黃帝之大神為人間之共祖，此故
> 我國民族史上一嘉話矣。（摘自顧頡剛，史林雜識）

> 📖依顧頡剛的看法，為什麼西方的黃帝會成為中國人的共祖？

> 〔註55〕

由上可知，從課文對中華民族起源多元觀點的呈現，再到資料閱讀對黃
帝之所以被建構為中華民族的始祖進行解說與討論，國中學生只知其然（黃
帝不僅代表中國歷史文化的開端，也成為中華民族的共同始祖），高中學生更
須能知其所以然（為什麼西方的黃帝會成為中國人的共祖？），如此黃帝神話
被解構，國族的想像也更開放。但是中國本位依舊是主軸，故中國文化史的

〔註52〕李東華、蔡瑄瑾，《高級中學歷史上》（臺北：三民書局，2002），頁17～18。
〔註53〕同上注，頁18。
〔註54〕甘懷真、簡杏如，《高級中學中國文化史全》（臺北：三民書局，2005），頁20
　　　　～21。
〔註55〕同上注，頁21。

最終章「玖　現代文化」對高中生提出了這樣的期許：「中國文化是否可以在時代的轉變中，賡續生機，並提供創新的資源，可能就需要我們這一代的努力了。」〔註56〕

　　綜觀上述，由 1990 年代教改後的國、高中歷史教科書內容分析中，可以得知臺灣本位與中國本位仍在激烈的拉鋸之中，國中的教科書可說兩者勢均力敵、分庭抗禮，國族的想像在臺灣與中國間不斷的爭辯著。而高中歷史教科書雖對以往的國族神話有所解構，但中國本位仍優於臺灣本位，臺灣史的內容相較以往已大幅增加，但仍舊附屬於中國史的脈絡底下，國族的想像雖已有所開放，仍是以中國為核心。

（二）2000 年代新課綱的歷史教科書內容分析

1. 2003 年九年一貫下的國中歷史教科書

　　2001 年「國民中小學九年一貫課程暫行綱要」推出後，國中歷史一綱一本的模式成為過往，但開放一綱多本之初，強調將歷史、地理、公民進行統整，各版本教科書的內容出現相當大的差異，經過各界批評、討論、修正後，2003 年「國民中小學九年一貫課程綱要」正式推出，但能力指標過於攏統，各版本教科書的差異仍大，為了增進各版本內容的交集，以利教科書編輯、師生教學、基測命題之參酌，於 2005 年公布「社會學習領域七到九年級基本內容」（參見附錄一），漸漸解決了開放一綱多本之初的混亂局面，一綱多本下各版本競爭激烈，有些版本如：仁林版已被市場給淘汰了，各版本的編輯紛紛以市場需求為取向不斷的進行修正，以往教科書是全面的由上而下進行灌輸，而今的教科書得要呼應民間聲浪進行編修以鞏固市場，本文採用最新版的教科書進行分析，看看最受市場青睞的翰林版、康軒版、南一版各自的國族想像為何？

　　2003 年九年一貫與 1990 年代的課程安排一樣是一年級學臺灣史，二年級學中國史，三年級學世界史，但章節略有不同，1990 年代《認識臺灣》的臺灣史七大分期中，最後一分期的章節名稱是「中華民國在臺灣的政治變遷」，而 2003 年九年一貫則改換成「戰後臺灣的政治變遷」。由此可知，「中華民國」的符號消退，以臺灣為主體的歷史觀相較於 1990 年代更加確立。

　　而二年級的中國史部分不再像之前安排一章緒論，對中國悠久輝煌的文

〔註56〕甘懷真、簡杏如，《高級中學中國文化史全》（臺北：三民書局，2005），頁 179。

化進行歌誦，對中華民族的始祖黃帝的論說各版本亦有所差異。

《翰林版》

　　根據傳說，黃帝統一各部落，文字、衣裳、指南車等發明皆在此時出現；後來以禪讓聞名的堯、舜也被視為他的後裔，黃帝因而被尊為中華民族的始祖。〔註57〕

《康軒版》

　　傳說黃帝受到各部落的推舉，成為部落聯盟的共主，而文字、衣裳、指南車等也在此時發明，為中國文明奠下重要的基礎。〔註58〕

《南一版》

　　傳說中，三皇教導人們各種技藝，使文明逐漸發展；五帝則是部落時代的傑出領袖，其中黃帝曾打敗蚩尤，成為部落共主，而以禪讓聞名的堯、舜都是他的後裔。〔註59〕

　　由上可知，僅《翰林版》仍有中華民族始祖黃帝的敘述，而《南一版》提到但沒有明說，《康軒版》對此隻字不提，相較於 1990 年代的教科書，黃帝的神話正在消解之中，而以中華民族為概念進行闡述的中國歷史發展脈絡亦逐漸的被解構。

　　若說教改之前的歷史教科書以「中華民族」的概念作為中國歷史發展的主體，對歷代明君都以民族英雄的形象進行歌功頌德，1990 年代教改後的教科書，仍然清晰的呈現著中華民族文化的「優良傳承」，只是不再用強烈的字眼進行對歷代明君民族英雄形象的塑造。而 2003 年九年一貫新課綱下的教科書，不但對黃帝的神話正逐漸消解中，其對中國歷代明君亦多只陳述其事蹟，而不再用英雄、偉大、著名等形容詞進行形象塑造。

　　而關於宋元時期的介紹也不再獨尊中華文化。《翰林版》以「多民族並立的宋元時期」為章節名稱，《康軒版》則以「宋遼金元的競爭與融合」為章節名稱，並在內容寫道：「面對遼與西夏的紛擾，宋代無法再以天下中心自居，改變傳統以漢人為中心的天下觀，夷夏並存。這種較為平等的新互動形式，也表現在日後與金、蒙古的和戰中。」〔註60〕《南一版》以「夷夏新秩序——宋

〔註57〕　《國民中學社會2上（第三冊）》（臺南市：翰林出版，2010 修訂二版），頁 75。
〔註58〕　《國民中學社會2上（第三冊）》（新北市：康軒文教，2010），頁 74。
〔註59〕　《國民中學社會2上（第三冊）》（臺南市：南一出版，2010），頁 79。
〔註60〕　《國民中學社會2上（第三冊）》（新北市：康軒文教，2010），頁 117。

元時期」為章節名稱，內容寫道：「傳統漢族政權以文化優越自居，不將其他民族建立的政權視為對等的國家。宋代被迫放棄傳統的觀念，將遼、夏、金、蒙古等國視為對等的國家，外交平等往來。」〔註61〕沒有以往「宋朝武力不及外鄰但文化優勢遠在他族之上」的相關敘述。另外，三個版本亦都不再強調康雍乾諸帝積極吸收漢文化的內容。

　　2003年課綱的教科書版本相較1994年課綱的教科書版本在中國近代史的敘述中，不再強調民族革命史觀，對孫中山及蔣中正的偶像崇拜論述亦有所轉變，少了歌功頌德的形容詞，如救國的醫生、或一律在孫中山姓名後加上先生二字以示尊重的傳統做法等，《南一版》甚至連「國父」二字都未曾提及，而《翰林版》與《康軒版》則是在附圖下的文字敘述中才出現。另外，還留於1994年課綱的教科書中，關於中國近代史的「國人」敘述也不復見，最後的章節安排也不再並立「中共政權的演變」與「中華民國在臺灣的發展」，而是單就「中華人民共和國的建立與發展」進行介紹。由此可知，近代中國→我國→中華民國在臺灣的脈絡不再。〔註62〕

2. 2005年課綱（95暫綱）的高中歷史教科書

　　高中直到95課綱的推出，才有獨立的臺灣史，建立以臺灣為主體的史觀。95課綱的教科書在中國史的部分承襲1995年的高中教改方向，依舊是跳脫朝代為主軸的模式，進行主題式的介紹。以下就康熹版、三民版、翰林版、龍騰版、泰宇版、南一版，6個版本進行國族想像的分析。對於中華民族始祖黃帝的敘述在2003年的國中教材僅《翰林版》有明確提及，承接而來的2005年的高中教材亦僅《翰林版》有明確提及，還用了近兩頁的篇幅進行介紹，內容摘要如下：

> 漢代史學家司馬遷的《史記》記事始於黃帝，並將歷代帝王祖先上接黃帝譜系，成為黃帝子孫……據說中國古代所有重要的文化成就都在黃帝時出現了……民國初年以來，許多知識份子更以為整個中華民族都是黃帝子孫，或者……「炎黃子孫」。……黃帝作為文化的開端，是傳說將歷史壓縮凍結在特定時間段落中，把一切文化的

〔註61〕《國民中學社會2上（第三冊）》（臺南市：南一出版，2010），頁121。
〔註62〕遍覽2003年課綱的康軒版、南一版、及翰林版的第三冊及第四冊教科書，在介紹傳統中國歷史發展乃至近代中國，已沒有用「我國」將傳統中國及近代中國與臺灣加以串聯，唯一例外是翰林版第四冊的123頁，有如下敘述：「民國32年，美、英等國與我國簽訂平等新約」。

創造歸諸黃帝，彷彿天地一聲雷，雲開乍現，世界就這麼成形了。〔註63〕

《翰林版》教科書從國中階段的「知其然」，到高中階段的「知其所以然」，從歷史記憶的層次提升到歷史理解的階段。

而《龍騰版》課文敘述「華夏集團打敗了東夷集團的領袖蚩尤，成爲華北共主」〔註64〕接著在歷史地圖中針對華夏集團進行解釋如下：「華夏民族起源於黃河支流的臺地上，形成來自炎帝和黃帝的氏族集團」〔註65〕另外針對文明創造的敘述如下：「根據古史傳說，黃帝之後……是爲五帝……五帝時代，有了初步的政治組織與職官名稱，也是宮室、舟車、文字、音律、天文曆法等文物與知識的起源。」

《南一版》有關黃帝的全部敘述如下：「中國上古傳說的黃帝時代，各種文物漸臻完備，對外戰爭頻仍，按照社會發展的情況推估，大約處於新石器時代晚期的階段。」〔註66〕

《泰宇版》略述了文獻傳述的黃帝時代後，做了如下的解說：「黃帝的崛起背景，正反應氏族村落間的戰爭不斷……至於重要文物發明，則顯示黃帝時代的社會文化已日趨複雜，國家雛形漸具規模。」〔註67〕

《康熹版》文中對黃帝的敘述不僅不言民族的起源，連文明的起源亦沒提及，敘述如下：「古代文獻記載的黃帝、堯、舜、大禹的時代，大約相當部落聯盟的階段。」〔註68〕

《三民版》有關黃帝的敘述如下：「傳說中，黃帝『撫萬民，度四方』……是『國家』形成的時代。」〔註69〕、「黃帝時史官倉頡始造文字。但從考古資料看來，文字顯然並非出於一時一地或個人的創造。」〔註70〕

由上觀之，如同2003年九年一貫新課綱的國中歷史教科書中黃帝神話的逐漸消解，2005年新課綱的高中教材，對黃帝作爲中華民族的始祖論述，僅《翰林版》的明說及《龍騰版》的暗示，其他版本皆無所述，而以中華民族

〔註63〕《普通高級中學歷史第二冊》（臺南市：翰林出版，2009三版），頁11～12。
〔註64〕《普通高級中學歷史第二冊》（臺北縣：龍騰出版，2007），頁11。
〔註65〕同上注。
〔註66〕《普通高級中學歷史第二冊》（臺南市：南一出版，2009修訂版），頁11。
〔註67〕《普通高級中學歷史第二冊》（臺北縣：泰宇出版，2008B版二刷），頁11。
〔註68〕《普通高級中學歷史第二冊》（臺北縣：康熹出版，2007），頁8。
〔註69〕《普通高級中學歷史第二冊》（臺北市：三民出版，2007），頁8。
〔註70〕同上注，頁11。

的發展脈絡進行對中國歷史闡述的模式亦不復見。

中國近代史部分，各個版本關於武昌起義的介紹，已經沒有「國慶日」的敘述，《南一版》的教科書內容甚至巧妙的避開了 10 月 10 日的敘述。南一版的敘述如下：

> 宣統三年（1911）八月十八日（陽曆十月九日）晚，武昌新軍工程營首先發難，經一夜激戰，武昌全城於次日被革命軍占領，是為「武昌革命」。〔註71〕

在孫中山前冠上「國父」，後加上「先生」這樣稱謂的用法亦不復見，而與「國慶日」、「國父」一同消失在現今歷史教科書的辭彙尚有「青年節」。由此教改前的的黨國史觀及孫中山與蔣中正的領袖崇拜亦被解構了。

綜觀上述，由 2000 年代新課綱的國、高中歷史教科書內容分析中，可以得知相較於 1990 年代國中教科書中臺灣本位與中國本位仍在激烈的拉鋸之中，而 2000 年代的國中教科書中以臺灣為主體更加的明確，對中國史的敘述也不再彰顯中國文化的優良傳承。而高中歷史教科書相較於 1990 年代臺灣史附屬於中國史的架構，亦有了重大轉變，2000 年代高中教材終於有獨立的臺灣史，大中國史觀亦逐漸消解之中，不過臺灣主體性的論述不及國中教材鮮明。

二、兩岸關係論述的轉變

（一）1990 年代新課綱的歷史教科書內容分析

1. 1994 年新課綱的國中教科書

兩岸關係從最早的「反攻大陸，解救大陸同胞」，到「三民主義統一中國」，再到 1990 年代教改前夕，對兩岸的關係還是以「統一」為目標，只是手段不同，國族的想像仍舊是「大中國主義」的論述框架，民國 83 年出版的統編版歷史教科書對兩岸關係做如下的敘述：

> 中國的和平統一當是所有中國人所衷心期盼的，……李登輝總統於 80 年 2 月召開國家統一委員會，通過國家統一綱領，以增進全體中國人的福祉為目的，在自由、民主、均富的原則下，實現中華民族的和平統一。〔註72〕

〔註71〕《普通高級中學歷史第二冊》（臺南市：南一出版，2009 修訂版），頁 158。
〔註72〕國立編譯館，《國民中學歷史第三冊》（臺北：國立編譯館，1994），頁 109。

　　依據 1994 年新課綱於民國 86 年（1997 年）出版的《認識臺灣》歷史篇對兩岸的關係仍是以「統一」為目標，國族的想像依舊不脫「大中國主義」的論述框架，課文敘述如下：

> 80 年，政府通過國家統一綱領，並宣布終止動員戡亂時期，希望透過交流互惠、互信合作、協商溝通等漸進的步驟，達成中國的統一。
> 〔註73〕

　　但是接下來於民國 88 年出版的國中歷史第二冊，則有所轉變，「統一」不再是唯一的目標，國家的想像已然跳脫以往「大中國主義」的框架，但民族的認同依舊維持原生論的觀點，故有「兩岸……全中國人」的說法。課文敘述如下：

> 海峽兩岸因歷史因素造成阻隔，初以武力對峙，繼則以和平競爭。未來「分」、「合」的走向，不只考驗兩岸的政治領導人，也考驗全中國人的智慧。〔註74〕

　　另外值得觀察的便是對「我者」與「他者」的稱謂。課文敘述多以「中華民國政府」（或簡稱政府）以及「我國」自稱，而以「中共」來稱呼對岸，何謂「中共」？是中國共產黨亦或是中華人民共和國則有相當的模糊空間。但可以肯定的是教科書傳遞的仍是以維持代表大中國法統的中華民國為架構。

2. 1995 年新課綱的高中歷史教科書——以《三民版》為例

　　《三民版》對於兩岸關係的論述中，「統一」不再是唯一的目標，內容如下：

> 目前兩岸之間以探親、旅遊、文教與經貿交流的方式互動，但兩岸如何統一或分立分治，則是有待解決的歷史問題。〔註75〕

　　另外，三民版對於「我者」與「他者」的稱謂。課文敘述中多以「臺灣」、「中華民國」自稱，而以「中共」、「中華人民共和國」、「中國大陸」稱呼對岸，相較於國中教科書，臺灣的符號有被突出的現象。

　　綜觀上述，民國 80 年制定的國家統一綱領，成為教科書論述兩岸關係的

〔註73〕國立編譯館，《國民中學認識臺灣（歷史篇）》（臺北：國立編譯館，1997），頁 100。

〔註74〕國立編譯館，《國民中學歷史第二冊》（臺北：國立編譯館，1999），頁 187。

〔註75〕許雪姬、劉妮玲，《高級中學歷史下》（臺北：三民書局，2001），頁 167。

主要內容，依據 1994 年新課綱於民國 86 年所編纂的認識臺灣歷史篇的兩岸論述依舊以統一為單一選項，但 88 年的國中第二冊則有所轉變，「統一」不再是唯一的目標，這樣的轉變亦呈現於高中教材之中。另外，教科書中所呈現的「我者」與「他者」的形象，國中教科書傳遞的仍是以維持代表大中國法統的中華民國為架構，但高中教科書中臺灣的符號有被突出的現象。

（二）2000 年代新課綱的歷史教科書內容分析

1. 2003 年新課綱的國中教科書

2003 年九年一貫後，開放一綱多本的各版本教科書中「兩岸統一」的論述已完全消失不見，早先透過統編版教科書進行國家認同及兩岸關係的單一論述已成過往，但開放多元後對於極其敏感的統獨問題採取的是淡化處理，南一版甚至是完全避談策略，課文內容對民國 80 年制定國家統一綱領到民國 95 年的終止適用完全沒有提及。

《康軒版》

> 政府制定國家統一綱領，主張以對等溝通、交流互惠，建立兩岸合作的基礎。（ps 於兩岸關係大事紀的附表中列入民國 95 年國統綱領終止適用）

> 近年來，兩岸間的投資、通婚及觀光活動與日俱增，民國 90 年，政府開放「小三通」；民國 97 年進一步開放「兩岸直航」，使交流管道更加暢通，民間往來也愈見熱絡。然而，中共始終不放棄武力犯臺與「一個中國」主張，使兩岸關係仍充滿變數。〔註76〕

《翰林版》

> 近年來，海峽兩岸的人民雖已從隔絕走向交流，但雙方的政治對峙及潛在的軍事衝突危機仍舊存在。中華人民共和國政府始終堅持一國兩制，將兩岸問題視為「內政」問題。民國 94 年，中國制定「反分裂國家法」，仍不排除武力犯臺的可能性。這些舉動明顯侵犯了我國主權，使現階段的兩岸關係發展，尚有許多問題有待解決。〔註77〕

《南一版》

〔註76〕《國民中學社會 1 下第二冊》（新北市：康軒出版，2011），頁 99。
〔註77〕《國民中學社會 1 下第二冊》（臺南市：翰林出版，2011），頁 105。

> 近年來，雖然海峽兩岸仍存在政治歧見，但民間的投資、婚姻、觀
> 光活動等愈見熱絡。然而，中華人民共和國始終堅持「一個中國」，
> 矮化臺灣為地方政府，並且拒絕放棄武力犯臺。我國政府則堅持主
> 權獨立完整，必須對等談判，使得兩岸難以在平等互惠的原則下開
> 創新局。〔註78〕

　　三個版本皆有提到兩岸民間的交流與中華人民共和國對臺灣的軍事威
脅及政治打壓，而對兩岸關係的結論則是「充滿變數」、「許多問題有待解
決」、「難以在平等互惠的原則下開創新局」，兩岸關係是臺灣社會當前最大
的政治難題，但國中教材對於此議題似乎是點到為止，進一步的討論則付之
闕如。國中分段能力指標「9-4-4 分析國際間衝突和合作的原因，並提出增
進合作和化解衝突的途徑。」國中教材僅在臺灣史中進行兩岸關係的論說，
但國一生尚未學習中國史，對於兩岸分治的歷史淵源認識不深，對於中華人
民共和國的了解亦相當不足的背景下，如何能對當前兩岸關係有更深入的理
解，進而提出化解衝突的途徑，這樣的課程編排，學生們能夠得到的結論僅
是中華人民共和國是一個蠻橫霸道的國家，而兩岸的關係則是無解。

　　那將兩岸關係置於中國史底下進行討論呢？的確，國二生在學習過中國
近代史的發展後，對於兩岸分治的歷史淵源及中華人民共和國有了初步了解
之後，再進行兩岸關係的討論，能對當前兩岸關係有更深入的理解，對於如
何化解衝突的途徑也能進行較深入的思考。但是，將兩岸關係置於中國史底
下進行討論的課程編排，感覺上好似在呼應中華人民共和國所言的：「兩岸問
題是中國的內政問題。」

　　筆者認為兩岸關係單放於臺灣史或中國史皆有問題，可以先在臺灣史中
對於兩岸關係的現況進行介紹，而在國二介紹完中國近代史與中華人民共和
國後，設立一個小單元進行兩岸關係的介紹，或是以問題討論的方式讓學生
思索兩岸衝突和合作的原因，討論化解衝突與增進合作的可能途徑。

　　另外值得觀察的是對「我者」與「他者」稱謂。各版本不盡相同，《康軒
版》仍維持 1990 年代《認識臺灣歷史篇》多以「中華民國政府」（簡稱政府）
與「我國」自稱，以「中共」指稱對岸，《翰林版》、《南一版》一樣以「中華
民國政府」（簡稱政府）與「我國」自稱，但不再用模糊的「中共」，而是以
「中華人民共和國」、「中國大陸」，甚至是「中國」來指稱對岸，早先努力維

〔註78〕《國民中學社會 1 下第二冊》（臺南市：南一出版，2011），頁 118。

持代表大中國法統的中華民國架構似乎已經鬆動，何謂「中國」？《翰林版》教科書已明確指向中華人民共和國。

2. 2005 年新課綱的高中教科書

有別於國中教材將兩岸關係置於臺灣史中進行論說，高中教材則是置於中國史下進行討論，〔註 79〕在介紹完兩岸關係的過去與現況後，對於兩岸關係的未來有了如下的描述：

《翰林版》

> 臺灣何去何從是一項大哉問；如何保障臺灣不被併吞？如何維持現況？如何與對岸交往？⋯⋯臺灣要成為亞太營運中心、國際金融中心或綠色矽島等願望，如沒有中國這塊腹地配合，似乎難以實現。經濟與政治之間如何兩全，需要更高的智慧。〔註 80〕

《三民版》

> 如何在臺海兩岸政治、軍事持續緊張而貿易、投資卻加溫擴大的矛盾中，繼續維持我國人民的安全幸福以及臺灣自身的經濟成長，是二十一世紀臺灣最大的挑戰。〔註 81〕

《龍騰版》

> 海峽兩岸在先天上具有文化、族群上的密切關聯，目前又有經貿合作的現實需求，因此，如何在這些有助於和平互動的條件上找尋新的出路，是值得努力嘗試的。

> 兩岸關係的未來很難由單方面決定，但任由外國強權介入干預，使自身淪為他國佈局的「棋子」，自然也不是最好的方式。

> 至於就臺灣自身而言，努力維持一個民主、自由、富強的大格局，繼續充實推廣我們的政經文教經驗，並且賦予中國文化新的內涵與成果，才是維繫我們優勢的所在。

> 未來雙方若能加強各種形式的交流以增進彼此的了解，開創互信合作的契機，尋找和平共存的機會，應該是比較理想的目標。〔註 82〕

《南一版》

〔註 79〕高中康熹版則於第一冊臺灣史與第二冊中國史均對兩岸關係有所描述。
〔註 80〕《普通高級中學歷史第二冊》（臺南市：翰林出版，2009 三版），頁 247。
〔註 81〕《普通高級中學歷史第二冊》（臺北市：三民出版，2007），頁 229。
〔註 82〕《普通高級中學歷史第二冊》（臺北縣：龍騰出版，2007），頁 259～260。

未來如何鼓勵海峽兩岸政權採取和平對話方式解決臺海問題，並同步建構一個新而穩定的亞太區域秩序，將是國際社會必須嚴肅面對的一項重大課題。〔註83〕

《泰宇版》對兩岸的未來在課文中並沒有著墨，但卻有如下的課後討論：

一、兩岸長期的軍事對抗，並非單純的國共內戰，而是摻雜了複雜的國際因素。試以韓戰與越戰為例，分析說明其軍事演變對兩岸關係發展的影響。

二、從鄧小平到江澤民，兩岸關係雖然和緩，民間的經濟文化交流也日益密切，但在政治領域，雙方的領導階層頻生齟齬，風波不斷，其癥結是什麼？請就所知加以分析說明。

三、近年來，兩岸文化交流互動頻繁，中國來臺的各種歷史文物展覽、熱門轟動的影視戲劇，乃至中國尋幽訪勝之旅等，你曾經歷過嗎？這些文化交流過程中，你是否感受到中國藉機進行文化統戰或蓄意矮化臺灣？請述說個人的經驗心得並與同學分享。〔註84〕

《康熹版》

中華人民共和國是否能進行民主化，將影響臺灣民眾對統一問題的看法……現階段的兩岸政策是在中華民國憲法的基礎上「維持現況」、「共創和平」……現今海峽兩岸的意識形態、政治民主、社會制度、經濟水準各層面依然有所差距，唯有透過持續的良性互動，奠定互信合作之基礎，才能邁向兩岸「雙贏」局面。〔註85〕

《翰林版》與《三民版》較關懷兩岸關係發展中的經濟因素；《龍騰版》除了提及兩岸經貿合作的現實需求外，同時強調兩岸民族文化的密切關聯，認為上述兩者是兩岸未來和平互動的有利條件，並反對國際強國干涉兩岸問題；《南一版》則與龍騰版的觀點相反，強調以國際觀點來看兩岸問題；《泰宇版》於問題討論中亦重視國際因素對兩岸局勢的重大影響，也對兩岸政治對峙之因進行討論，更要學生思索中國文化統戰及政治打壓的經驗；《康熹版》強調兩岸的良性互動，創造雙贏，並特別提及「中華人民共和國是否能

〔註83〕《普通高級中學歷史第二冊》（臺南市：南一出版，2009修訂版），頁228。
〔註84〕《普通高級中學歷史第二冊》（臺北縣：泰宇出版，2008B版二刷），頁304。
〔註85〕《普通高級中學歷史第二冊》（臺北縣：康熹出版，2007），頁251。

進行民主化，將影響臺灣民眾對統一問題的看法」。針對這個問題，筆者在本文針對現在國、高中生所進行的問卷中，或者可對此問題稍作解答，題目8.「您對未來兩岸的發展看法爲何？」，有24.7%的人認爲中國政治未來依舊保守強勢，但卻有74.5%的人認爲中國政治未來會趨向民主，而在74.5%認爲中國趨向民主的人中，有6.4%的人認爲臺灣將會自願與中國合併，但有68.1%的人認爲臺灣仍可保持獨立自主的空間。〔註86〕

　　高中課程將兩岸關係編排在中國近代史與中華人民共和國後，學生對於兩岸關係的歷史淵源與中華人民共和國有所認識後，對於兩岸關係的思索亦能較爲深入，而且對於兩岸關係的未來，高中各教材也有較多的討論，覺得影響兩岸關係未來的因素，各版本觀點不同，有些側重經濟因素、有些側重文化因素、有些則重視國際因素等。

　　綜觀上述，1990年代新課綱下的國、高中歷史教科書針對兩岸關係的論述，逐漸的解構了長久以來追求「統一」的框架，但解構之後呢？兩岸關係何去何從的討論則付之闕如，2000年代新課綱下的國中教科書對於兩岸關係的進一步討論亦無著墨，高中教科書則有比較多的討論，呈現多元的觀點。

　　較爲可惜的是，國族主義對於兩岸互動上有著相當的影響，但高中各版本教科書對此均無介紹與討論。當前的臺灣正處於「臺灣國族主義」昂揚的年代，是故獨立意識高漲，「他者」與「我者」的對立意識亦較爲濃厚。而當前的中華人民共和國經濟逐漸崛起，中國大陸的「中國國族主義」也隨之日益高漲，加上其對內的專制統治，對言論思想的控制，在官方教育中以反帝國反殖民的脈絡來解釋中國近代史，並將臺海兩岸關係放在這個脈絡中加以理解，認爲統一臺灣是「中國人民爲維護國家統一與領土完整的鬥爭」。〔註87〕如此兩岸高漲的民族主義發展，將會深刻牽動兩岸關係的發展，但學生們卻對中國大陸高漲的民族主義認識不清，遑論其崛起的背景與思想內涵。

　　另外，「我者」與「他者」的形象也有不同的觀點並存於不同版本教科書中，《南一版》、《三民版》教科書多以「中共」、「中國大陸」、「中華人民共和國」來指稱對岸，而以「中華民國政府」及「臺灣」自稱，避免敏感的中國二字；《康熙版》、《泰宇版》、《翰林版》、《龍騰版》則多以「中國」二字指稱

〔註86〕請參見本文第五章第三小節表5-4。
〔註87〕黃俊傑著，《臺灣意識與臺灣文化》（臺北市，正中出版，2000），頁8。

對岸，而以「臺灣」自稱爲多。

　　《南一版》與《三民版》有意的避開中國二字，基本上與國民黨的立場較爲一致，打著模糊戰術，雖然國際社會上對何謂中國？答案是明確的指向中華人民共和國，但就國民黨立場而言，「一個中國，各自表述」，何謂中國？是有各自表述的空間，雖然中華民國已很難在國際場合中以中國自居，但也不願就此以中國來稱謂中華人民共和國，故不論對中華民國亦或是對中華人民共和國，在國民黨立場而言皆避免使用敏感的中國二字來進行稱謂，以免產生兩個中國的主權混淆情形。

　　《康熙版》、《泰宇版》、《翰林版》、《龍騰版》則直接以中國二字指稱中華人民共和國，與國際社會、民進黨的立場和今日臺灣民間社會的態度較爲相近，對於中國二字不再留戀，相較於中華民國而言，更強調突出「臺灣」二字爲代表臺灣社會的政治符號。

　　由上可知，進入 2000 年代不論國中亦或是高中教科書，早先努力維持代表大中國法統的中華民國架構已經鬆動，何謂「中國」？多數的教科書內容已明確指向中華人民共和國，更強調突出「臺灣」二字爲代表臺灣社會的政治符號。

小　結

一、中國國族主義的建構（1945～1980 年代）

　　從 1945 年起臺灣社會在黨國體制的操控下，歷史教科書以「中華民族」的概念作爲中國歷史發展的主體，建構著傳承著悠久燦爛文化的中華民族創建了中華民國，復興接續著悠久的中華文化。這樣中華民族、中華文化、中華民國三位一體的近代中國國族想像逐漸深植於臺灣社會。透過這種想像，國民黨政權不但穩固了其對臺灣統治的正當性，也爲「反攻大陸」提供了情感上的支持。正如班納迪克‧安德森（Benedict Anderson）所言：「民族被想像爲一個共同體，因爲儘管每個民族內部可能存在普遍的不平等與剝削，民族總是被設想爲一種深刻的、平等的同志愛，驅使數以百萬計的人們甘願爲民族——這個有限的想像——去屠殺或從容赴死。」〔註88〕

〔註88〕班納迪克‧安德森（Benedict Anderson）著，吳叡人譯，《想像的共同體：民族主義的起源與散布》（上海：上海人民出版社，2003），頁 5～7。

但反攻無望進入到 1970 年代，臺灣社會面對了國際孤立的窘境，中華民國政府更需臺灣內部的支持，如何繼續鞏固其統治的正當性，及如何回應崛起中的臺灣政治社會運動，中華民國政府早先所建構的中國國族主義的論述，為了回應時代的變遷而有了轉變，特點有三：1. 對中國人及中華文化的更加強調，官方論述仍然以「中國法統」、「大中國主義」，為其政權正當性的主要論述。2. 對孫中山及蔣中正領袖崇拜的更加強調，此則有助於蔣經國的接棒之路，並確立國民黨建立中華民國的貢獻，合理化國民黨政權的統治。3. 教科書的內容大量增加了「臺灣的歷史發展經過」，但整體而言臺灣史的份量雖較以往有所增加，卻仍是附屬於中國史，塑造「臺灣自古是中國的一部分」，並由「臺灣光復」來論述國民黨對臺灣的貢獻，以此確認國民黨統治臺灣的正當性。

二、建立以臺灣為主體的史觀（1990～2011 年）

黨國體制下，政治權力雖然操控了社會記憶，但本省族群的鄉土情感在1970 年代國際孤立的危機中漸漸甦醒，1980 年代隨著臺灣意識論戰的展開後，到 1990 年代本省的鄉土情感已進入社會記憶的層次而與舊有社會記憶建構的中國國族主義競逐，展開了一連串的教育改革，逐步建構以臺灣為主體的史觀。民國 86 年（1997 年）出版的國民中學《認識臺灣》歷史篇，以七大分期，敘述史前時代、荷西時代、鄭氏治臺、清領前期、清領後期、日治時期、中華民國在臺灣的發展，確立了以臺灣為主體的歷史書寫。從 1895 到 1997年百年之間，臺灣歷史教科書的世界與臺灣人實質的生活世界是疏離的，從日本殖民政府的皇國民教育，再到中華民國政府所建構的中國國族主義，百年來生活在臺灣的人不認識臺灣歷史，成為失憶的族群，也造成了今日臺灣社會認同的迷惘與錯亂。〔註89〕1997 年《認識臺灣》歷史篇是教科書有史以來第一次以臺灣為主體進行歷史書寫，七大分期完整連貫的建構了以臺灣為主體的史觀。但 1990 年代教改後的高中歷史與國中不同，臺灣史仍穿插於中國史下進行論說。

2000 年代教育改革持續推動，國中小推行著九年一貫新課程，九年一貫

〔註89〕戴寶村，〈解嚴歷史與歷史解嚴：高中歷史教科書內容的檢視〉，《臺灣文獻》，第 58 卷第 4 期（2007 年 12 月），頁 401。

仍延續 1990 年代《認識臺灣》的以臺灣爲主體的史觀，國一學臺灣史、國二學中國史，國三學世界史。但 1990 年代教改課程中「臺灣本位」與「中國本位」的競爭，到 2000 年代的趨勢則是「臺灣本位」越來越佔有優勢地位，由民國 97 年（2008 年）新推出的九年一貫分段能力指標可發現兩個特點：1. 避談臺灣文化與中國文化的關聯性，2. 戮力建構著臺灣文化的獨特性——「海洋文化」。

而高中歷史直至 2000 年代 95 暫綱的施行，才終於有了獨立的臺灣史課程，不再附屬於中國史。高中一年級第一學期爲臺灣史，第二學期爲中國史，二年級爲世界史，分兩學期講授。高一上學期學習的臺灣史分爲「早期臺灣」、「清代的長期統治」、「日本統治時期」、「當代的臺灣與世界」四個單元，完整連貫、略古詳今地介紹臺灣歷史發展的脈絡，〔註90〕確立了以臺灣爲主體的史觀。但是高三選修歷史有 8 個歷史專題，其中有 5 個專題討論中國傳統文化與社會變遷，並延伸至當代臺灣社會，一再明示著臺灣文化的源頭來自中國傳統文化；有 2 個專題討論現代社會；有 1 個專題討論歷史學科本身，卻沒有任何專題以臺灣爲主軸討論 400 年來臺灣社會及文化的變遷。

繼 95 暫綱後，民國 100 年公佈高中新課綱中臺灣史、中國史、世界史的比重由 95 暫綱時的 1：1：2 改爲新課綱的 1：1.5：1.5，中國史的比重有明顯的增加，高三選修歷史新課綱只有中國文化史與世界文化史，亦無任何介紹臺灣文化史的單元，相較於國中 97 新課綱中戮力建構臺灣文化的獨特性——「海洋文化」，避談臺灣文化與中國文化的關聯，高中課程的臺灣主體性較爲薄弱，與 2000 年代的國中課綱中呈現的臺灣本位越來越占優勢的趨勢不同，2000 年代高中課綱仍搖擺在臺灣本位與中國本位之間不斷拉鋸著。

三、國、高中歷史教科書的分析（1990～2011 年）

（一）國族想像的轉變

進一步分析 1990 年代到 2000 年代國、高中歷史教科書所呈現的國族想像與兩岸論述可發現，1990 年代國中教科書的國族想像在臺灣與中國間不斷的爭辯著，雖然《認識臺灣》已建立以臺灣爲主體的史觀，但中國史部分仍然清晰的呈現著中華民族文化的「優良傳承」，只是不再用強烈的字眼進行對

〔註90〕戴寶村，〈解嚴歷史與歷史解嚴：高中歷史教科書內容的檢視〉，《臺灣文獻》，第 58 卷第 4 期（2007 年 12 月），頁 424。

歷代明君民族英雄形象的塑造，在描述中國近代百年悲慘的歷史發展時，數度使用「國人」二字，使學習者於不自覺中產生切膚之痛，也激發了其對中華民族的情感，建構著近代中國→我國→中華民國在臺灣的脈絡。而1990年代的高中歷史教科書雖對以往的中國國族神話有所解構，但仍無獨立的臺灣史，國族的想像仍以中國爲本位。

2003年國中小九年一貫新課綱下的教科書，不但對黃帝的神話正逐漸消解中，以中華民族爲概念進行闡述的中國歷史發展脈絡亦逐漸的被解構，不再歌誦著中華民族文化的優良傳承，在中國近代史的敘述中，亦不再強調民族革命史觀，對孫中山及蔣中正也少了歌功頌德的形容詞，如救國的醫生、或加上先生以示尊重的傳統做法，《南一版》甚至連「國父」二字都未曾提及，由此可見，2000年代的國中教科書國族的想像已明確地轉向以臺灣爲本位。而2000年代的高中歷史教科書終於有獨立的臺灣史，大中國史觀逐漸消解，不過臺灣主體性的論述不及國中教科書鮮明。

（二）兩岸關係論述的轉變

依1994年新課綱於民國86年所編纂的認識臺灣歷史篇的兩岸論述依舊以統一爲單一選項，但88年的國中第二冊則有所轉變，「統一」不再是唯一的目標，這樣的轉變亦呈現於高中教材之中，但是不論國中亦或是高中教科書對於兩岸統獨問題的進一步討論卻付之闕如。進入2000年代國中三個版本的教科書對兩岸關係的結論則是「充滿變數」、「許多問題有待解決」、「難以在平等互惠的原則下開創新局」，進一步的討論仍是付之闕如，但2000年代的高中教科書對兩岸關係則有比較多的討論，呈現多元的觀點。《翰林版》與《三民版》較關懷兩岸關係發展中的經濟因素；《龍騰版》除了提及兩岸經貿合作的現實需求外，同時強調兩岸民族文化的密切關聯是兩岸未來和平互動的有利條件，並反對國際強國干涉兩岸問題；《南一版》則與龍騰版的觀點相反，強調以國際觀點來看兩岸問題；《泰宇版》於問題討論中亦重視國際因素對兩岸局勢的重大影響，也對兩岸政治對峙之因進行討論，更要學生思索中國文化統戰及政治打壓的經驗；《康熹版》強調兩岸的良性互動，創造雙贏，並特別提及「中華人民共和國是否能進行民主化，將影響臺灣民眾對統一問題的看法」，較爲可惜的是，當前兩岸高漲的國族主義對於兩岸互動上有著相當的影響，但高中各版本教科書對此均無介紹與討論。

另外，教科書中所呈現的「我者」與「他者」的形象，1990年代不論國

中或高中教科書多以「中華民國政府」（簡稱政府）與「我國」自稱，多以「中共」、「中國大陸」指稱對岸。進入 2000 年代不論國中或高中教科書，大多數的版本一樣以「中華民國政府」（簡稱政府）、「我國」、「臺灣」自稱，但不再用模糊的「中共」，而是以「中華人民共和國」，「中國大陸」，甚至是「中國」來指稱對岸。何謂「中國」？多數版本的教科書已明確指向中華人民共和國，早先努力維持代表大中國法統的中華民國架構已經鬆動，相較於「中華民國」而言，更強調突出「臺灣」二字為代表臺灣社會的政治符號。

從 19 世紀以來，歷史教育一向以提供國家民族精神教育為主，因此教科書直接灌輸著國家主義，甚至不惜捏造國家神話，及「創造傳統」。20 世紀前半期的臺灣人接受著日本國族建構的官方教育，進入 20 世紀後半期的臺灣人則又接受著中國國族建構的官方教育，而臺灣史則消失隱沒於這兩時代的歷史之中，身為臺灣人卻不知臺灣史可說是百年來臺灣數代人的悲哀吧！提供國家民族精神的教育理念在歐美國家已遭批評，我們也不宜再「重操故技」，把「發揚中國民族精神」改為「發揚臺灣民族精神」，以免解構了一個國族神話後又重新塑造了另一個國族神話。中學歷史教育應該教導有關「如何思考有關國家認同感」的問題，其目的在協助他們自行處理這個問題。但不應該「指定學生何種國家認同感才是標準答案。」〔註91〕

過往的國族主義運動者往往強調著「一個國家、一個民族、一個文化」原則。但是這一原則終究迫使任何不合於此原則的民族文化內涵必須面對巨大的扭曲張力。擁有不同記憶的團體之間，應該互相尊重，而非不斷的上演那種你死我活、徹底消滅「他者」記憶的歷史情節，反而應該追求一種寬容的、溝通的記憶論述。〔註92〕建立以臺灣為主體的歷史教育應該努力繼續深化，如：建構臺灣文化的獨特性——「海洋文化」是一個可以繼續努力的方向，但是避談甚至是完全切割臺灣文化與中國文化的關聯則不是一個良好的方案，而是應該在過與不及間尋求平衡的支點。

〔註91〕 周樑楷，〈世界史中的臺灣：編寫新版高中世界文化史的反思〉，《歷史意識與歷史教科書論文集》（臺北：稻鄉出版，2003），頁 251。

〔註92〕 夏春祥〈文化象徵與集體記憶競逐——從臺北市凱達格蘭大道談起〉，《文化與權力》（臺北：麥田出版，2001），頁 108。

第五章　新世代（八年級生）[註1]的臺灣意識

第一節　問卷的設計理念

　　許多相關研究早已指出，影響一個世代人群的政治、社會價值最重要的經驗與記憶，常發生在這世代的青少年時期與青年早期。社會通常在其成員的青少年階段，開始教導、給予他們一些「身分認同」，青少年在社會化的過程中，社會價值變遷也影響他們的歷史記憶與國族認同。1980 年代後期以來臺灣積極進行本土化運動，同時在各傳播媒體上臺灣主體文化都受到極大的重視。這些開始影響當時臺灣青少年的國族認同；[註2]而進入 1990 年代，萬聲齊鳴的臺灣國族主義更在臺灣社會全面的展開，其中 1997 年國中「認識臺灣」歷史篇的推出，以臺灣爲主體的歷史記憶開始被建構；進入 2000 年代被譽爲「臺灣之子」的陳水扁當選總統，臺灣政壇首度的政黨輪替，擁有「臺獨黨綱」的民進黨成爲了執政黨，「臺灣正名運動」也在這樣的政治社會背景下如火如荼的展開，更將臺灣國族主義推向高峰，國中小九年一貫課程及高中 95 暫綱課程的推出後，以臺灣爲主體的史觀更加的明確。

[註1] 本文所謂的八年級生指的是民國 80 年代出生的群體，本文於 2011 年針對國一~高三進行問卷測驗，其出生於民國 87~81 年間，故以八年級生統稱之。

[註2] 王明珂，〈臺灣青少年的社會歷史記憶〉，《國立臺灣師範大學歷史學報》，第 25 期，1997 年 6 月，頁 151。

　　因而成長於 2000 年代臺灣國族主義達於高峰，且接受更加明確的以臺灣為主體的歷史教育之八年級生，其歷史記憶與國族認同與成長於 1990 年代教改前夕的之六年級生〔註 3〕相較有了怎樣的改變？是故本文問卷調查的對象主要是針對八年級生，雖說影響八年級生的歷史記憶與國族認同變遷的因素很多，如：政治社會環境的轉變，家庭教育的影響等，其中來自於學校教育的影響應是相當重要的因素。故本文著重於歷史教育的影響這一部分進行分析，想確認在教育改革推動之後，對於八年級生的歷史記憶與國族認同有了怎樣的影響？接受臺灣主體性史觀的八年級生相對於以往接受大中國主義史觀的六年級生，其歷史記憶與國族認同又有怎樣的轉變？另外，新世代對統獨的態度牽動著兩岸的未來，認識其認同的內涵或許亦能為未來兩岸關係提供些許的訊息。本文透過問卷調查以了解八年級生的歷史記憶與國族認同，問卷設計如下：

表 5-1　青少年歷史記憶與國族認同調查（問卷說明）

非常感謝您協助進行問卷調查
　　本問卷調查青少年的歷史記憶與國族認同，希望由此研究年輕一代的歷史意象，與認同歸屬，並進一步分析學生的歷史記憶及認同歸屬，與目前歷史教材間的關係。（以上無須對學生說明）

請對學生說明如下：
1. 本問卷有 4 題簡答題，11 題選擇題。
2. 這不是考試，沒有標準答案，想到什麼寫什麼。
3. 請不要詢問左右同學的意見，亦不要請求老師幫忙解說題目、提示答案。
4. 對於問題不是很明瞭的話，可直接勾選　□其他＿＿＿＿＿
　　　　　　　　　　　　　　　　　　　　　（寫上沒意見）
5. 對於問題的選項答案都不滿意的話，可勾選　□其他＿＿＿＿＿
　　　　　　　　　　　　　　　　　　　　　（寫上自己滿意的答案）

Ps.請問貴校使用的歷史教科書版本是？＿＿＿＿＿＿＿

再次感謝您的協助
　　請將問卷裝回郵局的便利袋（含郵，已填妥寄件地址）直接寄回，謝謝
　　　　　　　　　　　　　　中興大學歷史碩士在職專班　王日吟

〔註 3〕本文所謂的六年級生指的是民國 60 年代出生的群體。

表 5-2　青少年歷史記憶與國族認同調查（問卷樣本）

青少年歷史記憶與國族認同調查

一、個人資料：

　1. 就讀年級：□國一 □國二 □國三 □高一 □高二 □高三

　2. 族群歸屬：□原住民 □客家人 □閩南人 □外省人 □其他_____

　3. 出 生 地：□北部 □中部 □南部 □東部

二、簡答題（這不是考試沒有標準答案，不用考慮年代順序，想到什麼寫什麼）

　1.你心目中的民族英雄有哪些？
　　_____

　2.你認為本國重要的歷史人物有哪些？
　　_____

　3.你認為本國重要的歷史事件有哪些？
　　_____

　4.你從小到現在社會上所發生的重要事件有哪些？
　　_____

三、選擇題（這不是考試，沒有標準答案，單選或多選皆可）

臺灣現在有閩南（河洛）人、客家人、原住民、外省人等 4 大族群。請問您認為臺灣現在的族群問題嚴不嚴重？

　□非常嚴重

　□還算嚴重

　□不太嚴重

　□非常不嚴重

　□其他_____

李登輝先生提出新臺灣人——「不論是四、五百年來的，或是四十年、五十年前從大陸來的，或是原住民，攏是咱們臺灣人，為了中華民國在這裡打拼，就是新臺灣人」，請問您是否同意？

　□非常同意

　□還算同意

　□不太同意

　□非常不同意

　□其他_____

有人認為自己是「臺灣人」，也有人認為自己是「中國人」。請問：您認為自己是「臺灣人」？還是「中國人」？（％）

　□臺灣人

　□中國人

　□兩者都是

　□其他_____

對你而言何謂中國人呢？
  □中華民國的國民
  □中華人民共和國的國民
  □泛指中華民族（華人、漢人）
  □其他＿＿＿＿＿＿＿＿＿＿

您對臺灣文化與漢文化的關係看法爲何？
  □臺灣文化是漢文化的一部分。
  □漢文化只是臺灣文化的一部分。
  □臺灣文化與漢文化並無牽扯，臺灣文化具有獨特性。
  □臺灣文化源自於漢文化，在臺灣這片土地發展出獨特風貌。
  □其他＿＿＿＿＿＿＿＿＿＿

對於兩岸間民族與國家的關係，您的看法爲何？
  □一個民族，一個國家
  □一個民族，兩個國家
  □兩個民族，一個國家
  □兩個民族，兩個國家
  □其他＿＿＿＿＿＿＿＿＿＿

關於臺灣和大陸的關係，有下面幾種不同的看法，請問您比較支持哪一種？
  □儘快統一
  □儘快宣布獨立
  □維持現狀，以後走向統一
  □維持現狀，以後走向獨立
  □維持現狀，看情形再決定獨立或統一
  □永遠維持現狀
  □其他＿＿＿＿＿＿＿＿＿＿

您對未來兩岸的發展看法爲何？
  □中國經濟崛起，政治保守強勢，臺灣難逃「一國兩制」的命運。
  □中國經濟崛起，政治保守強勢，激起臺灣強烈反彈，兩岸陷入戰爭危機。
  □中國經濟崛起，政治趨向民主，臺灣自願與中國合併。
  □中國經濟崛起，政治趨向民主，臺灣仍可保持獨立自主的空間。
  □其他＿＿＿＿＿＿＿＿＿＿

您平常都如何稱呼中華人民共和國呢？
  □大陸
  □內地
  □中共
  □中國
  □對岸

□大陸地區
□中國大陸
□其他＿＿＿＿＿＿＿＿
您是否覺得自己是中華民族（華人、漢人）的成員呢？
□非常同意
□還算同意
□不太同意
□非常不同意
□其他＿＿＿＿＿＿＿＿
您覺得臺灣在今日能夠維持獨立自主的條件為何？
□民主政治的成熟
□經濟繁榮的支持
□臺灣民族的覺醒
□兩岸協商的成果
□國際社會的支持
□其他＿＿＿＿＿＿＿＿　【問卷結束，感謝您的填寫】

　　本問卷主要分為兩個部分，第一部分：簡答題主要是為了探索紀錄臺灣新世代的歷史記憶，這個問題王明珂教授曾於 1994 年針對 33 所學校的中學生（國中一年級與高中二年級），共 2416 人進行測驗，其測驗的題目如下：

　　1. 請寫出十個本國歷史上的重要人物。

　　2. 請寫出十個與臺灣有關的重要歷史人物。

　　3. 請寫出十個本國歷史上曾發生的重要事件。

　　4. 請寫出您從小到現在社會上發生的十個重要事件。〔註4〕

　　在「認識臺灣」歷史篇出爐以前，臺灣的歷史教育便是大中國史觀，在王教授進行問卷的 1994 年雖然臺灣主體性在社會上、媒體上已受到極大的重視與宣傳，然而在歷史教育中，臺灣史的內容相較以往雖有增加，但仍附屬穿插於中國（本國）史下，而由其測驗結果觀之，青少年（六年級生）的「本國意象」就是一個涵括五千年歷史文化的大國意象。歷史教育所建構的大中國史觀仍舊壓過了社會上及媒體上對臺灣主體性的吶喊，主宰了青少年的歷史記憶。

　　本文所設計的簡答題以王教授的為藍本，但刪除了題目（2），不再特別

〔註4〕王明珂，〈臺灣青少年的社會歷史記憶〉，《國立臺灣師範大學歷史學報》，第
　　　　25 期，1997 年 6 月，頁 182。

提示臺灣，另外增加新的題目「你心目中的民族英雄有哪些？」，題目如下：

1. 你心目中的民族英雄有哪些？
2. 你認為本國重要的歷史人物有哪些？
3. 你認為本國重要的歷史事件有哪些？
4. 你從小到現在社會上所發生的重要事件有哪些？

本文希望在沒有任何提示引導下，測知對於新世代的八年級生而言，何謂「本國」？八年級生，一年級學臺灣史，二年級學中國史，三年級學世界史，對他們而言「本國意象」為何？是臺灣抑或是大中國？值得探索與紀錄。

第二部分為 11 題選擇題，主要是想探索紀錄八年級生的國族認同，從題目 1. 族群問題嚴重與否問起，到題目 2. 李登輝的新臺灣人論述，而題目 3.「臺灣人」亦或「中國人」的問題糾結已久，長達近 20 年的時間，臺灣社會不斷地反問自己，也互相批判，而八年級生的看法又是如何呢？在互相批判的過程中，認同「臺灣人」與認同「中國人」及兩者都是（雙元認同），彼此對何謂中國人的定義並不相同，故題目 4. 延伸探問何謂中國人。有些學者提出文化中國與政治中國的觀點進行論述，但在今日的臺灣社會中國二字的政治意涵似乎遠高於文化意涵，「中國人」認同似不能等同於「中華民族」認同，故再設定一題「中華民族」認同，而且為了避免上下干擾，故擺置於題目 10.。另外，族群認同與文化認同密不可分，題目 5. 進一步探問臺灣文化與漢文化的關係。〔註5〕

不可諱言的是，兩岸長期進行著國家主權角力賽，中華人民共和國長期打壓臺灣國際生存空間，在扁政府執政時期兩岸陷於意識形態的鬥爭，兩岸關係陷於冰點，中華人民共和國甚至於 2005 年制定「反分裂國家法」將武力犯臺予以法制化，馬政府於 2008 年執政後戮力改善兩岸關係，卻也引來主權讓步的疑慮，行政院大陸委員會副主委劉德勳表示兩岸兩會於民國 97 年 6 月恢復制度性協商的基礎是「正視現實、擱置爭議」，「正視現實、擱置爭議」共識是兩岸關係恢復及改善的重要基礎，ECFA 是單純經濟協議，沒有政治前提。〔註6〕但是 2011 年除夕菲律賓政府接受中國施壓將 14 名臺灣

〔註5〕一般問卷多以「臺灣文化與中國文化的關係」為題，但今日臺灣社會，中國二字的政治意涵似乎遠高於文化意涵，而本題主要是想探究的是文化認同，為了避免政治干擾的因素，故以漢文化取代中國文化。

〔註6〕中央社 2010-07-13　擱置爭議　兩岸協商基礎
http://n.yam.com/cna/politics/201007/20100713880744.html

詐欺嫌犯送往北京的行為，傷害我國國家主權與司法管轄權，引起各方撻伐，亦讓馬政府的外交政策倍受抨擊。〔註7〕總統馬英九在海基會20週年慶祝大會致詞時提出「互不承認主權，互不否認治權」，〔註8〕又引起各方討論，有些人認為是馬政府的外交創意，但亦有人擔憂馬政府是陷入了中華人民共和國的統戰陷阱中，國家主權的角力亦牽動兩岸民族的多方論述。

　　在上述的社會氛圍中，新世紀的八年級生對兩岸國族認同有著怎樣的觀點，對兩岸統獨及未來又有怎樣的期待，故題目6.探問兩岸間民族與國家的關係，題目7.對統獨的支持，此問題在臺灣亦有近20年的問卷觀察紀錄可供參照，長期的紀錄顯示「維持現況，看情況再決定獨立或統一」，一直是最多數人的看法。〔註9〕留給時間來解決兩岸的難題，未來的情況雖無法預測，但總可以想像，中國大陸未來政治經濟的走向在相當程度上會影響兩岸未來的統獨關係，而八年級生的想像或許會成為兩岸未來發展的關鍵，故題目8.則是探問八年級生對兩岸未來的想像。長久以來經濟的富裕是臺灣最大優勢，以經濟實力打破中共的外交封鎖亦是歷史教科書中長期呈現的觀點，但時至今日臺灣的經濟越來越依賴中國大陸，這樣的論述觀點似乎已不合時宜，而新世代的八年級生所認知的臺灣優勢何在？題目11探問八年級生臺灣在目前仍能維持獨立自主的原因。

　　由對「我者」與「他者」的稱謂，也可以看出不同的國族想像，馬英九總統在2011年2月7日的新春茶會上宣示，為堅持九二共識，並維護我方主權，未來政府機關文書用語一律稱「對岸」或「大陸」，不稱中國，以免產生「兩個中國」的主權混淆情況，現行政府文書上面，經常出現「中國」二字，但是這種稱呼方式，有違我國憲法「中華民國是唯一中國」的精神，也不符合兩岸「一個中國，各自表述」對等尊嚴的溝通與談判基礎。〔註10〕由上可

〔註7〕自由時報2011-02-21 國家主權豈容菲律賓來糟蹋？
　　　　http://www.taiwanus.net/news/news/2011/201102211731391408.htm
〔註8〕蕃薯藤新聞網 NOWnews／記者王宗銘／臺北報導 2011-03-09 13:57　海基會
　　　　20年　馬：應認清互不承認主權、互不否認治權事實
　　　　http://n.yam.com/nownews/politics/201103/20110309259558.html
〔註9〕國立政治大學選舉研究中心重要政治態度分佈趨勢圖（請參圖5-2）。「維持現
　　　　況，看情況再決定獨立或統一」，一直是最多數人的看法，除了1995年臺灣
　　　　第一次民選總統，在中共對臺文攻武嚇，進行飛彈演習的陰影下，「無反應」
　　　　首度也是唯一一次超過「維持現況，看情況再決定獨立或統一」，成為最多人
　　　　的選擇。
〔註10〕中時電子報／鄭閔聲、仇佩芬／臺北報導 2011-02-08 02:10

知，馬政府仍舊努力維持在臺灣的中國國族主義的架構。而歷史教科書所呈現的對中華人民共和國的稱謂也相當多元，但 2000 年代的國高中歷史教科書多數版本已經以中國二字指稱對岸，而以臺灣自稱爲多。

　　另外，值得注意的是，赴中國大陸發展的臺灣藝人，幾乎口徑一致的以「內地」指稱對岸，這是中華人民共和國透過偶像明星對臺灣青少年所進行的統戰策略之一。而臺灣媒體已多以中國二字指稱對岸。稱謂的符號其實各有意涵，在官方觀點、教科書、偶像明星、社會傳媒多種稱謂爭勝的過程中，新世代八年級生做何種選擇，題目 9.探問八年級生對中華人民共和國的稱呼。

　　透過此份問卷希望記錄下新世代（八年級生）青少年的歷史記憶與國族認同，所得資料一方面可藉以分析八年級生的歷史記憶與國族認同與六年級生有何異同，作爲長期研究歷史記憶及國族認同變遷的比較材料，另一方面亦可探究歷史教育在其歷史記憶及國族認同變遷中所扮演的功能。

第二節　新世代（八年級生）的歷史記憶

　　本小節主要分爲二個部分，第一部分先進行文獻回顧，王明珂及盧建榮教授不約而同的於 1994 年間針對青少年（六年級生）〔註11〕進行問卷，研究青少年（六年級生）的歷史記憶寫成〈臺灣青少年的社會歷史記憶〉及《臺灣後殖民國族認同 1950～2000》，整理兩人的研究成果，呈現出六年級生歷史記憶的內涵。第二部分則是呈現筆者於 2011 年針對教改後（八年級生）所進行的問卷統計，並分析八年級生與六年級生在歷史記憶中有何異同。

一、六年級生的歷史記憶

　　王明珂在《臺灣青少年的社會歷史記憶》〔註12〕中於 1994 年針對 33 所

　　　　堅持九二共識　　馬令官員　　禁稱對岸爲「中國」
　　　　http://n.yam.com/chinatimes/politics/201102/20110208034516.html
〔註11〕六年級生指的是民國 60 年代出生的群體，王明珂教授研究的對象以國一及高二爲主，那時的國一生是 70 年次與 69 年次爲主而高二生則是 66 年次與 65 年次爲主，故本文以六年級生統稱之。另外，盧建榮教授以七年級生稱乎其研究對象，令筆者略感因惑，盧教授於 1994～1995 年造訪五所中學校，1994 年國一～高三的出生年次應該是民國 70～民國 64 年次，除非其研究對象全爲國一生，不然以六級生稱呼之似乎較七年級生更適當。
〔註12〕王明珂，〈臺灣青少年的社會歷史記憶〉，《國立臺灣師範大學歷史學報》，第

學校的中學生（國中一年級與高中二年級），共 2416 人進行測驗（測驗結果參見下表），王明珂指出無論是各族群間，或是區域間，臺灣青少年（六年級生）歷史記憶都有相當高的相似性。呈現的歷史記憶如下所示：

1.「本國重要歷史人物」中最被青少年提及的如孫中山、秦始皇、唐太宗等都是不同時代的中國「開創者」。居於首位的孫中山代表了中華民國的「起源」，他們在臺灣青少年社會歷史記憶中的特殊地位，顯示臺灣社會中普遍存在的「民族認同」與「國家認同」。另外，三國人物如劉備、關羽、諸葛亮等也榜上有名，部分原因可能受流行於青少年間的三國電玩或三國電影電視的影響。但更重要的是學生、電視節目製作人、電玩設計者都同樣生活在一個將劉備、關羽、諸葛亮等偶像化或神話的社會文化中，這才是青少年們深刻的記得這些歷史人物的根本原因。這個現象顯示，不只是我們的歷史教育建構著大中國主義，可能整個社會文化所強調的「本國意象」就是一個涵括五千年歷史文化的大中國意象。

2.「臺灣歷史人物」中各地區或各族群的記憶結構更有驚人的相似性，鄭成功、蔣中正居於首位與次位。這兩個人物都是臺灣歷史上開創新頁的人物。鄭成功居於首位，在臺灣本土認同上尤具意義，而這也說明了「開創者」在社會歷史記憶上的重要性，對於開創者的歷史記憶，是以形象化的人物來象徵一個共同起源以凝聚人群。此亦與六年級生所接受的歷史教育相符，強調光復臺灣的兩位偉人──鄭成功與蔣中正。

3.「本國重要歷史事件」以七七事變、甲午戰爭、鴉片戰爭、八國聯軍，國父革命等。都是有關戰爭與殺戮的歷史記憶，這也是一種「集體受難記憶」，使得臺灣民眾對西方人（尤其是歐洲的英、法、德、俄等國人）以及東方的日本人，普遍懷有受其屈辱的感覺，甚至懷有敵意。可見教科書以中國近代百年悲慘的歷史發展激發對中華民族的情感，亦深刻的存留於六年級生的歷史記憶之中。

4.「經歷臺灣重要事件」以颱風／水災、六四事件、千島湖事件、名古屋空難、蔣經國去世等出現頻率較高。都是與災難、死亡有關的事件。社會對於「過去」的記憶所形成的「社會價值」影響社會人群現實生活中的行為與判斷，也影響他們如何「經歷」發生在當代社會的事。六四天安門事件、千島湖事件等，其符合臺灣民眾對「中華人民共和國」的固化意象：一個蠻橫

25 期，1997 年 6 月，頁 154～180。

而獨裁的政權。因此在兩岸現實關係難以改善或持續惡化時，這些「重要的過去」被普遍記得以合理化臺灣社會對大陸的敵意。

表5-3　西元1994年臺灣國一、高二學生歷史記憶調查（2416人）

排序	本國歷史人物		臺灣歷史人物		本國歷史事件		經歷臺灣重要事件	
	排序人名	頻率次/%	排序人名	頻率次/%	排序事件	頻率次/%	排序事件	頻率次/%
01	孫中山	1387/57	鄭成功	1604/66	七七事變	1151/48	颱風水災	630/26
02	唐太宗	1075/45	蔣中正	1508/62	甲午戰爭	832/34	六四事件	591/25
03	秦始皇	953/39	蔣經國	1085/45	鴉片戰爭	785/33	千島湖事件	563/23
04	孔子	935/39	孫中山	1007/42	八國聯軍	656/27	名古屋空難	364/15
05	蔣中正	775/32	劉銘傳	762/32	國父革命	635/26	蔣經國去世	329/14
06	劉備	734/30	沈葆楨	451/19	八二三炮戰	599/25	解嚴	286/12
07	岳飛	623/26	李登輝	445/18	八年抗戰	465/19	捷運弊案	275/11
08	諸葛亮	603/25	羅福星	358/15	赤壁之戰	400/17	八一二水災	231/10
09	孟子	569/24	孫權	356/15	六四事件	392/16	兩岸會談	224/9
10	鄭成功	568/24	丘逢甲	353/15	南京大屠殺	313/13	大陸人劫機	182/8
11	黃帝	537/22	鄭經	337/14	二二八事件	311/13	毒品氾濫	178/7
12	曹操	521/22	廖添丁	287/12	淝水之戰	292/12	波斯灣戰爭	176/7
13	夏禹	483/20	連橫	248/12	二次大戰	292/12	蘇聯瓦解	165/7
14	關羽	461/19	丁日昌	241/10	一次大戰	288/12	尹清楓命案	146/6
15	朱元璋	395/16	吳鳳	178/7	八王之亂	265/11	立院打架	131/5
16	張飛	374/16	施琅	175/7	英法聯軍	243/10	中韓斷交	108/5
17	漢武帝	344/14	鄭克塽	152/6	七國之亂	236/10	六年國建	105/4
18	周公	327/14	鄭芝龍	134/6	黃巾之亂	236/10	大陸探親	105/4
19	劉邦	326/14	連戰	133/6	靖康之禍	226/9	三〇一條款	99/4
20	武則天	283/12	劉永福	127/5	靖難之變	224/9	十項建設	95/4

資料來源：王明珂，〈臺灣青少年的社會歷史記憶〉，《國立臺灣師範大學歷史學報》，第25期，1997年6月，頁154。

　　另外，盧建榮在《臺灣後殖民國族認同1950～2000》〔註13〕一書，亦透過問卷調查1994至1995年間中學生（六年級生）〔註14〕的身分認同，指出

〔註13〕 盧建榮，《臺灣後殖民國族認同1950～2000》（臺北：麥田，2003），頁227～240。

〔註14〕 此階段的中學生所學習的歷史課本依舊是中國國族主義，但社會上（大眾傳播媒體）的臺灣國族主義卻是萬聲齊鳴的。

1.「民族英雄」大致集中在岳飛、鄭成功、孫中山；2.「重要歷史人物」優選孫中山、孔子、秦始皇以及唐太宗，孫中山是各校共同擁護、穩坐第一位置的人物；3.「偏愛的歷史人物」諸葛亮、岳飛、孫中山等三人是他們共同的最愛；4.「厭惡的歷史人物」秦始皇、慈禧太后、秦檜是各校都有的，各校不同的是蔣介石、毛澤東以及袁世凱三人排名互相對調罷了；5.「國史上的偉大事物」各校學生大致指出萬里長城、推倒滿清政府和建立共和政府、對日抗戰、有三所學校作答多出紙的發明一項。6.「臺灣史上重要歷史人物」普遍傾向鄭成功與蔣介石和蔣經國父子等三人，孫中山、劉銘傳以及連橫是學生們次高票選的人物；7.「臺灣史上偉大事物」五校學生全說經濟奇蹟——十大建設、四校學生集中臺灣光復事件、三校學生指向二二八事件、一校學生重視解嚴，而另一校學生注目於鄭成功驅逐荷蘭人事件。盧建榮由上指出青少年身分認同主要實為不出臺灣當局有意建構中國史架構下的認知範圍，但亦有部分學生感受到時代脈動，獲知教科書以外許多訊息。青少年在意識上以文化中國人，而同時又以政治臺灣人自居，呈現雙重認同。

　　兩人的研究都指出六年級生處於臺灣國族主義喧騰的 1990 年代，在社會上、媒體中在在宣揚著臺灣主體觀點，在如此的時代氛圍感染下擁有對臺灣認同的情感，但在大中國史觀的歷史教育下，依舊缺乏了臺灣歷史記憶的圖像，「本國意象」仍舊是一個涵括五千年歷史文化的大中國意象。

二、新世代表（八年級生）的歷史記憶

　　本問卷執行於 2011 年 4～6 月間，得到 15 位老師的鼎力協助，分別是臺北市育成高中的余青霞老師及忠孝國中的林珍毓老師、桃園縣青溪國中的朱靖瑜老師、新竹縣竹北高中的彭瑞銘老師及竹北國中的陳彥育老師、苗栗縣大倫國中的陳嬿羽老師及文林國中的賴怡瑾老師、臺中市文華高中的賴雯祺老師、東山高中的張雅淳老師、新民高中的吳秉芝老師及筆者任教的新民高中（國中部）、臺南市佳里國中的陳琬姿老師及麻豆國中的陳鈺萍老師、高雄市前鎮高中的鄭竣平老師及林園中學的洪慧霖老師，對 2822 位學生（國中 1506 人、高中 1316 人）進行問卷調查，關於歷史記憶（簡答題）的統計如下：〔註15〕

〔註15〕王明珂教授對六年級生進行問卷調查時，每個問題皆要求學生寫出十個答案，
　　　　筆者對八年級生進行問卷調查並沒有要求學生要寫多少個，平均下來八年級生

表 5-4　西元 2011 年臺灣國、高中生歷史記憶問卷統計總表（2822 人）

排名	民 族 英 雄			排名	本 國 歷 史 人 物		
	人　名	次數	%		人　名	次數	%
1	孫中山	1131	40.1%	1	孫中山	1484	52.6%
2	莫那魯道	312	11.1%	2	蔣介石	762	27.0%
3	鄭成功	200	7.1%	3	蔣經國	676	24.0%
4	蔣中正	160	5.7%	4	鄭成功	284	10.1%
5	甘地	135	4.8%	5	李登輝	275	9.7%
6	蔣經國	120	4.3%	6	蔣渭水	143	5.1%
7	岳飛	90	3.2%	7	劉銘傳	136	4.8%
8	拿破崙	87	3.1%	8	陳水扁	123	4.4%
9	羅福星	82	2.9%	9	莫那魯道	115	4.1%
10	李登輝	68	2.4%	10	林獻堂	86	3.0%
11	蔣渭水	64	2.3%	11	沈葆楨	45	1.6%
12	林肯	56	2.0%	12	陳永華	41	1.5%
13	廖添丁	47	1.7%	13	張學良	40	1.4%
14	林獻堂	43	1.5%	14	羅福星	38	1.3%
15	文天祥	40	1.4%	15	馬英九	37	1.3%
16	希特勒	37	1.3%	16	胡適	37	1.3%
17	華盛頓	36	1.3%	17	八田與一	30	1.1%
18	王建民	34	1.2%	18	鄭經	28	1.0%
19	陳水扁	27	1.0%	19	秦始皇	25	0.9%
20	郭懷一	26	0.9%	20	孔子	23	0.8%

排名	本 國 歷 史 事 件			排名	經 歷 重 要 事 件		
	事件	次數	%		事件	次數	%
1	二二八事件	1119	39.7%	1	921 大地震	884	31.3%
2	美麗島事件	348	12.3%	2	貪污倒扁入監	569	20.2%
3	解嚴	289	10.2%	3	政黨輪替	466	16.5%

　　對每個問題的答案約回答 1.7 個左右，故與王教授的問卷結果相較，答案出現的比例有明顯弱化的現象。八年級生相對六年級生而言，因從小就是在電腦資訊的時代成長，相對而言紙筆能力有弱化的現象，考量八年級生的能力，為使問卷能夠較為順利執行，故筆者在設計問卷時沒有要求每題寫出十個答案。雖說答案出現的比例有弱化的現象，但仍可發現以臺灣為主體的趨勢發展。

4	戒嚴	209	7.4%	4	319 槍擊案	323	11.4%
5	國父革命建國	202	7.2%	5	八八水災	309	10.9%
6	甲午戰爭割臺	178	6.3%	6	日本 311 事件	194	6.9%
7	霧社事件	164	5.8%	7	總統民選	173	6.1%
8	牡丹社事件	147	5.2%	8	美國 911 事件	122	4.3%
9	823 砲戰	137	4.9%	9	簽 ECFA	79	2.8%
10	921 大地震	121	4.3%	10	金融海嘯	59	2.1%
11	退出聯合國	120	4.3%	11	加入 WTO	56	2.0%
12	政黨輪替	98	3.5%	12	SARS	51	1.8%
13	臺灣光復	90	3.2%	13	二二八事件	38	1.3%
14	白色恐怖	88	3.1%	14	大三通	37	1.3%
15	十大建設	88	3.1%	15	茉莉花革命	35	1.2%
16	貪污倒扁入監	80	2.8%	16	南亞海嘯	31	1.1%
17	國共內戰	74	2.6%	17	教育改革	31	1.1%
18	日治時期	68	2.4%	18	連勝文槍擊案	29	1.0%
19	中日戰爭	61	2.2%	19	白曉燕命案	28	1.0%
20	總統民選	60	2.1%	20	H1N1	26	0.9%

（一）八年級生心目中的「民族英雄」

盧建榮指出六年級生心目中的民族英雄集中在岳飛、鄭成功、孫中山，而八年級生則以孫中山、莫那魯道、鄭成功為主，孫中山由第三名躍居第一名，在中國國族主義逐漸退出歷史教科書後，孫中山的名次不降反而躍升，成為八年級生首選的民族英雄與歷史重要人物。由此可見，學生的歷史意識不僅受教科書的影響，亦受時代環境等多方因素的影響。孫中山地位的提升或許與今年是建國百年，故創建中華民國的國父孫中山的形象會在建國百年的時機點上被彰顯。另外，臺灣國族主義有去蔣化的論述，但對孫中山則無負面論述的出現，民間對孫中山的形象概念亦是較為正面的。

而莫那魯道取代了岳飛成為八年級生心目中的民族英雄，或許可以說明涵括五千年歷史文化的大中國意象消退，代之以臺灣為主體的意象。此不僅與八年級生所接受的歷史教育相符，另外亦受臺灣本土化運動的影響，臺灣本土化運動的特徵之一便是以「原住民文化」來詮釋臺灣文化的部分特質，並以此脫離中國陰影，而這樣的論述似乎也發揮了相當的效果。

莫那魯道不只擠下岳飛，亦勝過鄭成功，這個現象值得探究，除了因魏

德聖導演那部即將上映，未演先轟動的電影「賽德克巴萊」，經過媒體不斷預告宣傳行銷，鮮明了莫那魯道悲劇英雄的形象，故使莫那魯道相較於鄭成功更勝一籌之外。另一方面，教育改革推動之後，鄭成功在教科書中的偉人形象相較教改前大幅的減弱，也是導致鄭成功名次下滑的重要原因吧！教育改革推動前的臺灣歷史教科書不斷強調兩個光復臺灣的偉人——鄭成功與蔣中正，是為了配合反共的基本國策，加上原本臺灣民間社會便有對鄭成功的偶像崇拜，故鄭成功的英雄形象相當鮮明。但隨著教育改革的推展，教科書中不再對鄭成功進行偶像崇拜論述，英雄形象無形中弱化了。

20 位民族英雄中 12 位與臺灣史相關，5 位則是世界史的人物，與中國史相關僅排名 7 的岳飛及排名 15 的文天祥，再次印證了五千年歷史文化的大中國意象消退，而教科書中所建構的以臺灣為主體的意象深植於八年級生的心中。

另外值得一提的是，其實在本問題中有不少人回答「無」或者直接留白，或許在民主逐漸成熟的臺灣社會，領袖崇拜不再似以往般的重要了，再加上歷史教育上因為中國本位與臺灣本位互相競爭的狀態下，中國史原本對於一些歷史人物歌功頌德之詞已不復見，但臺灣史中亦沒有特意塑造民族英雄人物。因此，在歷史教育不強調英雄且臺灣民主社會逐漸成熟下，八年級生有不少對於心目中的民族英雄一題略感困惑，誰是「民族英雄」呢？臺灣史與中國史都沒有特意塑造民族英雄，反倒是世界史介紹了不少的民族英雄人物，無怪乎在八年級生心中的民族英雄中，「聖雄」甘地，躍居排行榜的第 5 名，而法國大革命的拿破崙，美國開國元勳華盛頓，解放黑奴的林肯，甚至是德國納粹的希特勒，也紛紛上榜，在八年級生心中的民族英雄中，世界史的人物還比中國史的人物還多呢！

（二）八年級生記憶中的「本國重要歷史人物」

相較於六年級生認知的「本國重要歷史人物」中最被提及的如孫中山、秦始皇、唐太宗等都是不同時代「中國」的開創者，本國幾乎等同中國而言。八年級生的「本國重要歷史人物」則以臺灣史七大分期為脈絡展開，以「臺灣」不同時期的歷史人物為主，整體而言略古詳今。

代表中華民國在臺灣時期的有 8 位，開創中華民國的國父孫中山位居榜首，行憲後遷臺至今的歷任總統通通上榜蔣中正、蔣經國、李登輝、陳水扁、馬英九，及自由主義的文學大師胡適與扭轉國共命運、半生被軟禁於臺灣的

張學良；日治時期的有 5 位，其中 4 位抗日人物蔣渭水、莫那魯道、林獻堂、羅福星，1 位則是八田與一，清領後期的有 2 位，有開始積極治臺的沈葆楨及推動臺灣現代化的劉銘傳，清領前期則無，鄭氏治臺時期則有 3 位，開創的鄭成功，經營的鄭經與陳永華。

在略古詳今的脈絡中，清領時期是個例外，臺灣歷史時期的分期中，清領前期占臺灣 400 年史中的 175 年，卻沒有一位人物擠上前 20 名本國歷史重要人物，或許跟清領前期消極治臺，故教科書在此階段中所描述的歷史人物不多，且形象亦較不鮮明有關；但亦或跟反對統派學者不斷申明「臺灣自古是中國的領土」有關，實際上臺灣與中國大陸同屬一個政權僅在清領時期，臺灣獨立的吶喊，或許也讓清領時期在青少年的歷史記憶中相對被弱化了，僅有積極治臺的沈葆楨及推動臺灣現代化的劉銘傳擠上前 20 名本國歷史重要人物。

另外，值得一提的是 20 位本國歷史重要人物中，有一個日本人「八田與一」，八田與一的歷史功業便是為臺建造嘉南大圳，雖說嘉南大圳的建造背景是日本殖民剝削經濟策略──「工業日本，農業臺灣」的產物，但臺灣本土化運動的特徵之一便是以美化「日治時代的經驗」來詮釋臺灣當前的經濟成就與臺灣文化的部分特質。〔註16〕而這樣的論述亦在八年級生的歷史記憶中留下了相當的影響。屬於大中國意象的僅剩中國政治大一統的秦始皇與中國儒家文化的孔子排於第 19 及 20 名。

綜合上述，八年級生的「本國意象」清楚的是以臺灣七大分期為主體。中華民國在臺灣則是本國意象的重點，故創建中華民國的孫中山，在建國百年的今日，於問卷「本國重要歷史人物」的結果中高居榜首是如此的理所當然，但若細思孫中山創建中華民國時，臺灣正處於日治時期，只是歷史的後續發展，民國 34 年中華民國政府接收臺灣，民國 38 年中華民國政府遷臺直至今日，而這後續發展與孫中山並無直接關聯。

是故有位高中生填寫問卷時雖填上孫中山，但又在後面括弧補充道：「被洗腦的很嚴重」，可能是看到題目立即的反應即是國父，但在填上孫中山後又思及孫中山創建民國的豐功偉業其實並不是在臺灣，是故又做了補充說明。由學生這樣的補充說明，或可解釋在其心目中的「中華民國在臺灣」，其中臺

─────────────────

〔註16〕王明珂，〈臺灣青少年的社會歷史記憶〉，《國立臺灣師範大學歷史學報》，第
　　　　25 期，1997 年 6 月，頁 177。

灣的符號已優先於中華民國的符號，〔註17〕故民國 34 年以前的中華民國不歸屬於「本國」。

王明珂調查的六年級生認知的「臺灣歷史人物」中，與八年級生的「本國重要歷史人物」，前四名都是鄭成功、孫中山、蔣中正、蔣經國，只是排行順序略有不同，但值得一提的是六年級生所認知的「臺灣歷史人物」中居於第 9 名的孫權及第 15 名的吳鳳，已完全不存在於八年級生的「本國重要歷史人物」中，孫權這個三國人物，爲何會成爲六年級生認知的「臺灣歷史人物」，與當時的歷史教育有關，教改前的歷史教育中「本國」即是「中國」，臺灣是在「中國史」的脈絡當中順道被提及的，而在「中國史」的脈絡當中，臺灣首次登場便是三國吳人記載下的夷洲，成爲了臺灣自古是中國一部分的有利證據，而這樣的大中國思維在 1990 年代臺灣國族主義喧騰的年代，仍然深刻影響著六年級生。或許正如義大利學者克羅齊所言「所有歷史都是當代史」，隨著當代需求，所有的歷史又重新的被編寫，2000 年代（教改後）以臺灣爲主體的史觀所編輯的臺灣史教科書，不再強調臺灣自古是中國的一部分，故讓孫權這個人物從八年級生的「本國重要歷史人物」中完全消失。

吳鳳這個歷史人物又更鮮明的印證了克羅齊的名言「所有歷史都是當代史」。在清代，吳鳳並非家喻戶曉的人物；日本領臺後，吳鳳的傳說逐漸形成。日本殖民統治當局爲了積極開發阿里山森林資源及馴服原住民的反抗，刻意將吳鳳傳說加以修飾改裝，於是阿里山鄒族心目中的「剝削鄒族的惡商」開始脫胎換骨，成爲殺身成仁的偉人。如此製造神話圖騰，其目的就是想安撫原住民，也可教化漢人百姓，以「合理化」外來殖民統治的掠奪。中國國民黨統治臺灣後，沿用這套吳鳳神話，企圖營造漢人「撫番」的教化假象。吳鳳神話流傳兩個政權，直到 1980 年代，才開始有學者提出質疑，加上覺醒的原住民強烈的抗議，吳鳳神話才得以崩解。1987 年坐落在嘉義市的吳鳳銅像，終於在原住民社運人士的抗議聲下，應聲被拉倒。如今「吳鳳鄉」也正名爲「阿里山鄉」。〔註18〕1989 年吳鳳的神話也從教科書中被刪除了，六年級生在

〔註17〕臺灣符號優先於中華民國的概念亦展現在另一個八年級生身上，其在勾選選擇題第 2 題：李登輝先生提出新臺灣人——「不論是四、五百年來的，或是四十年、五十年前從大陸來的，或是原住民，攏是咱們臺灣人，爲了中華民國在這裡打拼，就是新臺灣人」，請問您是否同意？勾選了其他，寫上爲了中華民國在這裡打拼應該改爲爲了臺灣在這裡打拼才對。

〔註18〕李筱峰個人網站　史論　吳鳳神話崩解 20 週年李筱峰 2007/09/09
　　　　http://www.jimlee.org.tw/article.jsp?b_id=72146&menu_id=5

國小階段還透過教科書學習過關於吳鳳的神話，而進入國中階段社會運動風起雲湧的推翻了吳鳳的神話，故對於吳鳳這個歷史人物記憶應該是鮮明，但八年級生對吳鳳這個人物可能連聽都沒聽過，更遑論把他擺進「本國重要歷史人物」中，由六、八年級生的歷史記憶對照中，僅是短短不到二十年的發展，卻有著如此巨大的轉變

（三）八年級生記憶中的「本國重要歷史事件」

比較八年級生與六年級生「本國重要歷史事件」中有一個相似之處，那就是戰爭與殺戮佔據了最大部分，尤其是六年級生前 20 個事件無一不是戰爭與殺戮。而八年級生歷史記憶中的前 20 個事件，亦有近半數是戰爭與殺戮。但不同的是，六年級生的「本國」是以「中國」爲主，八年級生則以「臺灣」爲主。

六年級生的歷史記憶從七國之亂、黃巾之亂、赤壁之戰、八王之亂、淝水之戰、靖康之禍、靖難、鴉片戰爭、英法聯軍、甲午戰爭、八國聯軍、國父革命、一次大戰、二次大戰、七七事變、八年抗戰、南京大屠殺，從中國上古、中古、近代，尤其是中國近代史百年（1840 年代～1940 年代）悲慘命運更是記憶的核心，而這樣的歷史記憶與歷史教育有相當大的關聯，教科書中近代史上的一些集體受難記憶所占的篇幅特別多，悲劇往往比喜劇更能震撼人心而永留記憶這是人情之常，但若沒刻意塑造出悲劇的歷史論述，這樣的記憶又怎麼會深植青少年的記憶之中，論述集體受難的悲劇記憶，是團結凝聚內部的重要工具，更能激發濃烈的民族情感，近代受難記憶的建構，亦使得臺灣民眾對西方人及日本人普遍懷有受其屈辱的感覺，甚至是懷有敵意。

歷史教科書雖然塑造六年級生大部分的「歷史記憶」，但受 1990 年代萬聲齊鳴的臺灣國族主義社會氛圍的影響，二二八事件亦擠上了排行榜，位居第 11 名。而 1990 年代兩岸的政治對峙情勢亦使學生們特別記憶了歷史上的八二三炮戰（居於第 6 名），跟發生於當前（1989 年）的六四天安門事件（居於第 9 名）。

八年級生的歷史記憶依舊有近半數的戰爭與殺戮。但已不是中國近代受難記，而是「臺灣受難記」，尤其二二八事件躍居榜首，除了教改後的歷史教育內容轉向以臺灣爲主體外，1995 年增訂和平紀念日（2 月 28 日），只紀念不休假。1997 年規定和平紀念日全國休假一日。自此每一年 2 月 28 日，八年級生都透過二二八和平紀念活動，不斷重溫這段「臺灣受難記」，而 2004 年

民進黨所主導的「二二八牽手護臺灣」更是創下臺灣社會運動史上參與人數最多的紀錄。

八年級生所記憶的歷史相當集中於戰後臺灣的歷史發展，在前 20 名中佔有 13 個，從臺灣光復、二二八事件、戒嚴、白色恐怖、八二三炮戰、退出聯合國、十大建設、美麗島事件、解嚴、總統民選、政黨輪替、九二一大地震、貪污倒扁入監。戰前的記憶則呈現的是時間並行的兩個分叉脈絡，一個脈絡是與中華民國創建與遷移至臺有關的國父革命建國與國共內戰，不管支持與否，臺灣現在的國號為中華民國，是故中華民國的創建與遷移成為了八年級生所記憶的「本國重要歷史事件」。另一個脈絡則是與日本對臺的在地經驗有關，對日本的記憶主要是負面的侵略與反抗，從牡丹社事件、甲午戰爭（割臺）、霧社事件，但仍有正面的對日治現代化建設的記憶，亦成為了八年級生所記憶的「本國重要歷史事件」。

中日戰爭（八年抗戰）則可說並存於兩個脈絡中，或者可說將這兩個脈絡給重疊了，以文華高中為例在 183 位學生中，有 8 位提及此事件，2 位用中日戰爭，6 位用八年抗戰，對同一個事件的不同稱謂，其實也表達出了不同的立場，中日戰爭這個名詞可說是站在臺灣立場去表述，而八年抗戰則是以中華民國的立場去表述，這並不能解釋為中華民國立場在文華學生心中優於臺灣立場，只能說臺灣的歷史發展在 1945 年前後有著極大的翻轉，從肩負日本天皇使命的忠順臣民到尋找恢復中華民族自信的中國人，這樣立場的急遽轉換使得當時的臺灣人不免混亂，其實對現在的學生而言亦難免混淆錯亂。筆者在講述太平洋戰爭時談及美軍轟炸臺灣時，有學生的立即反應是中美不是盟軍嗎？為什麼要炸臺灣呢？筆者點明臺灣當時還是日治時期，是日本南進的基地，學生立即恍然大悟。光復初期，臺灣社會上流傳著「五天五地」的說法，即「盟軍轟炸驚天動地、臺灣光復歡天喜地、官員接收花天酒地、政治混亂黑天暗地、民生痛苦喚天叫地」，其中「盟軍轟炸」是一個值得玩味的辭彙，恰恰點出了臺灣在 1945 年前後，先後為敵對的兩國所統治，光復後的美軍成了盟軍，但光復前的美軍轟炸著臺灣，是敵是友？無怪乎，學生們會晃神錯亂了。

從八年級生歷史記憶中可以發現另外一個軸線，那就是臺灣民主化的歷程，從戒嚴、美麗島事件，解嚴，總統民選到政黨輪替。以往歷史教科書論述中華民國在臺灣的成就，主要著重於經濟奇蹟，而這樣的論述也反映在學

生的歷史記憶之中，故盧建榮教授針對六年級生所做的問卷中「臺灣史上偉大事物」五校學生全說經濟奇蹟——十大建設。教改之後的教科書依舊有經濟奇蹟，十大建設，亞洲四小龍的論述，但民主化的歷程更能深留八年級生的歷史記憶中，或許與其社會經驗有關，八年級生享受著臺灣富裕的果實，故十大建設依舊榜上有名，但隨著臺灣經濟越來越依賴中國大陸所引發的政治危機，及金融海嘯的衝擊，經濟似乎不是現在八年級生所認同的臺灣成就，相對於中國大陸而言，民主價值似乎才是臺灣現在最大的本錢〔註 19〕，故民主化的歷程成了八年級生所認知的本國重要歷史事件。

（四）八年級生記憶中的「經歷重要事件」

經歷的重要事件中，921 大地震居於首位，其他如八八水災、日本 311 海嘯核災、SARS、南亞海嘯、H1N1 也都榜上有名，相較於六年級生重大天災亦居於首位，悲劇往往比喜劇更能震撼人心而永留記憶，此乃人情之常，對社會如此，對個人亦是如此。

另外，值得注意的是，由問卷中「本國重大歷史事件」的答案，我們可以發現臺灣民主化的歷程深刻留存於八年級生的「歷史記憶」中，而人們的「歷史記憶」所形成的「價值觀念」，影響社會人群現實生活中的行為與判斷，也影響他們如何「經歷」發生在當代社會的事。〔註 20〕民主化歷程既然是八年級生深刻的「歷史記憶」，臺灣民主政治的後續發展亦成了八年級生所關注的重要議題，故在「經歷重大事件」中，除了重大災難之外，臺灣民主政治發展極具戲劇化的轉變，亦深刻留在八年級生的記憶之中。

從總統民選、政黨輪替、319 槍擊案、貪污倒扁入監、連勝文槍擊案等。尤其是陳前總統帶領民進黨角逐 2000 年總統大選完成首度的政黨輪替（排行 3）；到 2004 年連任之路的 319 槍擊案（排行 4）；再到 2006 年～2007 年紅衫軍倒扁，及至再次政黨輪替後陳前總統因貪汙入監（排行 2），這樣戲劇的起落轉折，在八年級生的「社會歷史記憶」中佔據相當大的部分。

〔註 19〕 在筆者進行的問卷中，第 11 題您覺得臺灣在今日能夠維持獨立自主的條件為何？民主政治的成熟 57.7%，經濟繁榮的支持 48.0%，臺灣民族的覺醒42.6%，兩岸協商的成果 28.2%，國際社會的支持 19.3%，其他 9.2%，問卷的結果亦顯示八年級生所認為的臺灣成就，民主政治的成熟是今日臺灣社會最重要的資本。

〔註 20〕 王明珂，〈臺灣青少年的社會歷史記憶〉，《國立臺灣師範大學歷史學報》，第25 期，1997 年 6 月，頁 177。

關於世界上重大事件的美國 911 事件、金融海嘯、茉莉花革命亦排名 8、10、15，臺灣的外交與兩岸關係如簽定 ECFA、加入 WTO、三通亦分占第 9、11、14，統計過程中八年級生提及了許多重大命案，尤其是 1997 年的白曉燕命案出現較高，雖然是十餘年前的命案，但白曉燕命案為臺灣有史以來最重大刑案之一，由於被害者為知名藝人白冰冰之女，加上陳進興、林春生、高天民等三名加害人不僅作案手法殘酷且又於逃亡途中犯下多件刑案，臺灣社會為之震撼，故比起近期的命案事件，八年級生更加深刻記憶之。

另外，教育改革亦榜上有名，與六年級生清一色皆為國家大事相較，八年級生似乎更關注與學生族群密切相關事件，除榜上有名的教改外，如校園霸凌、免服兵役等皆有提及。二二八事件本不應該出現在八年級生經歷的重要事件中，但透過二二八的紀念日及紀念活動的不斷展演再現，二二八事件對八年級生而言不僅是歷史上的重要事件，亦是其所經歷的重要事件。

總觀上述，可以看見教育改革所建構的以臺灣為主體的史觀，對於八年級生的歷史記憶，其實佔有相當關鍵的影響力，1990 年代教改前夕的六年級生雖然對時代的轉變，臺灣國族主義的吶喊有所感知，對一些臺灣重要的人事物有所記憶，但社會所能給予的終究是片段，不若學校教育搭配升學考試所達成的全面灌輸，故學生在「本國意象」中所呈現的就如同歷史教科書所教育的，就是一個涵括五千年歷史文化的大中國意象。進入二十一世紀的八年級生，接受國中小九年一貫課程與高中 95 暫綱所建構起的以臺灣為主體的史觀，再搭配社會上昂揚的臺灣國族主義，故其「本國意象」清晰的呈現臺灣意象。

（五）國、高中生的歷史記憶分析比較

由表 5-5 及 5-6 進行分析比較，「民族英雄」國高中生前三名的人物與排序完全相同，皆是孫中山、莫那魯道、鄭成功，蔣中正位於國中生心中的第 4 名，高中生則位於第 5 名，扁政府去蔣化的努力似乎有成效但成效有限。高中生心目中的民族英雄有 6 位是世界史的人物，將 6 位的比例相加則高達 20.2%，而國中生心目中的民族英雄有 2 位是世界史的人物，2 位的比例相加 4.9%，以國、高中的課程比例而言，高中生的世界史比重比較高，對於世界各族的民族英雄亦有較多的認識跟了解，而國一國二生則尚未接觸世界史課程，故世界各族的民族英雄較不存於其歷史記憶之中。〔註21〕

〔註21〕民國百年的國中生一年級學臺灣史、二年級學中國史、三年級則學世界史；高中生一年級上學期學臺灣史、一年級下學期學中國史、二年級則全部都是

　　「本國重要歷史人物」前 3 名的人物與排序亦完全相同，皆是孫中山、蔣介石、蔣經國，國中生的第 4 及第 5 名爲鄭成功與李登輝，高中生亦同僅順序顛倒。「本國重要歷史事件」中前 5 件有 4 件相同，首選皆爲二二八事件、美麗島事件、解嚴、國父革命建國。「經歷的重要事件」中前 5 件亦有 4 件相同，首選 921 大地震、貪污倒扁入監、政黨輪替與八八水災。由上可知，整體而言國、高中的「歷史記憶」並無重大差異。

表 5-5　西元 2011 年臺灣國中生的歷史記憶（1506 人）

排名	民族英雄			排名	本國歷史人物		
	人　名	次數	％		人　名	次數	％
1	孫中山	620	41.2%	1	孫中山	797	52.9%
2	莫那魯道	149	9.9%	2	蔣介石	362	24.0%
3	鄭成功	113	7.5%	3	蔣經國	295	19.6%
4	蔣中正	90	6.0%	4	鄭成功	179	11.9%
5	羅福星	74	4.9%	5	李登輝	118	7.8%
6	蔣經國	67	4.4%	6	劉銘傳	83	5.5%
7	甘地	48	3.2%	7	蔣渭水	70	4.6%
8	岳飛	42	2.8%	8	莫那魯道	54	3.6%
9	李登輝	30	2.0%	9	陳水扁	43	2.9%
10	拿破崙	26	1.7%	10	林獻堂	39	2.6%
10	林獻堂	26	1.7%	11	陳永華	30	2.0%
13	蔣渭水	20	1.3%	11	羅福星	30	2.0%
13	郭懷一	20	1.3%	13	沈葆楨	25	1.7%
14	余清芳	18	1.2%	14	胡適	24	1.6%
15	文天祥	16	1.1%	15	鄭經	22	1.5%
15	關羽	16	1.1%	16	張學良	18	1.2%
17	馬英九	15	1.0%	17	馬英九	17	1.1%
18	廖添丁	14	0.9%	18	王永慶	16	1.1%
19	陳水扁	13	0.9%	19	八田與一	14	0.9%
19	王建民 希特勒	13	0.9%	19	秦始皇 余清芳	14	0.9%

　　世界史，三年級則爲選修歷史。

排名	本 國 歷 史 事 件			排名	經 歷 重 要 事 件		
	事 件	次數	%		事 件	次數	%
1	二二八事件	474	31.5%	1	921 大地震	482	32.0%
2	解嚴	129	8.6%	2	貪污倒扁入監	275	18.3%
3	甲午戰爭割臺	122	8.1%	3	八八水災	204	13.5%
4	國父革命建國	116	7.7%	4	政黨輪替	176	11.7%
5	美麗島事件	115	7.6%	5	日本 311 事件	136	9.0%
6	牡丹社事件	100	6.6%	6	319 槍擊案	133	8.8%
7	戒嚴	96	6.4%	7	總統民選	71	4.7%
8	霧社事件	90	6.0%	8	美國 911 事件	64	4.2%
9	823 砲戰	78	5.2%	9	簽 ECFA	38	2.5%
10	921 大地震	67	4.4%	10	加入 WTO	34	2.3%
11	退出聯合國	60	4.0%	11	金融海嘯	31	2.1%
12	日治時期	51	3.4%	12	大三通	25	1.7%
13	國共內戰	49	3.3%	13	茉莉花革命	19	1.3%
14	苗栗事件	48	3.2%	14	連勝文槍擊案	18	1.2%
14	玉井事件	45	3.0%	15	南亞海嘯	17	1.1%
16	臺灣光復	44	2.9%	16	H1N1	17	1.1%
17	十大建設	41	2.7%	16	二二八事件	16	1.1%
18	貪污倒扁入監	40	2.7%	18	SARS	15	1.0%
19	中日戰爭	32	2.1%	19	全球暖化	11	0.7%
20	政黨輪替	28	1.9%	20	霸凌	11	0.7%

表 5-6 西元 2011 年臺灣高中生的歷史記憶（1316 人）

排名	民 族 英 雄			排名	本 國 歷 史 人 物		
	人 名	次數	%		人 名	次數	%
1	孫中山	511	38.8%	1	孫中山	687	52.2%
2	莫那魯道	163	12.4%	2	蔣介石	400	30.4%
3	鄭成功	87	6.6%	3	蔣經國	381	29.0%
4	甘地	87	6.6%	4	李登輝	157	11.9%
5	蔣中正	70	5.3%	5	鄭成功	105	8.0%
6	拿破崙	61	4.6%	6	陳水扁	80	6.1%
7	蔣經國	53	4.0%	7	蔣渭水	73	5.5%
8	岳飛	48	3.6%	8	莫那魯道	61	4.6%

9	林肯	47	3.6%	9	劉銘傳	53	4.0%
10	李登輝	38	2.9%	10	林獻堂	47	3.6%
11	廖添丁	32	2.4%	11	張學良	22	1.7%
12	華盛頓	32	2.4%	12	沈葆楨	20	1.5%
13	蔣渭水	25	1.9%	13	馬英九	20	1.5%
14	文天祥	24	1.8%	14	八田與一	16	1.2%
15	希特勒	24	1.8%	15	孔子	15	1.1%
16	王建民	21	1.6%	16	陳儀	13	1.0%
17	諸葛亮	18	1.4%	17	陳永華	11	0.8%
18	林獻堂	17	1.3%	18	秦始皇	11	0.8%
19	凱末爾	16	1.2%	19	胡適	10	0.8%
20	葉問	15	1.1%	20	宋美齡	10	0.8%

排名	本 國 歷 史 事 件			排名	經 歷 重 要 事 件		
	事 件	次數	%		事 件	次數	%
1	二二八事件	645	49.0%	1	921 大地震	402	30.5%
2	美麗島事件	233	17.7%	2	貪污倒扁入監	294	22.3%
3	解嚴	160	12.2%	3	政黨輪替	290	22.0%
4	戒嚴	113	8.6%	4	319 槍擊案	190	14.4%
5	國父革命建國	86	6.5%	5	八八水災	155	11.8%
6	霧社事件	74	5.6%	6	總統民選	102	7.8%
7	政黨輪替	70	5.3%	7	日本 311 事件	58	4.4%
8	白色恐怖	62	4.7%	8	美國 911 事件	58	4.4%
9	退出聯合國	60	4.6%	9	簽 ECFA	41	3.1%
10	823 砲戰	59	4.5%	10	SARS	36	2.7%
11	甲午戰爭割臺	56	4.3%	11	金融海嘯	28	2.1%
12	921 大地震	54	4.1%	12	白曉燕命案	24	1.8%
13	牡丹社事件	47	3.6%	13	加入 WTO	22	1.7%
14	十大建設	47	3.6%	14	二二八事件	22	1.7%
14	臺灣光復	46	3.5%	15	教育改革	22	1.7%
16	政府遷臺	41	3.1%	16	南亞海嘯	14	1.1%
17	總統民選	41	3.1%	16	健保實施	13	1.0%
18	貪污倒扁入監	40	3.0%	18	五都合併大選	13	1.0%
19	野百合學運	40	3.0%	19	大三通	12	0.9%
20	319 槍擊案	31	2.4%	20	白玫瑰事件	12	0.9%

（六）少數族群的歷史記憶分析──以客家人為例

在族群的歸屬中，原住民、客家人、外省人皆為少數，但本問卷所得的原住民僅 31 份、外省人僅 172 份，〔註22〕客家人則有 463 份，故以客家人為分析的主要對象。由表 5-7 可知客家人的「歷史記憶」與整體相較亦大致相同，但有一個突出的現象就是對「苗栗事件」羅福星的記憶特別突出，尤其是苗栗的文林國中與大倫國中，此兩校皆是以客家族群為主的地區，客家人所占的比例高達 8、9 成。本文所有客家人「民族英雄」中羅福星總計有55 次，這兩校便包辦了 51 次，「本國重要歷史事件」的苗栗事件 34 次數中，這兩校更是全包了共 34 次數。由此可以看出，處於多數閩南聚集的客家人，其歷史記憶有與多數混同的現象，但處於客家聚集為主的地區，其客家人的在地意識是有被強調提升的現象，而對於客家族群的認同亦較為高漲，少數族群本就具有較高的族群意識。近年來臺灣本土化運動，如「愛臺灣，說臺語」的標榜，對於客家族群而言，難免有大福佬沙文主義之感慨。占有多數優勢的閩南族群，在推廣早先受到壓抑的河洛語，同時亦要注意少數族群的母語保存。

表 5-7　西元 2011 年臺灣青少年客家族群的歷史記憶（463 人）

排名	民 族 英 雄			排名	本 國 歷 史 人 物		
	人　名	次數	％		人　名	次數	％
1	孫中山	199	43.0%	1	孫中山	247	53.3%
2	羅福星	55	11.9%	2	蔣介石	133	28.7%
3	莫那魯道	51	11.0%	3	蔣經國	117	25.3%
4	鄭成功	28	6.0%	4	鄭成功	46	9.9%
5	蔣中正	26	5.6%	5	李登輝	37	8.0%
6	蔣經國	18	3.9%	6	蔣渭水	25	5.4%
7	甘地	15	3.2%	7	羅福星	22	4.8%
8	蔣渭水	12	2.6%	8	陳水扁	18	3.9%
9	岳飛	12	2.6%	9	劉銘傳	16	3.5%
10	李登輝	10	2.2%	10	莫那魯道	15	3.2%

〔註22〕若就臺灣人的族群分布而論，本問卷的外省族群份數如此之少，與外省人認同的弱化有關，有學生勾選外省人，括號說明（祖先是），在勾選其他寫上我是臺灣人，這樣認同的轉向應該不是特例，故族群歸屬中有 13%的人寫下臺灣人，除了閩南人、外省人應該也佔相當比例。

11	余清芳	10	2.2%	11	林獻堂	12	2.6%
12	郭懷一	9	1.9%	12	鄭經	12	2.6%
13	王建民	7	1.5%	13	陳永華	8	1.7%
14	陳水扁	6	1.3%	14	胡適	7	1.5%
15	拿破崙	6	1.3%	15	余清芳	7	1.5%
16	林獻堂	6	1.3%	16	張學良	6	1.3%
17	林肯	6	1.3%	17	孔子	6	1.3%
18	廖添丁	5	1.1%	18	秦始皇	5	1.1%
19	林爽文	5	1.1%	19	沈葆楨 郭懷一	4	0.9%
20	關羽 馬英九	4	0.9%	20	馬英九 康熙	4	0.9%

排名	本 國 歷 史 事 件			排名	經 歷 重 要 事 件		
	事 件	次數	%		事 件	次數	%
1	二二八事件	155	33.5%	1	921 大地震	142	30.7%
2	美麗島事件	44	9.5%	2	貪污倒扁入監	97	21.0%
3	戒嚴	38	8.2%	3	美國 911 事件	88	19.0%
4	牡丹社事件	38	8.2%	4	政黨輪替	74	16.0%
5	甲午戰爭割臺	34	7.3%	5	八八水災	48	10.4%
6	苗栗事件	34	7.3%	6	319 槍擊案	46	9.9%
7	霧社事件	33	7.1%	7	總統民選	25	5.4%
8	解嚴	32	6.9%	8	日本 311 事件	24	5.2%
9	823 砲戰	32	6.9%	9	簽 ECFA	11	2.4%
10	921 大地震	28	6.0%	10	加入 WTO	8	1.7%
11	國父革命建國	24	5.2%	11	茉莉花革命	8	1.7%
12	退出聯合國	22	4.8%	12	大三通	7	1.5%
13	十大建設	22	4.8%	13	SARS	6	1.3%
14	貪污倒扁入監	19	4.1%	14	賓拉登亡	6	1.3%
14	臺灣光復	18	3.9%	15	金融海嘯	5	1.1%
16	國共內戰	14	3.0%	16	二二八事件	5	1.1%
17	玉井事件	13	2.8%	16	教育改革	4	0.9%
18	日治時期	11	2.4%	18	白曉燕命案	4	0.9%
19	白色恐怖	10	2.2%	19	全球暖化	4	0.9%
20	中日戰爭	10	2.2%	20	霸凌	4	0.9%

第三節　新世代（八年級生）的國族認同

一、八年級生國族認同的統計分析

本問卷執行於 2011 年 4～6 月間，得到 15 位老師的鼎力協助，對 2822 位學生（國中 1506 人、高中 1316 人）進行問卷調查，關於國族認同（選擇題）的統計如下：

表 5-8　西元 2011 年臺灣國、高中生的國族認同統計表（2822 人）

1. 臺灣族群問題	總合 2822	
□非常嚴重	123	4.4%
□還算嚴重	521	18.5%
□不太嚴重	1913	67.8%
□非常不嚴重	261	9.2%
□其他＿＿＿＿＿＿＿＿＿＿＿＿＿＿	72	2.6%
2. 李登輝先生提出新臺灣人		
□非常同意	1276	45.2%
□還算同意	1313	46.5%
□不太同意	146	5.2%
□非常不同意	75	2.7%
□其他＿＿＿＿＿＿＿＿＿＿＿＿＿＿	58	2.1%
3. 您認為自己是「臺灣人」？還是「中國人」？		
□臺灣人	2217	78.6%
□中國人	51	1.8%
□兩者都是	476	16.9%
□其他＿＿＿＿＿＿＿＿＿＿＿＿＿＿	135	4.8%
4. 對你而言何謂中國人呢？		
□中華民國的國民	251	8.9%
□中華人民共和國的國民	1618	57.3%
□泛指中華民族（華人、漢人）	888	31.5%
□其他＿＿＿＿＿＿＿＿＿＿＿＿＿＿	182	6.4%
5. 您對臺灣文化與漢文化的關係看法為何？		
□臺灣文化是漢文化的一部分。	535	19.0%

□漢文化只是臺灣文化的一部分。	352	12.5%
□臺灣文化與漢文化並無牽扯，臺灣文化具有獨特性。	350	12.4%
□臺灣文化源自於漢文化，在臺灣這片土地發展出獨特風貌	1712	60.7%
□其他＿＿＿＿＿＿＿＿＿＿＿＿＿＿＿	56	2.0%

6. 對於兩岸間民族與國家的關係，您的看法為何？

□一個民族，一個國家	197	7.0%
□一個民族，兩個國家	1187	42.1%
□兩個民族，一個國家	80	2.8%
□兩個民族，兩個國家	1280	45.4%
□其他＿＿＿＿＿＿＿＿＿＿＿＿＿	107	3.8%

7. 關於臺灣和大陸的統獨看法

□儘快統一	62	2.2%
□儘快宣布獨立	574	20.3%
□維持現狀，以後走向統一	142	5.0%
□維持現狀，以後走向獨立	914	32.4%
□維持現狀，看情形再決定獨立或統一	843	29.9%
□永遠維持現狀	312	11.1%
□其他＿＿＿＿＿＿＿＿＿＿＿＿＿	162	5.7%

8. 您對未來兩岸的發展看法為何？

□中國經濟崛起，政治保守強勢，臺灣難逃「一國兩制」的命運。	386	13.7%
□中國經濟崛起，政治保守強勢，激起臺灣強烈反彈，兩岸陷入戰爭危機。	311	11.0%
□中國經濟崛起，政治趨向民主，臺灣自願與中國合併。	181	6.4%
□中國經濟崛起，政治趨向民主，臺灣仍可保持獨立自主的空間。	1922	68.1%
□其他＿＿＿＿＿＿＿＿＿＿＿	165	5.8%

9. 您平常都如何稱呼中華人民共和國呢？

□大陸	1526	54.1%
□內地	168	6.0%
□中共	851	30.2%
□中國	955	33.8%
□對岸	256	9.1%
□大陸地區	176	6.2%
□中國大陸	786	27.9%
□其他＿＿＿＿＿＿＿＿＿＿＿	374	13.3%

10. 您是否同意自己是中華民族（華人、漢人）的成員呢？		
□非常同意	906	32.1%
□還算同意	1472	52.2%
□不太同意	216	7.7%
□非常不同意	97	3.4%
□其他_____	110	3.9%
11. 您覺得臺灣在目前仍能夠維持獨立自主的原因為何？		
□民主政治的成熟	1489	52.8%
□經濟繁榮的支持	1184	42.0%
□臺灣民族的覺醒	1153	40.9%
□兩岸協商的成果	703	24.9%
□國際社會的支持	499	17.7%
□其他_____	232	8.2%

資料來源：筆者自行統計

　　由表 5-9 可知，八年級生相較於全國而言，其所認知的族群問題，認為嚴重的已減弱了 10.8%，而認為不嚴重的比例則上升了 24.1%，臺灣的族群問題有其漫長的歷史發展背景。清領時期的閩粵械鬥，漳、泉合併成閩南人相對於客家人；進入日治時期，閩客則合而為臺灣人亦或本島人相對於日本人；進入戰後臺灣，尤其是經歷二二八事件之後，本省人（主要包含閩南人、客家人）與外省人逐漸成了臺灣最為鮮明的族群區別，解嚴之後原住民的聲音亦逐漸受到了重視，一次又一次的重大政治社會變遷，造成臺灣各族群的認同整合，最終形成了臺灣四大族群原住民、客家人、閩南人、外省人的分法。〔註 23〕造成這四大族群分類的歷史記憶，對於許多新一代的臺灣人來說已不具意義。因此，青年人對此族群分類的認同大為降低，是故由此分類而形成的族群衝突在青年人的心中亦大為弱化。

　　本問卷施測時，在個人資料調查中，有一項針對族群歸屬的調查，共設定 5 個選項□原住民　□客家人　□閩南人　□外省人　□其他，在 2822 份的問卷中，勾選其他的比例高達 20.6%，而且其中有 366 位在欄位上填上臺灣人，佔其他類比例的 63.1%，佔全部問卷的 13%，跳脫既定的選項而在其他欄位填寫下臺灣人，可見臺灣人符號在許多八年級生的心中成了最優選的族群

〔註23〕王明珂，《華夏邊緣——歷史記憶與族群認同》（臺北：允晨文化，1997），頁
　　　 377～381。

認同符號。這個趨勢也可從題目 2 看出，贊成前總統李登輝先生的新臺灣人論述的高達 91.7%，族群融合顯然是新世代八年級生的共識，這樣共識形成的背景，除歷史教育中國族認同轉向以臺灣為主外，亦應與八年級成長於中國大陸武力威脅及社會上臺灣國族意識高漲的環境有關。

表 5-9　八年級生與全國民眾對族群問題看法之比較

1. 臺灣族群問題	2011 年本文－八年級生	2009 年行政院考委會－全國民眾
□非常嚴重	4.4%	13.7%
□還算嚴重	18.5%	20.0%
合計	22.9%	33.7%
□不太嚴重	67.8%	47.0%
□非常不嚴重	9.2%	5.9%
合計	77.0%	52.9%
□其他_____	2.6%	

資料來源 1：筆者自行統計
資料來源 2：行政院研究發展考核委員會——全國民意調查
　　　　　　http://www.rdec.gov.tw/lp.asp?CtNode=12142&CtUnit=1786&BaseDSD=7
　　　　　　&mp=100&nowPage=1&pagesize=30

　　由圖 5-1 可知政治大學選舉研究中心針對「臺灣人」認同與「中國人」認同有長期的觀察紀錄，從 1992 年認同「臺灣人」占 17.6%，認同「中國人」占 25.5%，兩者都是（雙重認同）的占 46.4%，到 2010 年認同「臺灣人」占 52.6%，認同「中國人」占 3.9%，兩者都是（雙重認同）的占 39.9%，由上可知「臺灣人」認同與「中國人」認同有戲劇性的翻轉，1992 年雙重認同將近半數，「中國人」認同也高於「臺灣人」認同達 7.9%，但到了 2010 年「臺灣人」認同超過半數，而「中國人」認同與雙重認同都在減退，尤其是「中國人」認同更是急遽消退了 21.6%，雙重認同亦消退 6.5%。這樣的轉變主要是因為臺灣本土化運動的展開，臺灣主體意識逐漸高漲。

　　1996 年在中華人民共和國武力威脅下順利完成臺灣史上首位民選總統後，臺灣人的認同比例有明顯的上升，而 2000 年民進黨執政後，強調以「臺灣」作為政治符號的代表立場，並且基於此一出發點推動各種政治改革，如護照加注 TAIWAN 臺灣，而同時期具有濃厚臺灣本土意識的民間社群又進一步集結彼此的力量，形成了「臺灣正名運動」，〔註24〕都使「臺灣」成為臺灣

────────────

〔註24〕許子威，〈民主化與臺灣意識的推展：以《認識臺灣》教科書、護照加注

國族認同中最爲鮮明的符號，優先於「中華民國」，當然更優先於「中國」二字，是故臺灣人認同的比例持續的上升。

另一方面，「中國人」認同的急遽消退亦與臺灣在國際關係上不能伸展中國身分的遭遇密切相關，中華人民共和國在國際上獨霸「中國」的稱號，切斷了臺灣在國際上仍爲「中國」的客觀環境，亦嚴重折損其自稱「中國」，認同於「中國」稱號的主觀意志。〔註25〕

成長於上述時代氛圍中的八年級生，再加上其接受的已不再是大中國史觀，而是以臺灣爲主體的歷史教育，故與同時代的不同年齡層而言，八年級生的臺灣認同更加明確，由表 5-11 可知，八年級生相較於全國民眾在國族認同上，臺灣人的比例大幅提高，而兩者都是的雙重認同及中國人認同的比例則有減弱的趨勢。八年級生的臺灣人認同跟全國民眾的 52.6%相比，高出26%，到 78.6%，而雙重認同則大爲降低了23%到 16.9%。

另外，由圖 5-1 可看出 2007 年以後臺灣人認同的比例繼 1996 年以後又有了一次明顯而又持續的提升，原因爲何？是因爲憂心馬政府的兩岸政策而引起的危機意識，故使臺灣人認同更加的提升呢？抑或是接受以臺灣爲主體的「認識臺灣」教科書的新世代已漸漸成人，進入社會之中進而提升了社會整體的比例呢？〔註26〕

TAIWAN、以及國營事業與外館正名爲例〉（中正大學政治學研究所碩士論文，2004），前言。

〔註25〕黃麗生，〈正史中分裂時代的「中國」〉，《中國意識與臺灣意識論文集》（臺北：海峽學術出版社，1999），頁 195～203。

〔註26〕接受以臺灣爲主體教育的八年級生，其臺灣人認同與全國相比高了 26%，若以 1997 年認識臺灣推行的時間算來，第一屆的學生今年（2011 年）應該約26 歲了，政大的問卷是以 20 歲以上的成人爲對象，是故新世代（20～26 歲）對社會整體比例的提升應該有相當大的影響。

圖 5-1　臺灣民眾　臺灣人／中國人認同趨勢分布（1992～2010）

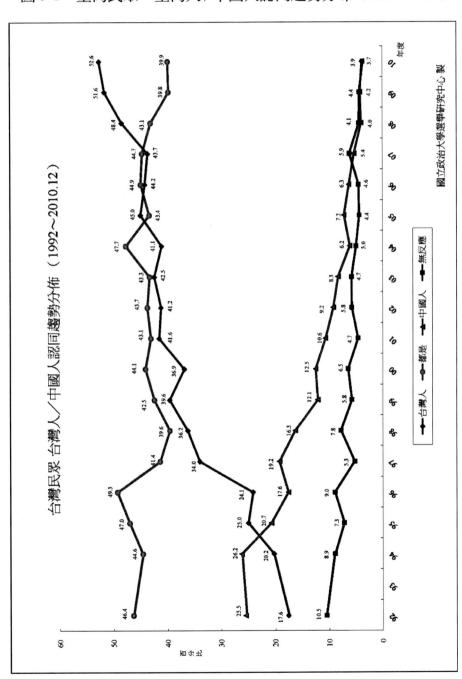

資料來源：國立政治大學選舉研究中心重要政治態度分佈趨勢圖
http://esc.nccu.edu.tw/modules/tinyd2/index.php?id=3

　　延伸至題目 4 可知，過半數（57.3%）的八年級生認為所謂的「中國人」就是中華人民共和國的國民。不過，有 3 成左右（31.5%）的八年級生認為所謂的「中國人」是泛指中華民族（華人、漢人）。但若再進行題目 3 與題目 4 的交叉比對，請參見表 5-10 認同自己為「臺灣人」的所認為的「何謂中國人」有 66.2%的人指向「中華人民共和國的國民」，但認同自己「兩者皆是」的所認為的「何謂中國人」有 76.1%的人指向的卻是「中華民族」，臺灣社會長久以來困惑於中國人與臺灣人的認同，不同的認同甚至互相攻訐引爆衝突，但這樣不同認同的背後相當大的部分是來自於對「何謂中國人」的認知不同所造成的，雙方在兩條不同認知的平行線上，互相辯論著彼此的自我認同，當然難獲交集。

　　另一方面來說，對於何謂中國人的認知，部分來自於社會教育，部分來自於家庭教育，部分來自於學校教育，認知的改變會帶動著認同的變遷，家庭教育較難統而論之，但今日的國際現實乃至於影視媒體等種種社會教育所呈現的對中國的認知大多指向了中華人民共和國，而八年級生所接受的學校教育，大多數的教科書版本呈現對中國的認知大多亦都指向了中華人民共和國（參見本文第四章第三節），與處於同一時空的成年人所接受的大中國主義的教育大不相同，這或許也是導致八年級生與成年人對自我認同的差異，由表 5-11 可知，八年級生自我的認同，認同臺灣人比例達 78.6%遠高於成年人的 52.6%，這應與對何謂中國人的認知的改變有相當密切的關係，教科書所建構的對中國的認知，相當程度影響著八年級生對自我認同的選擇。

表 5-10　不同的自我認同者對何謂中國人的認知比較表

自我認同	總計 2822	何謂中國人	中華民國的 國民	中華人民共和國的 國民	中華民族	其他
臺灣人	78.6%		8.2%	66.2%	18.6%	7.0%
中國人	1.8%		14.8%	14.8%	55.6%	14.8%
兩者皆是	16.9%		5.6%	11.5%	76.1%	6.8%
其它	4.8%		6.0%	20.2%	41.7%	32.1%

資料來源：筆者自行統計

表 5-11 八年級生與全國民眾的國族認同之比較

3. 您認為自己是「臺灣人」？還是「中國人」？	本文（八年級生）	政大選研中心（20 歲以上）	
	2011 年	2010 年	1992 年
□臺灣人	78.6%	52.6%	17.6%
□中國人	1.8%	3.9%	25.5%
□兩者都是	16.9%	39.9%	46.4%
□其他_____	4.8%	3.7%	10.5%

資料來源 1：筆者自行統計
資料來源 2：政大選舉研究中心 http://esc.nccu.edu.tw/modules/tinyd2/index.php?id=3

　　很明顯的是，「中國」二字政治的意涵遠高於民族文化的意涵，是故避開政治敏感的「中國」二字後，我們可以從題目 10.發現臺灣的民族認同的另一面，有 84.3%的八年級生認同自己是中華民族的成員之一，而題目 5.針對臺灣文化與漢文化的關係，認為「臺灣文化是漢文化的一部分」的有 19%，認為「臺灣文化源自於漢文化，在臺灣這片土地發展出獨特風貌」的有 60.7%，對於臺灣文化的根源自漢文化的認同度總計高達 79.7%與中華民族的認同 84.3%大致相符。可見去除了敏感的「中國」二字後，整體而言，八年級生對於華夏文化的認同度依舊相當高。雖然根源自漢文化，但有 60.7%的人亦強調臺灣文化的獨特性，認同臺灣主體性並不因為認同根源自漢文化而有所損。

　　而切割臺灣文化與漢文化，認為「臺灣文化與漢文化並無牽扯，臺灣文化具有獨特性」的占 12.4%，或不以漢文化為根源，強調多元臺灣以臺灣為主體，認為「漢文化只是臺灣文化的一部分」的占 12.5%，兩者相加總計 24.9%的人顯示了強烈的臺灣國族主義。

　　由表 5-12 可知，年輕族群對於中華民族的認同感相對整體的臺灣人而言是比較高的，而低於泛藍民眾、高於泛綠及中間選民，為何會形成如此現況，或許與年輕族群沒有受過大中國主義的教育灌輸，對「中華民族」較無愛恨情仇的複雜情緒，在臺灣以往的歷史教育強力灌輸大中國主義下，擁戴熱愛中華民族是理所當然的事情，然而時過境遷的今日，民族神話已被打破，臺灣主體意識覺醒，而走過那樣年代的人們，卻有著截然不同的反應，有人依舊眷戀著大中華文化，認同中華民族；有人卻深覺受騙，對過往教育所灌輸的一切感到無比的反感。當然，也有些人擺盪於兩者之間，既有眷戀卻也深覺反感。那個寫下「龍的傳人」的創作者侯德健在創作 20 年後接受採訪時宿

命地說：「我是四川人，岡山眷村長大的小孩，從小受反共愛國教育，是一個狹隘的民族主義分子。」〔註 27〕侯德健有此自覺，成長於眷村的環境，接受反共愛國的教育，養成了其狹隘的民族觀。

　　或許這樣糾結複雜的情緒並不出現於八年級生的心中，讓八年級生有明確的臺灣主體意識，高達 78.6%認同自己是臺灣人，卻也能較爲坦然的面對所謂的中華民族，基於原生論的情感而有 84.3%同意自己是中華民族的成員。少了糾結複雜的情緒故其對中華民族的認同會低於泛藍民眾而高於泛綠及中間選民，亦高於整體民眾。

表 5-12　　八年級生與全國民眾對中華民族認同的比較

10. 您是否同意自己是中華民族（華人、漢人）的成員呢？		同意
2011 本文問卷國、高中生（八年級生）2822 份		84.3%
2009 遠見	泛藍	94.5%
	泛綠	66.3%
	中立	77.7%
	20～44 歲	86.0%
	全部	80.2%

資料來源 1：筆者自行統計
資料來源 2：遠見雜誌民意調察中心網頁 http://www.gvm.com.tw/gvsrc/index.html

　　不過八年級生的坦然態度，一旦涉及兩岸關係的話，則會呈現分化的現象，從題目 6「對於兩岸間民族與國家的關係」可以看出，八年級生的國家認同是非常明確的有 87.5%認爲兩岸分屬於兩個國家，但民族認同則呈現五五波的分立局面，若將中華民族的認同與兩岸關係牽連在一起，形成兩岸同屬中華民族的說法的話，「我者」與「他者」的敵我意識立現，原本對中華民族的高度認同 84.3%就急速的下降，「兩個民族，兩個國家」成爲了最多人的選項佔 45.4%。

　　但亦有 42.1%的人認爲兩岸同屬一個民族但卻是分立的兩個國家，還有 7%的人認爲兩岸是一個民族一個國家。另外值得一提的是，題目 6 的其他選項欄位中，有學生寫上了「多個民族，兩個國家」的答案，跳脫了題目既有的框架，讓筆者不禁思索著，若將此答案亦列入選項之中，會有多少的八年級生勾選此答案呢？

〔註27〕劉淑，民生報民國 87 年 12 月 1 日

　　施正鋒的〈臺灣意識的探索〉〔註28〕中提出「原生論」、「結構論」及「建構論」三個場域沖積而成臺灣意識。原生論建立在華人文化以及漢人血統的基礎上，試圖以想像的優越性來作自我心理防衛，結構論則以本土住民的正當性來進行負面的抗爭，建構論源於外來的民族自決思潮，要求正面建立自己的國家。不同學者在研究民族意識形成的過程各有所偏重的面向，有些側重原生論，有些則較重視結構論與建構論。雖然本文的論述較重視建構的這一個層面，但這並不表示筆者認為原生論或結構論於民族意識的形成過程中不具有關鍵性的角色。

　　事實上，對於一般民眾而言原生論、結構論、建構論其實並不完全矛盾，相當程度是可以彈性並存的、視情況而進行認同的選擇，由本文問卷中的題目 3、10、6 進行對照的話，可以看到臺灣民族認同在原生論、結構論、建構論中彈性並存的多面向選擇。認為自己是臺灣人的有 78.6%、認為自己是中華民族的有 84.3%，將兩岸民族與國家作連結的話，則有呈現五五波的趨勢，或者可說八年級生基於文化血統等原生論的因素在相當高的比例上認同於中華民族，〔註29〕但當中華人民共和國浮現時，基於對抗中共的統戰，亦或是標榜臺灣獨立建國，此時結構論與建構論的因素則壓抑了既有的原生論，而優選臺灣人為民族國家（國族）認同的符號，對中華民族的認同有大幅減弱的趨勢。

　　八年級生的國家認同相當明確，同時由表 5-13 可知八年級生的統獨立場相較於全國民眾而言亦較偏向獨立，但是維持現況仍是最多人今日的選項，八年級生有高達 78.4%支持維持現況，略低於與全國的 86.7%，但是有過半數（52.7%）的八年級生支持盡快獨立及未來獨立的，比起全國民眾支持盡快獨立及未來獨立的 22.3%整整高出了 30.4%。

　　政治大學選舉研究中心針對統獨問題亦有長時間的觀察紀錄，由圖 5-2 可知從 1994 年發展至 2010 年，維持現況一直是最多數人的選擇，〔註30〕但

〔註28〕施正鋒，〈臺灣意識的探索上〉，《共和國》，第 10 期（1999 年 10 月），頁 34～45。

〔註29〕其實在歷史的發展脈絡中，中華民族是近代的產物，伴隨著中華民國的創建而逐漸成形，日治時期的臺灣人擁有的大多是漢族意識，隨著臺灣光復後、中央政府遷臺後，這樣的中華民族的國族建構論述也才隨著國民政府遷臺而移植到了臺灣社會，開始深根於臺灣社會。而今對臺灣社會的民眾而言，中華民族、華人、漢人似乎已是同義詞。

〔註30〕除了 1995 年臺灣第一次民選總統，在中共對臺文攻武嚇，進行飛彈演習的陰

是統獨態度在這近 16 年的發展中有翻轉的跡象，盡快統一及未來統一的比例由 1994 年的 20%降至 2010 年的 10.3%，而支持獨立的由 1994 年的 11.1%上升到 22.3%，未來臺灣民眾會如何選擇其實還有相當大的變動空間，因為「維持現狀，看情形再決定獨立或統一」從十幾年前一直到今日，不論是全國民眾或是八年級生，都佔有三成左右的比例，而這三成未來會統亦或是會獨，得依照未來情況而定。

　　而未來情況雖不能預測，但總可以想像，中國大陸未來政治經濟的走向在相當程度上會影響兩岸未來的統獨關係，而由題目八的統計結果可以看出八年級生對未來的想像是樂觀的，故選擇「中國經濟崛起，政治趨向民主，臺灣仍可保持獨立自主的空間」高達 68.1%。但這樣的樂觀其實相當程度來自於對中國大陸國族主義的無知，在臺灣歷史教科書中對於臺灣的國族主義議題，因為政治敏感大多是略而不談的，更遑論對中國大陸的國族主義。王飛凌的「中華悲劇——海峽兩岸即將來臨的民族主義大衝突」〔註31〕一文中認為「中國大陸政治民主化的進程將引發和促進更強烈的民族主義情緒和力量，許多觀察家們已經在預測中國的不可避免的民族主義很可能將會是一個扭曲的和被利用的民族主義，將對臺灣的新創民族主義產生直接的威脅」對危機有所認識，方有提出應對危機的解決方案，也才有化危機為轉機的可能。

　　認為臺灣目前仍能維持獨立自主的原因，以「民主政治的成熟」的 52.8%最高，「經濟繁榮的支持」42%次之，「臺灣民族的覺醒」40.9%居三，「兩岸協商的成果」24.9%居四，而「國際社會的支持」17.7%居末。對八年級生而言臺灣最大的優勢在於民主的成熟，而這也清晰的展現於八年級生的「歷史記憶」之中。

影下，「無反應」首度也是唯一一次超過「維持現況，看情況再決定獨立或統一」，成為最多人的選擇。

〔註31〕 王飛凌，〈中華悲劇——海峽兩岸即將來臨的民族主義大衝突〉，《民族主義與兩岸關係——哈佛大學東西方學者的對話》（臺北市：新自然主義，2001），頁 409～432。

圖 5-2 臺灣民眾統獨立場趨勢分布（1994～2010.12）

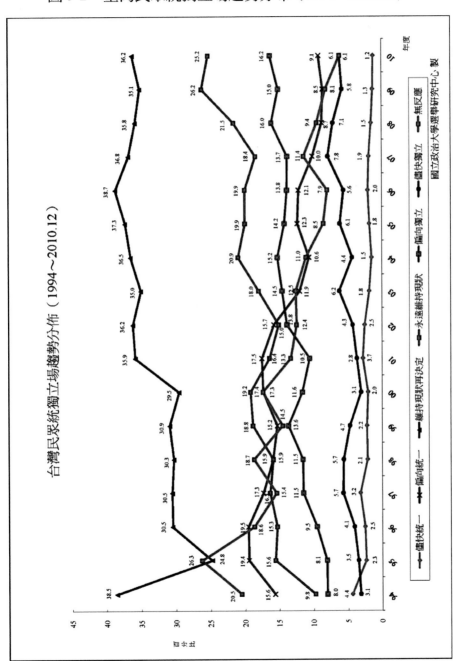

資料來源：國立政治大學選舉研究中心重要政治態度分佈趨勢圖
http://esc.nccu.edu.tw/modules/tinyd2/index.php?id=3

表 5-13　八年級生與全國民眾對統獨看法之比較

7. 關於臺灣和大陸的統獨看法	本文 2822 份	政大選研中心	
	2011 年	2010 年	1994 年
□儘快統一	2.2%	1.2%	4.4%
□儘快宣布獨立	20.3%	6.1%	3.1%
□維持現狀，以後走向統一	5.0%	9.1%	15.6%
□維持現狀，以後走向獨立	32.4%	16.2%	8.0%
□維持現狀，看情形再決定獨立或統一	29.9%	36.2%	38.5%
□永遠維持現狀	11.1%	25.2%	9.8%
□其他＿＿＿＿＿	5.7%	6.1%	20.5

資料來源 1：筆者自行統計
資料來源 2：政大選舉研究中心 http://esc.nccu.edu.tw/modules/tinyd2/index.php?id=3

　　對中華人民共和國的稱謂，在官方觀點、教科書、偶像明星、社會傳媒多種稱謂爭勝的過程中，八年級生對中華人民共和國的稱謂，以「大陸」的54.1%最多，「中國」的 33.8%次之，可見官方觀點，馬總統要求各部會公文禁用「中國」二字來指稱中華人民共和國的論述，與民間社會及青年學子是有相當落差的，「中共」、「中國大陸」亦有三成左右的比例，而有 6%的青年學子受偶像明星的影響，以「內地」稱呼對岸，比例不算高，但也值得注意。何謂「內地」，以下是國語辭典對於「內地」的解釋：

　　　1. 京畿以內之地。史記・卷十七・漢興以來諸侯王年表・序：「而
　　　　內地北距山以東盡諸侯地，大者或五六郡，連城數十，置百官宮
　　　　觀，僭於天子。」

　　　2. 本國。北史・卷三・魏高祖孝文帝本紀：「巡幸江南，如在內地。」

　　　3. 內部之地，距離邊疆或沿海較遠的地區。後漢書・卷八十七・西
　　　　羌傳・論曰：「先零侵境，趙充國遷之內地。」文明小史・第四
　　　　十七回：「過此以往，一入內地，便是野蠻所居。」

　　　4. 非通商之口岸。〔註32〕

　　任何一種解釋皆與今日的兩岸關係不符，八年級生的臺灣主體性及國家

〔註32〕教育部國語辭典「內地」之解釋
　　　　http://dict.revised.moe.edu.tw/cgi-bin/newDict/dict.sh?cond=%A4%BA%A6a&piec
　　　　eLen=50&fld=1&cat=&ukey=-359429509&serial=1&recNo=0&op=f&imgFont=1

認同相當明確，而會以「內地」稱呼對岸，是其對中華人民共和國透過偶像明星進行統戰策略的意圖無所察覺，對「內地」的意涵全無概念所致。

二、八年級生中不同族群間的國族認同統計分析

由表 5-14 可知八年級生不同族群間對族群衝突的感受相差不大，覺得嚴重的約 2 成多，不嚴重的約 7 成多。對於李登輝的新臺灣人的族群融合論述，不同族群的支持比例都相當高，約在 9 成上下，故族群融合在八年級生不同族群間已是普遍共識。而對於臺灣文化與漢文化的關係看法差距亦不大，認爲臺灣文化源自於漢文化，在臺灣這片土地發展出獨特風貌約在 6 成上下。

對於中華民族的認同相當高，各族群差距亦不大約在 8 成以上。對於兩岸未來的發展看法差距亦不大，樂觀的認爲中國經濟崛起，政治趨向民主，臺灣仍可保持獨立自主的空間約近 7 成，對於臺灣維持獨立自主的優勢，各族群幾乎都首選政治民主、其次爲經濟繁榮、再則爲臺灣民族覺醒。以下就各族群在國族認同差異較大的部分進行比較分析：〔註33〕

（一）「臺灣人」族群

在其他欄位中，會有如此多的八年級生自行寫下臺灣人，占總體比例的 13%，是筆者在問卷設計之初沒有預料到的。題目 3. 認同自己是臺灣人占 83%，相較整體高了 6%，相較於「外省人」族群更是高了 19%，而題目 4.「何謂中國人」則較明確指向中華人民共和國占 63%，相較整體高了 7%，相較於「外省人」族群更是高了 15%，雖然題目 10.對中華民族的認同仍高達 85%，但加入兩岸因素，由題目 6「兩岸民族與國家的關係」可知其對中華民族文化血統的原生認同大幅減低，屬於近代建構主義的臺灣國族認同立即攀升，臺灣各族群皆有此現象，但以「臺灣人」族群表現的最爲明顯，支持「兩個民族，兩個國家」的比例占 54%，相較整體高了 9%，相較於「外省人」族群更是高了 14%。

題目 7.「對統獨的看法」，偏向獨立的占 55%，相較整體高了 4%，相較於「外省人」族群更是高了 19%。由題目 9.「如何稱呼中華人民共和國」以中國稱呼之的比例占 40%，相較於整體高了 7%，「中共」「中國大陸」的稱呼亦較整體高，一「中」一「臺」成爲了鮮明的國族符號，而有 21% 的人勾選

〔註33〕閩南人族群在 2822 份問卷中，佔有 1424 份，故各問題的答案與整體的答案差距皆不大，是故從略。

其他，寫下了較負面的稱謂如共匪、阿陸仔等。

由上可知，「臺灣人」族群在兩岸關係中「我者」與「他者」的對立之感較為強烈，獨立的迫切感亦較強，而對臺灣這個符號的認同感不論對內亦或對外均很高。

（二）「外省人」族群

「外省人」族群在題目3「是臺灣人，還是中國人」中，與整體有比較明顯的差距，對臺灣人的認同占 64%，相較整體而言少了 13%，而兩者都是的雙元認同占 30%，相較整體而言則高了 13%，而題目 4 對「何謂中國人」的認知則較整體而言，更偏向中華民族占 42%，高於整體 11%，是故其在題目 10.對中華民族的認同亦較整體高了 8%，占有 91%。另外，在題目 7「統獨看法」偏向統一占 12%與整體的比例高了 5%差距不大。但偏向獨立的比例卻有明顯的弱化占 36%，與整體的比例相較少了 15%，而支持維持現況，看情形再決定獨立或統一的占 41%，與整體相較高了 11%。對於題目 8「未來兩岸發展」則與整體差距不大，偏向樂觀認為中國經濟崛起，政治趨向民主，臺灣仍可保持獨立自主的空間占有 69%。

由上可知，「外省人」族群在兩岸關係中「我者」與「他者」的對立之感較輕，故相對於中國人的臺灣人認同亦較弱，對臺灣獨立的迫切感亦較弱，而對中華民族的認同感則相當高。

（三）「外省人與閩客通婚」的族群

「外省人與閩客通婚」的族群對臺灣人的認同更弱占 58%，相較整體而言少了 19%，而兩者都是的雙元認同占 36%，相較整體則高了 19%，而題目 4 對「何謂中國人」的認知則較整體而言，更偏向中華民族占 42%，高於整體 11%，對題目 5.臺灣文化與漢文化的認知中較為突出的是認為漢文化只是臺灣文化的一部分占 20%，與整體平均相較高了 8%，在題目 7「統獨看法」偏向統一占 11%與整體的比例差距不大。但偏向獨立的比例卻有明顯的弱化占 38%，與整體的比例相較少了 13%，而支持維持現況，看情形再決定獨立或統一的占 38%，與整體相較高了 8%。另一個較為突出的不同是題目 11 對「臺灣維持獨立自主之因」與整體有較大的落差，首選的是經濟繁榮的支持占 55%，較整體平均高了 13%，對兩岸協商的成果亦較為看重占 40%，較整體平均高了 15%。

　　由上可知，在「外省人與閩客通婚」的族群，存在著多元並存的思維，或許這也是讓家庭融合的良方吧！故兩者都是的族群雙元認同較整體高了近 2 成，文化上亦採多元文化觀，故認為漢文化只是臺灣文化的一部分比例相較整體亦高了近 1 成。在兩岸關係中「我者」與「他者」的對立之感也較輕，較特別的是對於臺灣獨立的優勢首選的是經濟繁榮的支持，對兩岸協商的成果亦較為看重。

（四）「客家人」族群

　　整體而言，客家人族群在各問題的答案與整體相較差距不大，在題目 3「是臺灣人，還是中國人」中認同自己是臺灣人的有 79%，與整體的 77%差距不大。故對外而言，臺灣人這個符號亦是客家族群優選的國族符號；但對內而言，過度強調臺灣人這個符號對客家族群而言似有大福佬沙文主義之感，故在對內的族群歸屬中，客家人對「客家人」的認同似乎是高於「臺灣人」，故在本文所進行的問卷測驗中，個人資料的族群歸屬，整體而言有 13%的人跳脫既定選項，而在其他欄位寫上臺灣人，但在客家人明顯聚集的苗栗大倫國中及文林國中，跳脫既定選項而自行在其他欄位寫上臺灣人的大倫國中 141 份中僅有 1 份，比例是 0.7%，文林國中 104 份中全無自行填寫臺灣人，少數族群高漲的族群意識在此表露無遺。

　　臺灣在追求民主化、本土化的歷程中，終於將威權的政體、大中國國族主義解構了，但在重新建構的過程中，莫使臺灣方掙脫了一個極端的中國國族主義又走向另一個極端的臺灣國族主義，而形成對內部少數族群的壓迫。

（五）「客家人與閩南人通婚」的族群

　　對於題目 5.「臺灣文化與漢文化的關係」，認同臺灣文化源自於漢文化，在臺灣這片土地發展出特殊風貌占 69%，相較於整體而言高了 10%，對於題目 10.「中華民族」的認同比例高達 92%，相較於整體而言高了 8%，若將兩岸因素加入，由題目 6 中可見對中華民族的認同比例是下降的，但認為兩岸為一個民族，兩個國家的比例占 52%，相較於整體而言仍高了 10%。

　　或許客家族群與閩南族群能在中華民族、漢文化的公約數中化解彼此的緊張感，故而有這樣的結果，但這不能解釋為此族群在兩岸關係中「我者」與「他者」的對立之感較輕。因為，由題目 7.「統獨看法」中可知，偏向獨立的占 55%，是略高於整體平均的，而與「原住民」族群及「臺灣人」族群相同。

（六）「原住民」族群

　　本問卷收集到的原住民族群僅 31 份，以此作分析依據略顯薄弱，雖然份數少，但呈現的結果，原住民族群對臺灣人認同是最高的，獨立意識亦是最高的一群，應該算是預料之內。但題目 10.「是否同意自己是中華民族」有 61%表示非常同意或是還算同意，是因為族群通婚的關係？亦或是在漢族意識為主體的歷史教育、傳播媒體及整體社會環境中，讓臺灣原住民各族群本身的歷史記憶與文化大量的被遺忘，在不對等的族群關係中被迫向優勢族群靠攏。

表 5-14　八年級生中不同族群間的國族認同之比較（2822 人）

| 青少年歷史記憶與國族認同調查 | 原住民31 | 客家463 | 閩南1424 | 外省172 | 族群通婚152 | | 其它類580 | | 總和2822 |
					外+閩客55	客+閩97	臺灣366	其他214	
1. 臺灣族群問題									
□非常嚴重	3%	4%	4%	5%	5%	1%	5%	3%	4%
□還算嚴重	13%	18%	19%	16%	18%	19%	19%	16%	18%
□不太嚴重	68%	68%	63%	72%	73%	68%	67%	69%	66%
□非常不嚴重	6%	11%	10%	7%	4%	9%	8%	11%	10%
□其他_____	10%	2%	2%	1%	2%	4%	5%	3%	3%
2. 李登輝新臺灣人									
□非常同意	32%	44%	43%	44%	53%	49%	48%	42%	44%
□還算同意	61%	48%	45%	46%	44%	46%	41%	49%	46%
□不太同意	0%	5%	6%	5%	2%	1%	5%	4%	5%
□非常不同意	3%	2%	2%	2%	0%	3%	5%	3%	3%
□其他_____	6%	2%	2%	2%	0%	2%	5%	2%	2%
3. 臺灣人還是中國人？									
□臺灣人	84%	79%	77%	64%	58%	72%	83%	77%	77%
□中國人	3%	2%	2%	5%	2%	1%	1%	2%	2%
□兩者都是	3%	17%	15%	30%	36%	19%	14%	15%	17%
□其他_____	10%	5%	4%	3%	5%	11%	6%	8%	5%
4. 何謂中國人呢？									

□中華民國的國民	16%	9%	8%	8%	5%	10%	9%	10%	9%
□中華人民共和國的國民	55%	53%	57%	48%	44%	58%	63%	57%	56%
□泛指中華民族（華人、漢人）	26%	34%	30%	42%	42%	39%	23%	28%	31%
□其他_____	10%	5%	6%	8%	9%	1%	12%	10%	7%

5. 臺灣文化與漢文化關係？

□臺灣文化是漢文化的一部分。	23%	18%	18%	20%	15%	21%	24%	20%	19%
□漢文化只是臺灣文化的一部分	10%	9%	13%	8%	20%	11%	12%	14%	12%
□臺灣文化與漢文化並無牽扯，臺灣文化具有獨特性。	19%	16%	12%	10%	13%	8%	11%	10%	12%
□臺灣文化源自於漢文化，在臺灣這片土地發展出獨特風貌	58%	59%	59%	62%	56%	69%	61%	55%	59%
□其他_____	0%	2%	1%	4%	4%	0%	4%	4%	2%

6. 兩岸民族與國家的關係？

□一個民族，一個國家	6%	7%	7%	6%	2%	8%	6%	9%	7%
□一個民族，兩個國家	35%	41%	42%	49%	44%	52%	35%	37%	42%
□兩個民族，一個國家	3%	3%	2%	3%	2%	0%	3%	2%	2%
□兩個民族，兩個國家	45%	46%	42%	40%	42%	42%	54%	47%	45%
□其他_____	10%	3%	4%	2%	11%	2%	5%	6%	4%

7. 臺灣和大陸的統獨看法？

□儘快統一	3%	2%	2%	3%	2%	4%	1%	4%	2%
□儘快宣布獨立	13%	22%	20%	12%	20%	21%	23%	20%	20%
□維持現狀，以後走向統一	6%	4%	5%	9%	9%	4%	3%	7%	5%
□維持現狀，以後走向獨立	42%	31%	33%	24%	18%	34%	32%	27%	31%
□維持現狀，看情形再決定獨立或統一	29%	30%	28%	41%	38%	33%	30%	28%	30%
□永遠維持現狀	10%	10%	11%	9%	7%	8%	10%	11%	11%
□其他_____	10%	5%	4%	7%	11%	5%	9%	8%	6%

8. 未來兩岸的發展？

□中國經濟崛起，政治保守強勢，臺灣難逃「一國兩制」的命運。	10%	11%	16%	12%	11%	18%	12%	11%	14%

□中國經濟崛起，政治保守強勢，激起臺灣強烈反彈，兩岸陷入戰爭危機。	13%	10%	12%	9%	5%	12%	11%	10%	11%
□中國經濟崛起，政治趨向民主，臺灣自願與中國合併。	0%	4%	7%	8%	4%	8%	7%	7%	6%
□中國經濟崛起，政治趨向民主，臺灣仍可保持獨立自主的空間。	74%	71%	64%	69%	73%	65%	69%	68%	66%
□其他＿＿＿	10%	5%	6%	6%	7%	4%	10%	7%	6%
9. 如何稱呼中華人民共和國？									
□大陸	58%	47%	54%	63%	67%	71%	53%	52%	54%
□內地	6%	6%	5%	9%	9%	11%	7%	4%	6%
□中共	26%	29%	29%	29%	20%	21%	39%	27%	30%
□中國	39%	30%	33%	30%	29%	33%	40%	34%	33%
□對岸	6%	10%	8%	9%	9%	9%	13%	7%	9%
□大陸地區	0%	6%	5%	5%	9%	6%	10%	7%	6%
□中國大陸	29%	23%	25%	31%	25%	30%	34%	27%	27%
□其他＿＿＿	10%	12%	13%	10%	9%	13%	21%	15%	14%
10. 是否同意自己是中華民族？									
□非常同意	16%	32%	31%	41%	36%	36%	31%	29%	32%
□還算同意	45%	51%	50%	48%	55%	56%	54%	45%	51%
□不太同意	3%	8%	8%	7%	2%	4%	6%	10%	8%
□非常不同意	13%	5%	3%	1%	2%	3%	5%	4%	3%
□其他＿＿＿	23%	2%	4%	2%	4%	2%	7%	7%	4%
11. 臺灣維持獨立自主的原因？									
□民主政治的成熟	45%	46%	53%	55%	47%	52%	57%	57%	53%
□經濟繁榮的支持	39%	33%	41%	43%	55%	46%	48%	44%	42%
□臺灣民族的覺醒	45%	40%	40%	40%	42%	39%	47%	40%	41%
□兩岸協商的成果	16%	22%	23%	32%	40%	30%	29%	24%	25%
□國際社會的支持	16%	15%	17%	15%	24%	22%	23%	18%	18%
□其他＿＿＿	13%	7%	7%	7%	13%	12%	12%	11%	8%

資料來源：筆者自行統計

三、八年級生中國、高中生的國族認同統計分析

　　國、高中生對族群衝突的感受相差不大，覺得嚴重的約 2 成多，不嚴重的約 7 成多。對於李登輝的新臺灣人的族群融合論述，不同年齡的支持比例

都相當高，約在 9 成上下，故族群融合在國、高中生間已是普遍共識。而題目 3.對臺灣人認同的比例國中生 82%高於高中生的 74.6%，高出有 7.4%，題目 4.「何謂中國人」認為是中華民族的比例，國中生有 26.9%低於高中生的 36.7%，低了 9.8%，題目 5「臺灣文化與漢文化的關係」，認為臺灣文化與漢文化並無牽扯，臺灣文化具有獨特性的國中生占 17.7%高於高中生的 6.4%，高出了 10.8%，而認為臺灣文化源於漢文化，在臺灣這片土地發展出獨特風貌，國中生占 53.5%低於高中生的 68.9%，低了 15.4%。題目 10.對於認同自己是中華民族的國中生有 78%低於高中生的 91%，低了 13%。

　　由上可知，國中生的臺灣人認同較高，對漢文化的感知與中華民族的認同皆較高中生為低，這與國、高中的歷史教科書所呈現的史觀相符，從國中 2008 年新頒的分段能力指標中，可看出其努力建構著臺灣文化的獨特性——「海洋文化」，並避談臺灣文化與中國文化的關聯性，臺灣本位占有優勢；而高中 2006 年新頒的 95 暫綱，高中歷史才終於有獨立的臺灣史課程，但臺灣本位與中國本位仍不斷拉鋸著，尤其高中 95 暫綱的選修課程對中國傳統文化介紹相當的豐富，高中生不僅是從書本亦從整個臺灣的社會環境中，感受到那屬於漢族的歷史文化厚度，也加深了其對漢民族文化（中華民族）的認同感。故將近代兩岸的政治紛擾加入後，國中生在感受到當前中國威脅的陰影下，對於漢族歷史文化的厚度本較無深切感受的他們，便能較無困惑、掙扎、思考、選擇的進行切割，是故對中華民族的認同感便急遽消退，由題目 6「兩岸間民族與國家的關係」，國中生認為一個民族，兩個國家的比例僅 30.1%，遠低於高中生的 55.7%，低了 25.6%，正可印證上述所言。而由題目 7「統獨看法」國中生偏向獨立的有 58.5%高於高中生的 46.1%，高出了 12.4%，甚至認為應該儘快宣布獨立的有 28.5%更是高於高中生的 11%，高出了 17.5%。兩岸分治的歷史難題，高中生傾向留給時間來解決，認為維持現況的比例高達 90.9%比起國中生的 67.3%，高出了 23.6%。

表 5-15　八年級生中國、高中生國族認同之比較（2822 人）

青少年歷史記憶與國族認同調查	高中 1316		國中 1506		國高生總合 2822	
	總合	比例	總合	比例	總合	比例
1. 臺灣族群問題						
□非常嚴重	46	3.5%	77	5.1%	123	4.4%

□還算嚴重	266	20.2%	255	16.9%	521	18.5%
□不太嚴重	904	68.7%	1009	67.0%	1913	67.8%
□非常不嚴重	92	7.0%	169	11.2%	261	9.2%
□其他_____	30	2.3%	42	2.8%	72	2.6%
2. 李登輝新臺灣人						
□非常同意	618	47.0%	658	43.7%	1276	45.2%
□還算同意	613	46.6%	700	46.5%	1313	46.5%
□不太同意	53	4.0%	93	6.2%	146	5.2%
□非常不同意	18	1.4%	57	3.8%	75	2.7%
□其他_____	29	2.2%	29	1.9%	58	2.1%
3. 「臺灣人」還是「中國人」？						
□臺灣人	982	74.6%	1235	82.0%	2217	78.6%
□中國人	19	1.4%	32	2.1%	51	1.8%
□兩者都是	277	21.0%	199	13.2%	476	16.9%
□其他_____	66	5.0%	69	4.6%	135	4.8%
4. 何謂中國人呢？						
□中華民國的國民	97	7.4%	154	10.2%	251	8.9%
□中華人民共和國的國民	737	56.0%	881	58.5%	1618	57.3%
□泛指中華民族（華人、漢人）	483	36.7%	405	26.9%	888	31.5%
□其他_____	62	4.7%	120	8.0%	182	6.4%
5. 臺灣文化與漢文化的關係？						
□臺灣文化是漢文化的一部分。	291	22.1%	244	16.2%	535	19.0%
□漢文化只是臺灣文化的一部分	127	9.7%	225	14.9%	352	12.5%
□臺灣文化與漢文化並無牽扯，臺灣文化具有獨特性。	84	6.4%	266	17.7%	350	12.4%
□臺灣文化源自於漢文化，在臺灣這片土地發展出獨特風貌	907	68.9%	805	53.5%	1712	60.7%
□其他_____	22	1.7%	34	2.3%	56	2.0%
6. 兩岸間民族與國家的關係？						
□一個民族，一個國家	43	3.3%	154	10.2%	197	7.0%
□一個民族，兩個國家	733	55.7%	454	30.1%	1187	42.1%
□兩個民族，一個國家	19	1.4%	61	4.1%	80	2.8%
□兩個民族，兩個國家	495	37.6%	785	52.1%	1280	45.4%
□其他_____	46	3.5%	61	4.1%	107	3.8%

7. 臺灣和大陸的統獨看法？						
□儘快統一	17	1.3%	45	3.0%	62	2.2%
□儘快宣布獨立	145	11.0%	429	28.5%	574	20.3%
□維持現狀，以後走向統一	72	5.5%	70	4.6%	142	5.0%
□維持現狀，以後走向獨立	462	35.1%	452	30.0%	914	32.4%
□維持現狀，看情形再決定獨立或統一	513	39.0%	330	21.9%	843	29.9%
□永遠維持現狀	149	11.3%	163	10.8%	312	11.1%
□其他＿＿＿＿＿＿	66	5.0%	96	6.4%	162	5.7%
8. 未來兩岸的發展？						
□中國經濟崛起，政治保守強勢，臺灣難逃「一國兩制」的命運。	202	15.3%	184	12.2%	386	13.7%
□中國經濟崛起，政治保守強勢，激起臺灣強烈反彈，兩岸陷入戰爭危機。	133	10.1%	178	11.8%	311	11.0%
□中國經濟崛起，政治趨向民主，臺灣自願與中國合併。	78	5.9%	103	6.8%	181	6.4%
□中國經濟崛起，政治趨向民主，臺灣仍可保持獨立自主的空間。	887	67.4%	1035	68.7%	1922	68.1%
□其他＿＿＿＿＿＿	73	5.5%	92	6.1%	165	5.8%
9. 如何稱呼中華人民共和國？						
□大陸	824	62.6%	702	46.6%	1526	54.1%
□內地	96	7.3%	72	4.8%	168	6.0%
□中共	429	32.6%	422	28.0%	851	30.2%
□中國	473	35.9%	482	32.0%	955	33.8%
□對岸	153	11.6%	103	6.8%	256	9.1%
□大陸地區	97	7.4%	79	5.2%	176	6.2%
□中國大陸	396	30.1%	390	25.9%	786	27.9%
□其他＿＿＿＿＿＿	148	11.2%	226	15.0%	374	13.3%
10. 是否同意自己是中華民族？						
□非常同意	492	37.4%	414	27.5%	906	32.1%
□還算同意	712	54.1%	760	50.5%	1472	52.2%
□不太同意	51	3.9%	165	11.0%	216	7.7%
□非常不同意	10	0.8%	87	5.8%	97	3.4%
□其他＿＿＿＿＿＿	35	2.7%	75	5.0%	110	3.9%
11. 臺灣維持獨立自主的原因？						
□民主政治的成熟	778	59.1%	711	47.2%	1489	52.8%

□經濟繁榮的支持	632	48.0%	552	36.7%	1184	42.0%
□臺灣民族的覺醒	528	40.1%	625	41.5%	1153	40.9%
□兩岸協商的成果	430	32.7%	273	18.1%	703	24.9%
□國際社會的支持	236	17.9%	263	17.5%	499	17.7%
□其他＿＿＿＿＿	97	7.4%	135	9.0%	232	8.2%

資料來源：筆者自行統計

四、八年級生中不同地區的國族認同統計分析

　　臺灣社會每每到了選舉之時，南北差異都會成為選舉的議題，如重北輕南，北藍南綠，甚至以中國城稱呼臺北城。但由本文針對八年級生所做的問卷結論，由表 5-16 可知臺灣南北的新世代（八年級生）對於國族的想像或是兩岸關係的看法基本上是大同而小異的，差距並沒有如選舉期間所宣傳般的巨大，被視為中國城的北部地區，認同自己是中國人的比例僅有 2.7%，認同自己是臺灣人的比例雖沒有南部的 81.9% 般的高，但也高達了 76.5%。對於何謂中國人的認知，認為是中華人民共和國的比例，雖然不及南部的 61.3%，亦有過半數（52.3%）的北部人認為所謂的中國就是中華人民共和國，而基於原生論的中華民族的認同，北部人甚至略低於南部人的 84.7%，而有 81.8% 的人還算同意或非常同意自己是中華民族，可說是小小的預料之外。

　　統獨的看法，偏向獨立的部份北部雖不及南部的 59.3%，但也有近半數（49.5%）偏向獨立。只不過北部人有 28.6% 對於兩岸未來稍顯悲觀，南部僅有 21.1% 悲觀認為臺灣難逃一國兩制或是兩岸將陷入戰爭危機，但不論南北多數的人（6 成多）都是樂觀認為未來中國政治趨向民主，臺灣仍可保持獨立自主的空間。而認為臺灣目前仍能夠維持獨立自主的原因，不論南北首選皆是民主政治的成熟，其次為臺灣民族的覺醒，再其次則為經濟繁榮的支持。

　　由上觀之，族群的衝突、認同的危機、南北的差距種種困惑臺灣社會的問題，在新世代（八年級生）的身上問題似乎不再那麼的嚴重。

表 5-16　八年級生中不同地區國族認同之比較（2822 人）

青少年國族認同調查（不同地區比較）	北部 919	中部 1088	南部 770	總合 2822
	比例	比例	比例	
1. 臺灣族群問題				
□非常嚴重	4.1%	3.7%	5.5%	4.4%

□還算嚴重	17.4%	19.2%	19.1%	18.5%
□不太嚴重	68.9%	67.8%	66.4%	67.8%
□非常不嚴重	10.4%	8.9%	8.3%	9.2%
□其他＿＿＿＿＿＿＿	2.0%	3.7%	1.6%	2.6%
2. 李登輝新臺灣人				
□非常同意	43.2%	45.4%	47.8%	45.2%
□還算同意	48.7%	47.0%	42.7%	46.5%
□不太同意	5.2%	4.8%	5.7%	5.2%
□非常不同意	2.6%	2.4%	3.1%	2.7%
□其他＿＿＿＿＿＿＿	1.5%	3.1%	1.3%	2.1%
3. 「臺灣人」還是「中國人」？				
□臺灣人	76.5%	78.3%	81.9%	78.6%
□中國人	2.7%	1.7%	0.9%	1.8%
□兩者都是	18.4%	17.6%	13.8%	16.9%
□其他＿＿＿＿＿＿＿	5.0%	5.2%	3.4%	4.8%
4. 何謂中國人呢？				
□中華民國的國民	10.2%	8.6%	8.1%	8.9%
□中華人民共和國的國民	52.3%	58.9%	61.3%	57.3%
□泛指中華民族（華人、漢人）	33.9%	31.9%	27.7%	31.5%
□其他＿＿＿＿＿＿＿	7.4%	6.2%	5.5%	6.4%
5. 臺灣文化與漢文化的關係？				
□臺灣文化是漢文化的一部分。	18.8%	22.2%	14.7%	19.0%
□漢文化只是臺灣文化的一部分	12.7%	10.8%	14.7%	12.5%
□臺灣文化與漢文化並無牽扯，臺灣文化具有獨特性。	14.1%	10.8%	11.9%	12.4%
□臺灣文化源自於漢文化，在臺灣這片土地發展出獨特風貌	57.1%	63.4%	61.4%	60.7%
□其他＿＿＿＿＿＿＿	2.4%	2.0%	1.6%	2.0%
6. 兩岸間民族與國家的關係？				
□一個民族，一個國家	7.3%	6.5%	6.9%	7.0%
□一個民族，兩個國家	42.7%	45.1%	37.4%	42.1%
□兩個民族，一個國家	2.7%	2.6%	3.2%	2.8%
□兩個民族，兩個國家	43.2%	44.4%	49.7%	45.4%
□其他＿＿＿＿＿＿＿	4.4%	3.2%	3.8%	3.8%

7. 臺灣和大陸的統獨看法？				
□儘快統一	2.6%	2.1%	1.9%	2.2%
□儘快宣布獨立	20.7%	16.8%	24.8%	20.3%
□維持現狀，以後走向統一	7.1%	4.3%	3.6%	5.0%
□維持現狀，以後走向獨立	28.8%	34.4%	34.5%	32.4%
□維持現狀，看情形再決定獨立或統一	28.6%	34.0%	24.9%	29.9%
□永遠維持現狀	12.2%	9.7%	11.7%	11.1%
□其他_____	6.0%	5.4%	6.0%	5.7%
8. 未來兩岸的發展？				
□中國經濟崛起，政治保守強勢，臺灣難逃「一國兩制」的命運。	16.6%	13.2%	10.5%	13.7%
□中國經濟崛起，政治保守強勢，激起臺灣強烈反彈，兩岸陷入戰爭危機。	12.0%	10.8%	10.6%	11.0%
□中國經濟崛起，政治趨向民主，臺灣自願與中國合併。	6.2%	7.4%	5.3%	6.4%
□中國經濟崛起，政治趨向民主，臺灣仍可保持獨立自主的空間。	66.8%	68.5%	69.2%	68.1%
□其他_____	4.8%	6.6%	6.1%	5.8%
9. 如何稱呼中華人民共和國？				
□大陸	53.6%	59.2%	47.5%	54.1%
□內地	5.7%	6.5%	5.7%	6.0%
□中共	28.9%	30.1%	31.4%	30.2%
□中國	34.1%	32.2%	35.7%	33.8%
□對岸	10.6%	9.7%	6.1%	9.1%
□大陸地區	5.5%	6.2%	6.9%	6.2%
□中國大陸	23.2%	27.7%	33.4%	27.9%
□其他_____	11.9%	15.4%	11.2%	13.3%
10. 是否同意自己是中華民族？				
□非常同意	29.5%	35.1%	30.9%	32.1%
□還算同意	52.3%	51.3%	53.8%	52.2%
□不太同意	9.1%	5.6%	9.0%	7.7%
□非常不同意	4.0%	2.8%	3.6%	3.4%
□其他_____	3.7%	3.8%	3.9%	3.9%
11. 臺灣維持獨立自主的原因？				
□民主政治的成熟	47.6%	59.4%	49.9%	52.8%

□經濟繁榮的支持	37.0%	49.3%	37.4%	42.0%
□臺灣民族的覺醒	38.4%	42.6%	41.0%	40.9%
□兩岸協商的成果	24.6%	28.6%	20.4%	24.9%
□國際社會的支持	18.8%	17.8%	15.7%	17.7%
□其他＿＿＿＿＿＿	9.4%	7.8%	7.0%	8.2%

資料來源：筆者自行統計

小　結

一、八年級生的歷史記憶

　　青少年階段我們常暴露在兩種歷史記憶之中：一種是在學校教育，特別是學校歷史教育中所傳授的歷史記憶；另一則是在學校之外的社會中所傳布的社會歷史記憶。前者常受現實政治權力及其轉移的影響，它在一個青少年心中建立一種典範的認同與文化價值；後者則經常不受或不完全受現實政治權力的影響與規範，它所建立的是多元的、衝突的、爭辯中的認同與文化價值。〔註34〕由教改前六年級生的歷史記憶與教改後八年級生的歷史記憶進行比較分析，我們可以清楚的看到典範認同的轉移。

　　王明珂與盧建榮教授於 1994 年間分別針對六年級生進行問卷調查研究，兩人的研究都指出六年級生處於臺灣國族主義喧騰的 1990 年代，在社會上、媒體中在在宣揚著臺灣主體觀點，在如此的時代氛圍感染下擁有對臺灣認同的情感，但在大中國史觀的歷史教育下，依舊缺乏了臺灣歷史記憶的圖像，「本國意象」仍舊是一個涵括五千年歷史文化的大中國意象。當政治權力轉移，歷史教科書所塑造的典範從大中國意象轉移到以臺灣為主體的史觀時，八年級生的「本國意象」清楚的是以臺灣七大分期為主體，而中華民國在臺灣則是本國意象的重點。

　　本文於 2011 年針對八年級生所做的問卷調查研究結果顯示，八年級生心目中的「民族英雄」前三名為孫中山、莫那魯道、鄭成功，20 位民族英雄中12 位與臺灣史相關，5 位則是世界史的人物，與中國史相關僅排名 7 的岳飛及排名 15 的文天祥，由此可見大中國主義的消退。「本國重要歷史人物」則

〔註34〕王明珂，〈臺灣青少年的社會歷史記憶〉，《國立臺灣師範大學歷史學報》，第25 期，1997 年 6 月，頁 173～174。

以臺灣史七大分期為脈絡展開，代表中華民國在臺灣時期的有 8 位，日治時期的有 5 位，清領後期的有 2 位，鄭氏治臺時期則有 3 位。「本國重要歷史事件」八年級生所記憶的歷史相當集中於戰後臺灣的歷史發展，在前 20 名中佔有 13 個，尤其是戰後臺灣民主化的歷程，從戒嚴、美麗島事件，解嚴，總統民選到政黨輪替。

八年級生「經歷的重要事件」中，與六年級生相同的是，首選都是重大天災，921 大地震位居於首位，另外值得注意的是，臺灣民主化的歷程深刻留存於八年級生的「歷史記憶」中，而人們的「歷史記憶」所形成的「價值觀念」，影響社會人群現實生活中的行為與判斷，也影響他們如何「經歷」發生在當代社會的事。〔註35〕民主化歷程既然是八年級生深刻的「歷史記憶」，臺灣民主政治的後續發展亦成了八年級生所關注的重要議題，故在「經歷重大事件」中，從陳前總統帶領民進黨角逐 2000 年總統大選完成首度的政黨輪替（排行 3）；到 2004 年連任之路的 319 槍擊案（排行 4）；再到 2006 年～2007 年紅衫軍倒扁，及至再次政黨輪替後陳前總統因貪汙入監（排行 2），這樣戲劇的起落轉折，在八年級生的「社會歷史記憶」中佔據相當大的部分。

教育改革所建構的以臺灣為主體的史觀，對於八年級生的歷史記憶，佔有相當關鍵的影響力，1990 年代六年級生雖然對時代的轉變，臺灣國族主義的吶喊有所感知，對一些臺灣重要的人事物有所記憶，但社會所能給予的終究是片段，不若學校教育搭配升學考試所達成的全面灌輸，故學生在「本國意象」中所呈現的就如同歷史教科書所教育的，就是一個涵括五千年歷史文化的大中國意象。進入二十一世紀的八年級生，接受國中小九年一貫課程與高中 95 暫綱所建構起的以臺灣為主體的史觀，再搭配社會上昂揚的臺灣國族主義，故其「本國意象」清晰的呈現臺灣意象。

整體而言，國、高中生的「歷史記憶」並無重大差異。最大的差異是高中生心目中的民族英雄有 6 位是世界史的人物，而國中生心目中的民族英雄僅有 2 位是世界史的人物，這與高中生的世界史課程比重比較高，對於世界各族的民族英雄有較多的認識跟了解有關，而國一國二生則尚未接觸世界史課程，故世界各族的民族英雄較不存於其歷史記憶之中。

客家人的「歷史記憶」與整體相較亦大致相同，但有一個突出的現象就

〔註35〕王明珂，〈臺灣青少年的社會歷史記憶〉，《國立臺灣師範大學歷史學報》，第 25 期，1997 年 6 月，頁 177。

是對「苗栗事件」羅福星的記憶特別突出，尤其是苗栗的文林國中與大倫國中，此兩校皆是以客家族群為主的地區，處於多數閩南聚集的客家人，其歷史記憶有與多數混同的現象，但處於客家聚集為主的地區，其客家人的在地意識是有被強調提升的現象，而對於客家族群的認同亦較為高漲，少數族群本就具有較高的族群意識。近年來臺灣本土化運動，如「愛臺灣，說臺語」的標榜，對於客家族群而言，難免有大福佬沙文主義之感慨。占有多數優勢的閩南族群，在推廣早先受到壓抑的河洛語，同時亦要注意少數族群的母語保存。

二、八年級生的國族認同

　　本問卷施測時，在個人資料調查中，有一項針對族群歸屬的調查，共設定 5 個選項□原住民　□客家人　□閩南人　□外省人　□其他，在 2822 份的問卷中，勾選其他的比例高達 20.6%，而且其中有 366 位在欄位上填上臺灣人，佔其他類比例的 63.1%，佔全部問卷的 13%，跳脫既定的選項而在其他欄位填寫下臺灣人，可見臺灣人這個符號在許多八年級生的心中成了最優選的族群認同符號。八年級生對早先族群分類的認同大為降低，是故由此分類而形成的族群衝突在八年級生的心中亦大為弱化，族群融合顯然是新世代八年級生的共識。

　　八年級生相較於全國民眾在國族認同上，臺灣人的比例大幅提高，而兩者都是的雙重認同及中國人認同的比例則有減弱的趨勢。八年級生的臺灣人認同跟全國民眾的 52.6% 相比，高出 26%，到 78.6%，而雙重認同則大為降低了 23% 到 16.9%。八年級生與全國民眾對國族認同的差異，部分原因來自於對何謂中國人認知的不同。八年級生對於何謂中國人的認知，來自於社會教育、家庭教育、學校教育等，認知的改變會帶動著認同的變遷，家庭教育較難統而論之，但今日的國際現實乃至於影視媒體等種種社會教育所呈現的對中國的認知大多指向了中華人民共和國，而八年級生所接受的學校教育，大多數的教科書版本呈現對中國的認知亦都指向了中華人民共和國，八年級生認同臺灣人比例遠高於成年人，應與其對何謂中國人的認知的改變有相當密切的關係，教科書所建構的對中國的認知，相當程度提高了八年級生的臺灣人認同。

　　今日的臺灣社會，雖說臺灣國族主義昂揚，但中國國族主義亦尚有其影

響力，社會中所傳布的社會歷史記憶，是多元的、衝突的、爭辯中的認同與文化價值，而這樣的爭辯亦出現於八年級生的認同之中，由問卷的結果，我們可以發現八年級生民族認同的另一面，認為「臺灣文化是漢文化的一部分」的有 19%，認為「臺灣文化源自於漢文化，在臺灣這片土地發展出獨特風貌」的有 60.7%，對於臺灣文化根源自漢文化的認同度總計高達 79.7%與認同自己是中華民族成員的 84.3%大致相符。可見八年級生對於中華民族及華夏文化的認同度依舊相當高。

對於一般民眾而言原生論、結構論、建構論其實並不完全矛盾，相當程度是可以彈性並存的、視情況而進行認同的選擇，由本文問卷中的題目 3、10、6 進行對照的話，可以看到臺灣民族認同在原生論、結構論、建構論中彈性並存的多面向選擇。認為自己是臺灣人的有 78.6%、認為自己是中華民族的有 84.3%，但將兩岸民族與國家作連結的話，則呈現五五波的趨勢，或者可說八年級生基於文化血統等原生論的因素，在相當高的比例上認同於中華民族，[註36] 但當中華人民共和國浮現時，基於對抗中國的統戰，亦或是標榜臺灣獨立建國，此時結構論與建構論的因素則壓抑了既有的原生論，而優選臺灣人為民族國家（國族）認同的符號，因此對中華民族的認同有大幅減弱的趨勢。

感於當前現實政治環境，在統獨議題上，維持現況仍是多數八年級生的選擇，八年級生有高達 78.4%支持維持現況，略低於全國的 86.7%。但除了對當前的現實政治環境有所感知外，對於「過去」的記憶所形成的「社會價值」影響社會人群現實生活中的行為與判斷，教育改革後的八年級生，對於「過去」的記憶，明顯以臺灣為主體，而這也的確影響了八年級生對當前統獨議題的判斷與選擇，是故有過半數（52.7%）的八年級生支持盡快獨立及未來獨立，比起全國民眾支持盡快獨立及未來獨立的 22.3%整整高出了 30.4%，八年級生的獨立意識相當明確。且八年級生對未來的想像是樂觀的，故選擇「中國經濟崛起，政治趨向民主，臺灣仍可保持獨立自主的空間」高達 68.1%。認為臺灣目前仍能維持獨立自主的原因，以「民主政治的成熟」的 52.8%最高，「經濟繁榮的支持」42%次之，「臺灣民族的覺醒」40.9%居三，對八年級生而

〔註36〕 其實在歷史的發展脈絡中，中華民族是近代的產物，伴隨著中華民國的創建而逐漸成形，日治時期的臺灣人擁有的大多是漢族意識，隨著臺灣光復後、中央政府遷臺後，這樣的中華民族的國族建構論述也才隨著國民政府遷臺而移植到了臺灣社會，開始深根於臺灣社會。而今對臺灣社會的民眾而言，中華民族、華人、漢人似乎已是同義詞。

言，臺灣最大的優勢在於民主的成熟，而這也清晰的展現於八年級生的「歷史記憶」之中。而對中華人民共和國的稱謂，以「大陸」的 54.1%最多，「中國」、「中共」、「中國大陸」都有約三成的比例，但有 6%的青年學子受中國透過偶像明星進行統戰的影響，以「內地」稱呼對岸，比例不算高，但也值得注意。

八年級生不同族群間的國族認同大同而小異，較大的差異在於「臺灣人」族群在兩岸關係中「我者」與「他者」的對立之感較為強烈，獨立的迫切感亦較強，而對臺灣這個符號的認同感不論對內亦或對外均很高。「外省人」族群在兩岸關係中「我者」與「他者」的對立之感較輕，故相對於中國人的臺灣人認同亦較弱，對臺灣獨立的迫切感亦較弱，而對中華民族的認同感則相當高。「外省人與閩客通婚」的族群，存在著多元並存的思維，或許這也是讓家庭融合的良方吧！故兩者都是的族群雙元認同較整體高了近 2 成，文化上亦採多元文化觀，在兩岸關係中「我者」與「他者」的對立之感也較輕，較特別的是對於臺灣獨立的優勢首選的是經濟繁榮的支持，對兩岸協商的成果亦較為看重。

對「客家人」族群而言，臺灣人這個符號亦是客家族群優選的國族符號；但對內而言，過度強調臺灣人這個符號對客家族群而言似有大福佬沙文主義之感，故在對內的族群歸屬中，客家人對客家人的認同似乎是高於臺灣人。「客家人與閩南人通婚」的族群，認同臺灣文化源自於漢文化，在臺灣這片土地發展出特殊風貌相較於整體而言高了 10%，或許是因為客家族群與閩南族群能在中華民族、漢文化的公約數中化解彼此的緊張感，但其對統獨看法，偏向獨立的占 55%，是略高於整體平均的。

「原住民」族群對臺灣人認同是最高的，獨立意識亦是最高的一群，但題目 10.「是否同意自己是中華民族」有 61%表示非常同意或是還算同意，是因為族群通婚的關係？亦或是在漢族意識為主體的歷史教育、傳播媒體及整體社會環境中，讓臺灣原住民各族群本身的歷史記憶與文化大量的被遺忘，在不對等的族群關係中被迫向優勢族群靠攏。

另外，八年級生中的國、高中生國族認同亦是大同小異，最明顯的差距便是，國中生的臺灣人認同較高，對漢文化的感知與中華民族的認同皆較高中生為低，這與國、高中的歷史教科書所呈現的史觀相符，從國中 2008 年新頒的分段能力指標中，可看出其努力建構著臺灣文化的獨特性——「海洋文

化」，並避談臺灣文化與中國文化的關聯性，臺灣本位占有優勢；而高中 2006 年新頒的 95 暫綱，高中歷史才終於有獨立的臺灣史課程，但臺灣本位與中國本位仍不斷拉鋸著，尤其高中 95 暫綱的選修課程對中國傳統文化介紹相當的豐富，高中生不僅是從書本亦從整個臺灣的社會環境中，感受到那屬於漢族的歷史文化厚度，也加深了其對漢民族文化（中華民族）的認同感。新世代（八年級生）不同地區對於國族的想像或是兩岸關係的看法基本上是大同而小異的，北部地區認同自己是臺灣人的比例雖沒有南部的 81.9%般的高，但也高達了 76.5%。統獨的看法，偏向獨立的部份北部雖不及南部的 59.3%，但也有近半數（49.5%）偏向獨立。

綜上觀之，族群的衝突、認同的危機、南北的差距種種困惑臺灣社會的問題，在新世代（八年級生）的身上，問題似乎已不再那麼的嚴重。

第六章 結 論

　　戰前臺灣意識的發展，清領時期在 1860 年已經逐漸由祖籍意識轉向本土意識，到了日本殖民時期，在日本殖民政府以國家之力，透過公學校在臺灣進行日本「國體」思想建構的同時，臺灣知識精英亦努力保存漢族意識，用以反抗日本強制性之國家認同教育。日治時期的台灣人因爲教育的關係認同日本這個國家，卻也同時認同自己是漢民族的後裔，形成紛亂的國家與民族認同。另外，在日本殖民體制下的「臺灣人」或「本島人」成爲相對於「日本人」、「內地人」的群體意識亦逐漸形成，成爲了戰後臺灣國族主義運動的先聲。

　　而本文重點在討論戰後臺灣意識與歷史教育的變遷，並進一步透過問卷調查新世代（八年級生）所呈現的臺灣意識爲何？內容如下：

一、戰後臺灣意識的變遷

（一）省籍意識與中國國族主義（1945～1960 年代）

　　臺灣人心中的所謂「祖國意識」在光復後經歷了戲劇性的轉變，光復後國民黨政府的政治腐敗驅散了臺灣人的祖國情懷。二二八事件的爆發更一步深埋了省籍情結，外省人取代了日本人成爲新的壓迫者，省籍情結的內涵中相當成分是所謂的「階級意識」，本省人與外省人呈現著被統治階級及統治階級，在權力分配的極度不公下，本省人與外省人的隔閡，使原本本省人的漢民族認同與祖國認同斷裂了，海外臺獨（臺灣國族主義）開始醞釀，但臺灣島內卻在緊接而來的戒嚴與白色恐怖中，從噤若寒蟬到集體失憶，記憶的是黨國體制所建構的中國國族主義。

民國 38 年（1949）臺灣全島戒嚴，年底中央政府遷臺，在黨國威權統治下，進入了白色恐怖時期（1950～1960 年代），臺人無力反抗只能再度的隱忍。日治時期政府的種種政策都基於爲殖民母國——日本服務，而在黨國體制統治下的政策則是基於「反攻大陸，解救大陸同胞」，長久以來在臺灣的政權，都不是以臺灣爲施政的考量重心。官方主導大部分藝文團體的活動方向，還有專人檢查報章雜誌的內容，1954 年在「中國文藝協會」主導下，發動「文化清潔運動」，發表「除三害」宣言，要清除文化界的赤色、黃色、黑色的毒。反共文學至此成爲文化的主流，其他文類都在政治的壓抑下淪爲旁枝末節。

臺灣統治權的轉移，意味著臺灣內部的認同、語言、教育等必須面臨重整，經由國民黨政權化約、移植而來大中國主義的歷史記憶與想像，充斥在人民的日常生活中。透過孔子誕辰紀念日、民族掃墓節、國慶紀念日、國父誕辰紀念日、蔣公誕辰紀念日等，國定節日的各種儀式，配合廣電媒體的聯播及報章雜誌的動員，國民黨政權不斷的展演、再現了大中國主義的歷史記憶與想像，亦成功塑造了黨國的權威及領袖的崇拜。正如克里斯·哈曼（Chris Harman）所言：「民族性（ethnicity）可以超過社群公有主義，而以最野蠻的手段強施新的民族國家界線。」臺灣人原本的漢民族意識在官方的建構中轉向對中華民族的認同，將中國國族主義深植於臺灣社會，亦使外來的國民黨政權支配臺灣的正當性得以合理化。

（二）本土意識萌芽——臺灣結與中國結（1970～1980 年代）

1970 年代臺灣經濟起飛之際，卻陷入國際孤立的外交困境中，政府高倡革新保臺。國內外的有識之士，則掀起回歸鄉土、關懷社會的熱潮。鄉土文學論戰及校園民歌，說明了在時代巨變中臺灣知識菁英們逐漸萌發的本土意識。回顧歷史，我們必須很謹慎的掌握當時的時空脈絡，若說 1950～1960 年代臺灣人的國族想像幾乎完全是官方所建構的大中國主義，到了 1970 年代臺灣人的國族想像不僅有官方所建構的大中國主義，亦有對於臺灣這片鄉土之愛，此階段臺灣人的國族想像或可以「在臺灣的中國人」來描述吧！所謂「唱自己的歌」在 1970 年代可說同時包含著「中國」與「臺灣」以對抗來自於國際的孤立。但「在臺灣的中國人」的國族想像在侯德健事件後開始有了轉變，1980 年代初期臺灣結與中國結的臺灣意識論戰，在戒嚴的年代開始觸碰那思想的禁區，而「臺灣」相對於「中國」的概念漸漸成形。

另外，面對國際孤立危機下，國民黨政權一方面仍延續過往透過文化道

統的宣傳，黨國一體的國民革命史觀及領袖崇拜的塑造來鞏固其統治的正當
性，但另一方面卻也更加關注呼應臺灣民間社會的聲音。如臺灣光復節的設
定，可說是國民黨政權第一次以臺灣歷史發展的重要時刻所設定的節日，但
這個節日意欲彰顯的是國民黨政權對臺灣的貢獻，用以爭取臺灣人的認同。
另一個反面來說，國民黨政權開始需要強調其對臺貢獻，亦可看出國民黨威
權的逐漸消逝及臺灣社會力的逐漸上升。

（三）臺灣國族主義的昂揚（1990～2011 年）

　　戰後近 40 年在臺灣生長的經驗，以致於不僅是本省人，連「土生土長」
的外省人也自然而然地產生臺灣自覺意識。赴大陸探親或觀光之後，不管是
本省人或者是外省人到了中國大陸，通通變成了「臺胞」，這樣的時代氛圍加
上政治及文化菁英的積極建構，終於形成了 1990 年代萬聲齊鳴的臺灣國族主
義，終使中國國族主義逐漸消退，而以臺灣為主體的意識逐漸成為多數人的
共識。

　　政治菁英從 1990 年代李登輝的本土化政策，國民黨的國族論述有了重大
轉變；民進黨亦於此時建立了「臺獨黨綱」，臺灣國族主義及臺獨運動能夠自
由公開的在臺灣發展，到 2000 年代政黨輪替民進黨扁政府執政與「臺灣正名
運動」更將臺灣國族主義推向高峰。而由二二八和平紀念日的訂立、蔣公誕
辰與逝世紀念的廢除更可看出，中國國族主義正在解構與臺灣國族主義正在
建構。1990 年代起文化精英中雖然外省作家與本省作家的論述各不相同，但
以臺灣為主體卻是共同趨勢，文學書寫的主題從大中國的框架中解放，描繪
臺灣、書寫臺灣成了熱門的主題。

　　當下的臺灣人共同享受著臺灣經濟的果實，共同擁有著臺灣民主的成
就，卻也共同面對著臺灣國際生存的困境，但就當下時間的橫切面觀之，不
同的年齡層（如在大中華教育下長大的年齡層與接受認識臺灣教育下長大的
年齡層）、不同的族群（如：本省人、外省人、原住民、客家人、閩南人）、
或者不同的居住區域（臺北、臺中、臺南等），甚至是不同的經濟階層（如：
資產階層、中產階層、農工階層）等，所呈現的臺灣意識是有差異性的。

　　就不同年齡層而論，若說成長環境會對一個人造成極為深刻的印記，一
年級〔註 1〕與二年級生成長於日治末年，「皇民意識」變成了他們共同的印記。

〔註 1〕文中所述的一年級生指的是民國 10～19 年間出生的一群，同理二年級生指的
　　　　是民國 20～29 年間出生的一群……八年級生指的是民國 80～89 年間出生的

三年級與四年級生成長於國民黨黨國時代，「中國國族主義」與「省籍情結」則為他們共同的印記。對五年級生而言，國際孤立的局勢，紅葉少棒的傳奇伴隨著他們成長，「中國國族主義」依舊，而「本土意識」卻也悄悄萌芽。對六年級生而言，政治逐漸鬆綁，民主化伴隨著他們成長，「中國國族主義」鬆動而「本土意識」昂揚。而對八年級生而言，成長於自由的臺灣面對中華人民共和國的崛起與打壓，李登輝的兩國論、陳水扁的一中一臺，「臺灣國族主義」正式登場亮相。成長的印記在歷經了歲月的掏洗後是否依舊清晰，因人而異吧！是緬懷過往呢？還是活在當下呢？亦或放眼未來呢？不到百年的臺灣人走過了如此多變的時空環境，臺灣認同的紛雜與多元應該是不難理解的，少了歲月掏洗的八年級生應該是較上幾個世代的人更能坦然面對認同的一群人吧！

　　就不同族群而論，對少數的外省人而言，第一代有著難以抹滅的抗日戰爭與漂泊異鄉的苦難情懷，第二代外省人有著家鄉中的異客的感慨，他們的意識或許無法成為當今主流的意識，但望當今高漲的臺灣國族主義能有更高的包容心來看待同存於臺灣這片土地的少數們。正如伊薩‧伯林（I. Berilin, 1909~1997）所說：「受傷的『民族精神』就像被壓彎的樹枝，一放手，就會劇烈反彈回來。」〔註2〕21 世紀的頭幾年，臺灣高漲的國族主義，回過頭來控訴並鞭笞著舊有的中國國族主義，但若走向激進的國族主義，將會排斥並壓迫國內其他弱勢邊緣團體。〔註3〕這則是在推展臺灣國族主義過程中須小心謹慎的，莫使臺灣社會方掙脫了一個極端的中國國族主義卻又走向另一個極端的臺灣國族主義。

二、戰後臺灣歷史教育的變遷

（一）中國國族主義的建構（1945～1980 年代）

　　從 1945 年起臺灣社會在黨國體制的操控下，歷史教科書以「中華民族」的概念作為中國歷史發展的主體，建構著傳承悠久燦爛文化的中華民族創建了中華民國，復興接續著悠久的中華文化。這樣中華民族、中華文化、中華

一群。

〔註 2〕 林正珍，《近代日本的國族敘事——福澤諭吉的文明論》（臺北：桂冠出版，2002），頁 124。

〔註 3〕 林正珍，《近代日本的國族敘事——福澤諭吉的文明論》（臺北：桂冠出版，2002），頁 122。

民國三位一體的近代中國國族想像逐漸深植於臺灣社會。透過這種想像，國民黨政權不但穩固了其對臺灣統治的正當性，甚至也為「反攻大陸」提供了情感上的支持。正如班納迪克·安德森（Benedict Anderson）所言：「民族被想像為一個共同體，因為儘管每個民族內部可能存在普遍的不平等與剝削，民族總是被設想為一種深刻的、平等的同志愛，驅使數以百萬計的人們甘願為民族——這個有限的想像——去屠殺或從容赴死。」〔註4〕

　　但反攻無望，進入到 1970 年代，臺灣社會面對了國際孤立的窘境，中華民國政府更需臺灣內部的支持，如何繼續鞏固其統治的正當性，及如何回應崛起中的臺灣政治社會運動，中華民國政府早先於教科書中所建構的中國國族主義的論述，為了回應時代的變遷而有了轉變，特點有三：1. 對中國人及中華文化的更加強調，官方論述仍然以「中國法統」、「大中國主義」，為其政權正當性的主要論述。2. 對孫中山及蔣中正領袖崇拜的更加強調，此則有助於蔣經國的接棒之路，並確立國民黨建立中華民國的貢獻，合理化國民黨政權的統治。3. 教科書的內容大量增加了「臺灣的歷史發展經過」，但整體而言臺灣史的份量雖較以往有所增加，卻仍是附屬於中國史，塑造「臺灣自古是中國的一部分」，並由「臺灣光復」來論述國民黨對臺灣的貢獻，以此確認國民黨統治臺灣的正當性。

（二）建立以臺灣為主體的史觀（1990～2011 年）

　　黨國體制下，政治權力雖然操控了社會記憶，但本省族群的鄉土情感在 1970 年代國際孤立的危機中漸漸甦醒，1980 年代隨著臺灣意識論戰的展開後，到 1990 年代本省的鄉土情感已進入社會記憶的層次而與舊有社會記憶建構的中國國族主義競逐，展開了一連串的教育改革，逐步建構以臺灣為主體的史觀。民國 86 年（1997 年）出版的國民中學《認識臺灣》歷史篇，以七大分期，敘述史前時代、荷西時代、鄭氏治臺、清領前期、清領後期、日治時期、中華民國在臺灣的發展，確立了以臺灣為主體的歷史書寫。從 1895 到 1997 年百年之間，臺灣歷史教科書的世界與臺灣人實質的生活世界是疏離的，從日本殖民政府的皇國民教育，再到中華民國政府所建構的中國國族主義，百年來生活在臺灣的人不認識臺灣歷史，成為失憶的族群，也造成了今日臺灣社會認同的迷惘與錯亂。〔註5〕1997 年《認識臺灣》歷史篇是教科

〔註4〕 班納迪克·安德森（Benedict Anderson）著，吳叡人譯，《想像的共同體：民族主義的起源與散布》（上海：上海人民出版社，2003），頁 5～7。

〔註5〕 戴寶村，〈解嚴歷史與歷史解嚴：高中歷史教科書內容的檢視〉，《臺灣文獻》，第 58 卷第 4 期（2007 年 12 月），頁 401。

書有史以來第一次以臺灣為主體進行歷史書寫，七大分期完整連貫的建構了以臺灣為主體的史觀。但 1990 年代教改後的高中歷史與國中不同，臺灣史仍穿插於中國史下進行論說。

　　2000 年代教育改革持續推動，國中小推行著九年一貫新課程，九年一貫仍延續 1990 年代《認識臺灣》的以臺灣為主體的史觀，國一學臺灣史、國二學中國史，國三學世界史。但 1990 年代教改課程中「臺灣本位」與「中國本位」的競爭，到 2000 年代的趨勢則是「臺灣本位」越來越佔有優勢地位，由民國 97 年（2008 年）新推出的九年一貫分段能力指標可發現兩個特點：1. 避談臺灣文化與中國文化的關聯性，2. 戮力建構著臺灣文化的獨特性──「海洋文化」。

　　而高中歷史直至 2000 年代 95 暫綱的施行，才終於有了獨立的臺灣史課程，不再附屬於中國史。高中一年級第一學期為臺灣史，第二學期為中國史，二年級為世界史，分兩學期講授。高一上學期學習的臺灣史分為「早期臺灣」、「清代的長期統治」、「日本統治時期」、「當代的臺灣與世界」四個單元，完整連貫、略古詳今地介紹臺灣歷史發展的脈絡，〔註6〕確立了以臺灣為主體的史觀。但是高三選修歷史有 8 個歷史專題，其中有 5 個專題討論中國傳統文化與社會變遷，並延伸至當代臺灣社會，一再明示著臺灣文化的源頭來自中國傳統文化；有 2 個專題討論現代社會；有 1 個專題討論歷史學科本身，卻沒有任何專題以臺灣為主軸討論 400 年來臺灣社會及文化的變遷。

　　繼 95 暫綱後，民國 100 年公佈高中新課綱中臺灣史、中國史、世界史的比重由 95 暫綱時的 1：1：2 改為新課綱的 1：1.5：1.5，中國史的比重有明顯的增加，高三選修歷史新課綱只有中國文化史與世界文化史，亦無任何介紹臺灣文化史的單元，相較於國中 97 新課綱中戮力建構臺灣文化的獨特性──「海洋文化」，避談臺灣文化與中國文化的關聯，高中課程的臺灣主體性較為薄弱，與 2000 年代的國中課綱中呈現的臺灣本位越來越占優勢的趨勢不同，2000 年代高中課綱仍搖擺在臺灣本位與中國本位之間不斷拉鋸著。

（三）國、高中歷史教科書的分析（1990～2011 年）

1. 國族想像的轉變

　　進一步分析 1990 年代到 2000 年代國、高中歷史教科書，所呈現的國族

〔註6〕 戴寶村，〈解嚴歷史與歷史解嚴：高中歷史教科書內容的檢視〉，《臺灣文獻》，第 58 卷第 4 期（2007 年 12 月），頁 424。

想像與兩岸論述可發現，1990 年代國中教科書的國族想像在臺灣與中國間不斷的爭辯著，雖然《認識臺灣》已建立以臺灣爲主體的史觀，但中國史部分仍然清晰的呈現著中華民族文化的「優良傳承」，只是不再用強烈的字眼進行對歷代明君民族英雄形象的塑造，在描述中國近代百年悲慘的歷史發展時，數度使用「國人」二字，使學習者於不自覺中產生切膚之痛，也激發了其對中華民族的情感，建構著近代中國→我國→中華民國在臺灣的脈絡。而 1990 年代的高中歷史教科書雖對以往的中國國族神話有所解構，但仍無獨立的臺灣史，國族的想像仍以中國爲本位。

2003 年國中小九年一貫新課綱下的教科書，不但對黃帝的神話正逐漸消解中，以中華民族爲概念進行闡述的中國歷史發展脈絡亦逐漸的被解構，不再歌誦著中華民族文化的優良傳承，在中國近代史的敘述中，亦不再強調民族革命史觀，對孫中山及蔣中正也少了歌功頌德的形容詞，如救國的醫生、或加上先生以示尊重的傳統做法，《南一版》甚至連「國父」二字都未曾提及，由此可見，2000 年代的國中教科書國族的想像已明確地轉向以臺灣爲本位。而 2000 年代的高中歷史教科書終於有獨立的臺灣史，大中國史觀逐漸消解，不過臺灣主體性的論述不及國中教科書鮮明。

2. 兩岸關係論述的轉變

依 1994 年新課綱於民國 86 年所編纂的認識臺灣歷史篇的兩岸論述依舊以統一爲單一選項，但 88 年的國中第二冊則有所轉變，「統一」不再是唯一的目標，這樣的轉變亦呈現於高中教材之中，但是不論國中亦或是高中教科書對於兩岸統獨問題的進一步討論卻付之闕如。進入 2000 年代國中三個版本的教科書對兩岸關係的結論則是「充滿變數」、「許多問題有待解決」、「難以在平等互惠的原則下開創新局」，進一步的討論仍是付之闕如，但 2000 年代的高中教科書對兩岸關係則有比較多的討論，呈現多元的觀點。《翰林版》與《三民版》較關懷兩岸關係發展中的經濟因素；《龍騰版》除了提及兩岸經貿合作的現實需求外，同時強調兩岸民族文化的密切關聯是兩岸未來和平互動的有利條件，並反對國際強國干涉兩岸問題；《南一版》則與龍騰版的觀點相反，強調以國際觀點來看兩岸問題；《泰宇版》於問題討論中亦重視國際因素對兩岸局勢的重大影響，也對兩岸政治對峙之因進行討論，更要學生思索中國文化統戰及政治打壓的經驗；《康熙版》強調兩岸的良性互動，創造雙贏，並提及「中華人民共和國是否能進行民主化，將影響臺灣民眾對統一問題的

看法」，較爲可惜的是，當前兩岸高漲的國族主義對於兩岸互動上有著相當的影響，但高中各版本教科書對此均無介紹與討論。

另外，教科書中所呈現的「我者」與「他者」的形象，1990 年代不論國中或高中教科書多以「中華民國政府」（簡稱政府）與「我國」自稱，多以「中共」、「中國大陸」指稱對岸。進入 2000 年代不論國中或高中教科書，大多數的版本一樣以「中華民國政府」（簡稱政府）、「我國」、「臺灣」自稱，但不再用模糊的「中共」，而是以「中華人民共和國」，「中國大陸」，甚至是「中國」來指稱對岸。何謂「中國」？多數版本的教科書已明確指向中華人民共和國，早先努力維持代表大中國法統的中華民國架構已經鬆動，相較於「中華民國」而言，更強調突出「臺灣」二字爲代表臺灣社會的政治符號。

從 19 世紀以來，歷史教育一向以提供國家民族精神教育爲主，因此教科書直接灌輸著國家主義，甚至不惜捏造國家神話，及「創造傳統」。20 世紀前半期的臺灣人接受著日本國族建構的官方教育，進入 20 世紀後半期的臺灣人則又接受著中國國族建構的官方教育，而臺灣史則消失隱沒於這兩時代的歷史之中，身爲臺灣人卻不知臺灣史可說是百年來臺灣數代人的悲哀吧！提供國家民族精神的教育理念在歐美國家已遭批評，我們也不宜再「重操故技」，把「發揚中國民族精神」改爲「發揚臺灣民族精神」，以免解構了一個國族神話後又重新塑造了另一個國族神話。中學歷史教育應該教導有關「如何思考有關國家認同感」的問題，其目的在協助他們自行處理這個問題。但不應該「指定學生何種國家認同感才是標準答案。」〔註7〕

過往的國族主義運動者往往強調著「一個國家、一個民族、一個文化」原則。但是這一原則終究迫使任何不合於此原則的民族文化內涵必須面對巨大的扭曲張力。擁有不同記憶的團體之間，應該互相尊重，而非不斷的上演那種你死我活、徹底消滅「他者」記憶的歷史情節，反而應該追求一種寬容的、溝通的記憶論述。〔註8〕建立以臺灣爲主體的歷史教育應該努力繼續深化，如：建構臺灣文化的獨特性——「海洋文化」是一個可以繼續努力的方向，但是避談甚至是完全切割臺灣文化與中國文化的關聯則不是一個良好的方案，而是應該在過與不及間尋求平衡的支點。

〔註 7〕 周樑楷，〈世界史中的臺灣：編寫新版高中世界文化史的反思〉，《歷史意識與歷史教科書論文集》（臺北：稻鄉出版，2003），頁 251。

〔註 8〕 夏春祥〈文化象徵與集體記憶競逐——從臺北市凱達格蘭大道談起〉，《文化與權力》（臺北：麥田出版，2001），頁 108。

三、新世代（八年級生）的臺灣意識

（一）八年級生的歷史記憶

青少年階段我們常暴露在兩種歷史記憶之中：一種是在學校教育，特別是學校歷史教育中所傳授的歷史記憶；另一則是在學校之外的社會中所傳布的社會歷史記憶。前者常受現實政治權力及其轉移的影響，它在一個青少年心中建立一種典範的認同與文化價值；後者則經常不受或不完全受現實政治權力的影響與規範，它所建立的是多元的、衝突的、爭辯中的認同與文化價值。〔註9〕由教改前六年級生的歷史記憶與教改後八年級生的歷史記憶進行比較分析，我們可以清楚的看到典範認同的轉移。

王明珂與盧建榮教授於 1994 年間分別針對六年級生進行問卷調查研究，兩人的研究都指出六年級生處於臺灣國族主義喧騰的 1990 年代，在社會上、媒體中在在宣揚著臺灣主體觀點，在如此的時代氛圍感染下擁有對臺灣認同的情感，但在大中國史觀的歷史教育下，依舊缺乏了臺灣歷史記憶的圖像，「本國意象」仍舊是一個涵括五千年歷史文化的大中國意象。當政治權力轉移，歷史教科書所塑造的典範從大中國意象轉移到以臺灣為主體的史觀時，八年級生的「本國意象」清楚的是以臺灣七大分期為主體，而中華民國在臺灣則是本國意象的重點。

本文於 2011 年針對八年級生所做的問卷調查研究結果顯示，八年級生心目中的「民族英雄」前三名為孫中山、莫那魯道、鄭成功，20 位民族英雄中 12 位與臺灣史相關，5 位則是世界史的人物，與中國史相關僅排名 7 的岳飛及排名 15 的文天祥，由此可見大中國主義的消退。「本國重要歷史人物」則以臺灣史七大分期為脈絡展開，代表中華民國在臺灣時期的有 8 位，日治時期的有 5 位，清領後期的有 2 位，鄭氏治臺時期則有 3 位。「本國重要歷史事件」八年級生所記憶的歷史相當集中於戰後臺灣的歷史發展，在前 20 名中佔有 13 個，尤其是戰後臺灣民主化的歷程，從戒嚴、美麗島事件，解嚴，總統民選到政黨輪替。

八年級生「經歷的重要事件」中，與六年級生相同的是，首選都是重大天災，921 大地震位居於首位，另外值得注意的是，臺灣民主化的歷程深刻留存於八年級生的「歷史記憶」中，而人們的「歷史記憶」所形成的「價值觀

〔註9〕王明珂，〈臺灣青少年的社會歷史記憶〉，《國立臺灣師範大學歷史學報》，第 25 期，1997 年 6 月，頁 173～174。

念」，影響社會人群現實生活中的行為與判斷，也影響他們如何「經歷」發生在當代社會的事。〔註10〕民主化歷程既然是八年級生深刻的「歷史記憶」，臺灣民主政治的後續發展亦成了八年級生所關注的重要議題，故在「經歷重大事件」中，從陳前總統帶領民進黨角逐 2000 年總統大選完成首度的政黨輪替（排行 3）；到 2004 年連任之路的 319 槍擊案（排行 4）；再到 2006 年～2007 年紅衫軍倒扁，及至再次政黨輪替後陳前總統因貪汙入監（排行 2），這樣戲劇的起落轉折，在八年級生的「社會歷史記憶」中佔據相當大的部分。

　　教育改革所建構的以臺灣為主體的史觀，對於八年級生的歷史記憶，佔有相當關鍵的影響力，1990 年代六年級生雖然對時代的轉變，臺灣國族主義的吶喊有所感知，對一些臺灣重要的人事物有所記憶，但社會所能給予的終究是片段，不若學校教育搭配升學考試所達成的全面灌輸，故學生在「本國意象」中所呈現的就如同歷史教科書所教育的，就是一個涵括五千年歷史文化的大中國意象。進入二十一世紀的八年級生，接受國中小九年一貫課程與高中 95 暫綱所建構起的以臺灣為主體的史觀，再搭配社會上昂揚的臺灣國族主義，故其「本國意象」清晰的呈現臺灣意象。

　　整體而言，國、高中生的「歷史記憶」並無重大差異。最大的差異是高中生心目中的民族英雄有 6 位是世界史的人物，而國中生心目中的民族英雄僅有 2 位是世界史的人物，這與高中生的世界史課程比重比較高，對於世界各族的民族英雄有較多的認識跟了解有關，而國一國二生則尚未接觸世界史課程，故世界各族的民族英雄較不存於其歷史記憶之中。

　　客家人的「歷史記憶」與整體相較亦大致相同，但有一個突出的現象就是對「苗栗事件」羅福星的記憶特別突出，尤其是苗栗的文林國中與大倫國中，此兩校皆是以客家族群為主的地區，處於多數閩南聚集的客家人，其歷史記憶有與多數混同的現象，但處於客家聚集為主的地區，其客家人的在地意識是有被強調提升的現象，而對於客家族群的認同亦較為高漲，少數族群本就具有較高的族群意識。近年來臺灣本土化運動，如「愛臺灣，說臺語」的標榜，對於客家族群而言，難免有大福佬沙文主義之感慨。占有多數優勢的閩南族群，在推廣早先受到壓抑的河洛語，同時亦要注意少數族群的母語保存。

─────────────

〔註10〕王明珂，〈臺灣青少年的社會歷史記憶〉，《國立臺灣師範大學歷史學報》，第 25 期，1997 年 6 月，頁 177。

（二）八年級生的國族認同

本問卷施測時，在個人資料調查中，有一項針對族群歸屬的調查，共設定 5 個選項□原住民　□客家人　□閩南人　□外省人　□其他，在 2822 份的問卷中，勾選其他的比例高達 20.6%，而且其中有 366 位在欄位上填上臺灣人，佔其他類比例的 63.1%，佔全部問卷的 13%，跳脫既定的選項而在其他欄位填寫下臺灣人，可見臺灣人這個符號在許多八年級生的心中成了最優選的族群認同符號。八年級生對早先族群分類的認同大為降低，是故由此分類而形成的族群衝突在八年級生的心中亦大為弱化，族群融合顯然是新世代八年級生的共識。

八年級生相較於全國民眾在國族認同上，臺灣人的比例大幅提高，而兩者都是的雙重認同及中國人認同的比例則有減弱的趨勢。八年級生的臺灣人認同跟全國民眾的 52.6%相比，高出 26%，到 78.6%，而雙重認同則大為降低了 23%到 16.9%。八年級生與全國民眾對國族認同的差異，部分原因來自於對何謂中國人認知的不同。八年級生對於何謂中國人的認知，來自於社會教育、家庭教育、學校教育等，認知的改變會帶動著認同的變遷，家庭教育較難統而論之，但今日的國際現實乃至於影視媒體等種種社會教育所呈現的對中國的認知大多指向了中華人民共和國，而八年級生所接受的學校教育，大多數的教科書版本呈現對中國的認知亦都指向了中華人民共和國，八年級生認同臺灣人比例遠高於成年人，應與其對何謂中國人的認知的改變有相當密切的關係，教科書所建構的對中國的認知，相當程度提高了八年級生的臺灣人認同。

今日的臺灣社會，雖說臺灣國族主義昂揚，但中國國族主義亦尚有其影響力，社會中所傳布的社會歷史記憶，是多元的、衝突的、爭辯中的認同與文化價值，而這樣的爭辯亦出現於八年級生的認同之中，由問卷的結果，我們可以發現八年級生民族認同的另一面，認為「臺灣文化是漢文化的一部分」的有 19%，認為「臺灣文化源自於漢文化，在臺灣這片土地發展出獨特風貌」的有 60.7%，對於臺灣文化根源自漢文化的認同度總計高達 79.7%與認同自己是中華民族成員的 84.3%大致相符。可見八年級生對於中華民族及華夏文化的認同度依舊相當高。

對於一般民眾而言原生論、結構論、建構論其實並不完全矛盾，相當程度是可以彈性並存的、視情況而進行認同的選擇，由本文問卷中的題目 3、10、

6 進行對照的話，可以看到臺灣民族認同在原生論、結構論、建構論中彈性並存的多面向選擇。認為自己是臺灣人的有 78.6%、認為自己是中華民族的有 84.3%，但將兩岸民族與國家作連結的話，則呈現五五波的趨勢，或者可說八年級生基於文化血統等原生論的因素，在相當高的比例上認同於中華民族，〔註11〕但當中華人民共和國浮現時，基於對抗中國的統戰，亦或是標榜臺灣獨立建國，此時結構論與建構論的因素則壓抑了既有的原生論，而優選臺灣人為民族國家（國族）認同的符號，因此對中華民族的認同有大幅減弱的趨勢。

感於當前現實政治環境，在統獨議題上，維持現況仍是多數八年級生的選擇，八年級生有高達 78.4%支持維持現況，略低於全國的 86.7%。但除了對當前的現實政治環境有所感知外，對於「過去」的記憶所形成的「社會價值」影響社會人群現實生活中的行為與判斷，教育改革後的八年級生，對於「過去」的記憶，明顯以臺灣為主體，而這也的確影響了八年級生對當前統獨議題的判斷與選擇，是故有過半數（52.7%）的八年級生支持盡快獨立及未來獨立，比起全國民眾支持盡快獨立及未來獨立的 22.3%整整高出了 30.4%，八年級生的獨立意識相當明確。且八年級生對未來的想像是樂觀的，故選擇「中國經濟崛起，政治趨向民主，臺灣仍可保持獨立自主的空間」高達 68.1%。認為臺灣目前仍能維持獨立自主的原因，以「民主政治的成熟」的 52.8%最高，「經濟繁榮的支持」42%次之，「臺灣民族的覺醒」40.9%居三，對八年級生而言，臺灣最大的優勢在於民主的成熟，而這也清晰的展現於八年級生的「歷史記憶」之中。而對中華人民共和國的稱謂，以「大陸」的 54.1%最多，「中國」、「中共」、「中國大陸」都有約三成的比例，但有 6%的青年學子受中國透過偶像明星進行統戰的影響，以「內地」稱呼對岸，比例不算高，但也值得注意。

八年級生不同族群間的國族認同大同而小異，較大的差異在於「臺灣人」族群在兩岸關係中「我者」與「他者」的對立之感較為強烈，獨立的迫切感亦較強，而對臺灣這個符號的認同感不論對內亦或對外均很高。「外省人」族群在兩岸關係中「我者」與「他者」的對立之感較輕，故相對於中國人的臺

〔註11〕 其實在歷史的發展脈絡中，中華民族是近代的產物，伴隨著中華民國的創建而逐漸成形，日治時期的臺灣人擁有的大多是漢族意識，隨著臺灣光復後、中央政府遷臺後，這樣的中華民族的國族建構論述也才隨著國民政府遷臺而移植到了臺灣社會，開始深根於臺灣社會。而今對臺灣社會的民眾而言，中華民族、華人、漢人似乎已是同義詞。

灣人認同亦較弱，對臺灣獨立的迫切感亦較弱，而對中華民族的認同感則相當高。「外省人與閩客通婚」的族群，存在著多元並存的思維，或許這也是讓家庭融合的良方吧！故兩者都是的族群雙元認同較整體高了近 2 成，文化上亦採多元文化觀，在兩岸關係中「我者」與「他者」的對立之感也較輕，較特別的是對於臺灣獨立的優勢首選的是經濟繁榮的支持，對兩岸協商的成果亦較爲看重。

對「客家人」族群而言，臺灣人這個符號亦是客家族群優選的國族符號；但對內而言，過度強調臺灣人這個符號對客家族群而言似有大福佬沙文主義之感，故在對內的族群歸屬中，客家人對客家人的認同似乎是高於臺灣人。「客家人與閩南人通婚」的族群，認同臺灣文化源自於漢文化，在臺灣這片土地發展出特殊風貌相較於整體而言高了 10%，或許是因爲客家族群與閩南族群能在中華民族、漢文化的公約數中化解彼此的緊張感，但其對統獨看法，偏向獨立的占 55%，是略高於整體平均的。

「原住民」族群對臺灣人認同是最高的，獨立意識亦是最高的一群，但題目 10.「是否同意自己是中華民族」有 61%表示非常同意或是還算同意，是因爲族群通婚的關係？亦或是在漢族意識爲主體的歷史教育、傳播媒體及整體社會環境中，讓臺灣原住民各族群本身的歷史記憶與文化大量的被遺忘，在不對等的族群關係中被迫向優勢族群靠攏。

另外，八年級生中的國、高中生國族認同亦是大同小異，最明顯的差距便是，國中生的臺灣人認同較高，對漢文化的感知與中華民族的認同皆較高中生爲低，這與國、高中的歷史教科書所呈現的史觀相符，從國中 2008 年新頒的分段能力指標中，可看出其努力建構著臺灣文化的獨特性——「海洋文化」，並避談臺灣文化與中國文化的關聯性，臺灣本位占有優勢；而高中 2006 年新頒的 95 暫綱，高中歷史才終於有獨立的臺灣史課程，但臺灣本位與中國本位仍不斷拉鋸著，尤其高中 95 暫綱的選修課程對中國傳統文化介紹相當的豐富，高中生不僅是從書本亦從整個臺灣的社會環境中，感受到那屬於漢族的歷史文化厚度，也加深了其對漢民族文化（中華民族）的認同感。新世代（八年級生）不同地區對於國族的想像或是兩岸關係的看法基本上也是大同而小異的，北部地區認同自己是臺灣人的比例雖沒有南部的 81.9%般的高，但也高達了 76.5%。統獨的看法，偏向獨立的部份北部雖不及南部的 59.3%，但也有近半數（49.5%）偏向獨立。

　　綜上觀之，族群的衝突、認同的危機、南北的差距種種困惑臺灣社會的問題，在新世代（八年級生）的身上，問題似乎已不再那麼的嚴重。而族群融合與以台灣為主體的認同確立則是越來越明顯的趨勢。

　　日治時期臺灣社會本已有紛亂的（日本）國家與（漢）民族認同，戰後臺灣意識又幾經轉變，走過了中國國族主義的建構，本土意識的萌芽以及臺灣國族主義的昂揚，而台灣的歷史教育也從日治時期的日本皇國民教育轉變為戰後大中國主義的建構，終於在1990年方有機會學習以台灣為主體的台灣史，這些轉變在短短百年的時光中快速的替換著。短短百年之間臺灣社會在政權的轉換過程當中，在國共勢力的紛擾與國際孤立的困境之間，不同世代、不同族群擁有著極為不同的生命歷程，也形成了不同的國族想像。而對於臺灣走過的歷史，面臨的困境，歷經的轉變有多一分的認識與瞭解，對於與己不同的國族想像便能有著多一分的理解與包容。萊布尼茲有句名言：「凡存在皆合理」。所有看似荒謬的存在，必有其形成的原因及理由，探究其形成的原因及理由，就能發現它們其實是可以被理解的，而包容了現今看似荒謬的存在，或許方能為未來找尋更好的方向吧！

參考書目

一、基本史料、報紙

1. 余光中，〈狼來了〉，聯合報，1977 年 8 月 20 日，聯合副刊。

2. 陳國瑛、林棲鳳、諸生，《臺灣采訪冊》，卷一，第一冊，臺北：臺灣銀行，臺灣文獻叢刊第 55 種，1959。

3. 彭歌，〈不談人性，何有文學（上）（中）（下）〉，聯合報，1977 年 8 月 17～19 日，聯合副刊。

4. 蔣勳，〈思想起 李雙澤——30 年前的悼念〉，聯合報，2006 年 4 月 12 日，聯合副刊。

二、專　書

1. Benedict Anderson（班納迪克‧安德森）著，吳叡人譯，《想像的共同體：民族主義的起源與散布》，上海：上海人民出版社，2003。

2. Peter Burke 著，許綬南譯，《製作路易十四》，臺北：麥田，1997。

3. 天下編輯著，《發現臺灣》下冊，臺北市，天下雜誌發行，1992。

4. 王明珂，《華夏邊緣——歷史記憶與族群認同》，臺北：允晨文化，1997。

5. 王明珂，《羌在漢藏之間——一個華夏邊緣的歷史人類學研究》，臺北：聯經，2003。

6. 王飛凌，〈中華悲劇——海峽兩岸即將來臨的民族主義大衝突〉，《民族主義與兩岸關係——哈佛大學東西方學者的對話》，臺北市：新自然主義，2001。

7. 民進黨中國事務部編，〈民主進步黨第二屆全國黨員代表大會決議文：「人民有主張臺灣獨立的自由」聲明〉，《民主進步黨兩岸政策重要文件彙

編》，臺北：民主進步黨，2000。

8. 江宜樺，〈新國家運動下的臺灣認同〉，收錄於林佳龍、鄭永年編《民族主義與兩岸關係》，臺北：新自然主義，2001。

9. 吳文星，《日據時期臺灣社會領導階層之研究》，臺北：正中書局，1992。

10. 吳濁流，《無花果》臺北：前衛出版社，1988。

11. 李敖，《鄭南榕研究》，臺北：李敖出版社，1989。

12. 李筱峰，《臺灣史100件大事（下）戰後篇》，臺北：玉山社，1999。

13. 杜文靖，《臺灣歌謠歌詞呈顯的臺灣意識》，臺北縣：臺北縣文化局出版，2005。

14. 杜正勝，〈歷史教育的改造〉，《臺灣心，臺灣魂》高雄：河畔出版社，1998。

15. 林正珍，《近代日本的國族敘事——福澤諭吉的文明論》，臺北：桂冠出版，2002。

16. 施敏輝，《臺灣意識論戰選集·序》，臺北市：前衛出版，1988。

17. 若林正丈，《轉型的臺灣——脫內戰化的政治》，臺北：故鄉，1989。

18. 夏春祥，〈文化象徵與集體記憶競逐——從臺北市凱達格蘭大道談起〉，《文化與權力》，臺北：麥田出版，2001。

19. 張文智，《當代文學的臺灣意識》，臺北市：自立晚報出版，1993。

20. 張茂桂，〈省籍問題與民族主義〉，《族群關係與國家認同》，臺北：業強出版，1993。

21. 教育部，《國民中學課程標準》臺北：教育部，1994。

22. 梁景峰，《再見，上國/李雙澤作品集》臺北：長橋出版社，1978。

23. 陳其南，〈臺灣本土意識與民族國家主義之歷史研究〉，《傳統制度與社會意識的結構——歷史與人類學的探索》，臺北：允晨文化實業公司，1998。

24. 陳昭瑛，〈日據時代臺灣儒學的殖民地經驗〉，《臺灣與傳統文化》，臺北：中華民國中山學術文化基金會，1999。

25. 彭明輝，〈臺灣地區歷史研究所博、碩士論文取向：一個計量史學的分析（1945～2000）〉，《臺灣史學的中國纏結》，臺北：麥田出版，2001。

26. 彭瑞金，《臺灣新文學運動四十年》臺北市：自立晚報社，1991。

27. 黃俊傑，《臺灣意識與臺灣文化》，臺北市：正中出版，2000。

28. 楊碧川，《臺灣歷史詞典》臺北：前衛，1977。

29. 葉榮鐘，《小屋大車集》臺中：中央書局，1977。

30. 詹宏志，《兩種文學心靈》，臺北：桂冠出版，1986。

31. 盧建榮，《分裂的國族認同》，臺北市：麥田出版，1999。

32. 霍布斯邦著，賈士衡譯，《帝國的年代》臺北：麥田，1997。

33. 謝長廷，〈競選綱領：我們對此次選舉的共同政見〉，《民主進步黨》，臺北：自由時代雜誌社，無出版年。

三、歷史教科書

1. 國立編譯館，《認識臺灣（歷史篇）》，臺北：國立編譯館，1997。
2. 國立編譯館，《國民中學歷史》，第一冊，臺北：國立編譯館，1998。
3. 國立編譯館，《國民中學歷史》，第二冊，臺北：國立編譯館，1999。
4. 國立編譯館，《國民中學歷史》，第三冊，臺北：國立編譯館，1994。
5. 《國民中學社會1下第二冊》，新北市：康軒出版，2011。
6. 《國民中學社會1下第二冊》，臺南市：翰林出版，2011。
7. 《國民中學社會1下第二冊》，臺南市：南一出版，2011。
8. 《國民中學社會2上（第三冊）》，臺南市：翰林出版，2010。
9. 《國民中學社會2上（第三冊）》，臺南市：南一出版，2010。
10. 《國民中學社會2上（第三冊）》，新北市：康軒文教，2010。
11. 《國民中學社會2下（第四冊）》，臺南市：翰林出版，2011。
12. 《國民中學社會2下（第四冊）》，臺南市：南一出版，2011。
13. 《國民中學社會2下（第四冊）》，新北市：康軒文教，2011。
14. 李東華、蔡瑄瑾，《高級中學歷史上》，臺北：三民書局，2002。
15. 許雪姬、劉妮玲，《高級中學歷史下》，臺北：三民書局，2001。
16. 甘懷眞、簡杏如，《高級中學中國文化史全》，臺北：三民書局，2005。
17. 《普通高級中學歷史第二冊》，臺北縣：龍騰出版，2007。
18. 《普通高級中學歷史第二冊》，臺北縣：康熹出版，2007。
19. 《普通高級中學歷史第二冊》，臺北市：三民出版，2007。
20. 《普通高級中學歷史第二冊》，臺北縣：泰宇出版，2008B版二刷。
21. 《普通高級中學歷史第二冊》，臺南市：翰林出版，2009三版。
22. 《普通高級中學歷史第二冊》，臺南市：南一出版，2009修訂版。

四、期刊論文

1. 王仲孚，〈試論中學歷史教科書〉，中國近代史學會主辦，「歷史教科書與歷史教育學術研討會」臺北：中央研究院，2000.11.17～18。
2. 王甫昌，〈民族想像、族群意識與歷史——認識臺灣教科書爭議風波的內容與脈絡性分析〉，《臺灣史研究》8卷2期，2001。
3. 王拓，〈是「現實主義」文學，不是「鄉土文學」〉第二期（臺灣：仙人

掌雜誌，1977），頁 53～73。

4. 王明珂，〈臺灣青少年的社會歷史記憶〉，《國立臺灣師範大學歷史學報》，第 25 期，1997 年 6 月。

5. 朱西甯，〈回歸何處？如何回歸？〉，《鄉土文學討論集》（臺北：遠景，1978），頁 219。

6. 呂欽文，〈為什麼不唱？為什麼不唱！〉，《淡江週刊》第 663 期，臺北：淡江週刊，1976 年 12 月 20 日。

7. 杜正勝，〈中國史在臺灣研究的未來〉，《歷史月刊》，92 期，臺北，1995.09。

8. 周俊宇，〈戒嚴、解嚴與集體記憶——以戰後臺灣的國定節日為中心〉，《臺灣文獻》，第 58 卷第 4 期，2007 年 12 月。

9. 周婉窈，〈實學教育、鄉土愛與國家認同——日治時期臺灣公學校第三期「國語」教科書的分析〉，《臺灣歷史研究》，第 4 卷第 2 期，1997。

10. 周樑楷，〈世界史中的臺灣：編寫新版高中世界文化史的反思〉，《歷史意識與歷史教科書論文集》（臺北：稻鄉出版，2003），頁 251。

11. 林桶法，〈逐漸模糊的偉人塑像——國父誕辰紀念日相關報導的分析（1950～2004）〉，《第八屆孫中山與現代中國學術研討會論文集》，臺北市：國立國父紀念館，2005。

12. 姚隼，〈人與人之間及其他〉，《臺灣月刊》二期 1946 年 11 月。

13. 施正鋒，〈臺灣意識的探索上〉，《共和國》，第 10 期，1999 年 10 月。

14. 施正鋒，〈臺灣意識的探索下〉，《共和國》，第 11 期，2000 年 1 月。

15. 徐雪霞，〈光復以來初級中學歷史教科書變遷及歷史意識〉，《臺南師專學報》，20 下：204。

16. 袁鶴齡，〈國家認同外部因素之初探——美國因素、中國因素與臺灣的國家認同〉，《理論與政策》，14 卷 2 期（2000 年），頁 141～163。

17. 郭正亮，〈臺灣主體性的辯證〉，《中國意識與臺灣意識》，夏潮基金會編，臺北：海峽學術出版社，1999。

18. 陳佳宏，〈解嚴前後臺獨運動之匯聚〉，《臺灣文獻》，第 58 卷第 4 期，2007 年 12 月。

19. 彭明輝，〈臺灣地區歷史學研究的量化考察：以五種學術期刊為分析對象（1945～2000）〉，《漢學研究通訊》20：4（總 80 期），2001 年 11 月。

20. 黃麗生，〈正史中分裂時代的「中國」〉，《中國意識與臺灣意識論文集》，臺北：海峽學術出版社，1999。

21. 銀正雄，〈墳地裡哪來的鐘聲？：從王拓的一篇小說談起，兼為「鄉土文學」把脈〉第二期（臺灣：仙人掌雜誌，1977），頁 137。

22. 蔡佩娥，〈國家與民俗節日的關係——以清明節為例〉，《臺灣風物》第

57 卷第 1 期，臺北市：臺灣風物雜誌社，2007 年 3 月。

23. 蔡蕙光，〈從「認識日本」到「認識中國」──日治時期與戰後初期臺灣初等歷史教育的比較〉，《歷史意識與歷史教科書論文集》，臺北：稻鄉，2003。

24. 蕭阿勤，〈集體記憶理論的檢討：解剖者、拯救者、與一種民主觀念〉，《思與言》，第 35 卷第 1 期，1997 年 3 月。

25. 戴寶村，〈解嚴歷史與歷史解嚴：高中歷史教科書內容的檢視〉，《臺灣文獻》，第 58 卷第 4 期，2007 年 12 月。

26. 蘇碩斌，〈看到了臺灣意識：日治時期的活字印刷術與想像共同體〉，《2007年臺灣社會學年會》，臺北：臺灣大學社會學系／臺灣社會學會主辦，2007。

五、學位論文

1. 尤玉文，〈臺灣國小教科書中國家認同概念之演變──以 1949 年後之社會與音樂教科書為例〉，國立新竹師範學院國民教育研究所碩士論文，2002。

2. 池煥德，〈「臺灣」：一個符號鬥爭的場域──以臺灣結／中國結論戰為例〉東海大學社會學碩士論文，1997。

3. 吳忻怡，〈「多重現實」的建構：眷村、眷村人與眷村文學〉，國立臺灣大學社會學研究所碩士論文，1996。

4. 紀慧君，〈我國元首論述中價值觀之呈現與轉變──民國 39 年到 83 年元旦文告之語藝分析〉，臺北縣：輔仁大學大眾傳播研究所碩士論文，1994。

5. 徐秀琴，〈「中國本位」與「臺灣本位」意識型態的制度衝突與調和──以國民中學「認識臺灣」課程為例」〉，東海大學社會學研究所碩士論文，2000。

6. 張期玲，〈國家認同的塑造：以國中的歷史教科書為焦點〉，淡江大學公共行政學系公共政策碩士班，2004。

7. 許子威，〈民主化與臺灣意識的推展：以《認識臺灣》教科書、護照加注 TAIWAN、以及國營事業與外館正名為例〉，中正大學政治學研究所碩士論文，2004。

8. 曾素秋，〈日治時期臺灣國家認同教育之探討（1895～1945）〉，國立臺灣師範大學教育研究所博士論文，2003。

9. 劉曉芬，〈我國中學歷史教科書中臺灣史教材分析〉，國立政治大學教育研究所碩士論文，1991。

10. 蔡明振，〈「時代樂府」──民國六○年代〔七○年代〕校園民歌之研究〉，中國文化大學中國文學研究所碩士論文，2004。

11. 蔡蕙光，〈日治時期臺灣公學校的歷史教育——歷史教科書之分析〉，國立臺灣大學歷史學研究所碩士論文，2000。

六、網路資料

1. 國家政策研究基金會　中小學臺灣史課程的沿革
http://www.npf.org.tw/post/2/8146http://www.npf.org.tw/post/2/8146

2. 國民教育司
http://www.edu.tw/eje/content.aspx?site_content_sn=15326

3. 中等教育司
http://www.edu.tw/high-school/content.aspx?site_content_sn=8403

4. 陸委會民意調查
http://www.mac.gov.tw/np.asp?ctNode=6331&mp=1
http://www.mac.gov.tw/ct.asp?xItem=93993&ctNode=6333&mp=1

5. 遠見雜誌民意調察中心網頁
http://www.gvm.com.tw/gvsrc/index.html

6. 行政院研究發展考核委員會——全國民意調查
http://www.rdec.gov.tw/lp.asp?CtNode=12142&CtUnit=1786&BaseDSD=7&mp=100&nowPage=1&pagesize=30

7. 政大選舉研究中心
http://esc.nccu.edu.tw/modules/tinyd2/index.php?id=3

8. 教育部國語辭典
http://dict.revised.moe.edu.tw/

9. 蕃薯藤新聞網 NOWnews ／記者王宗銘／臺北報導 2011-03-09 13:57
海基會20年　馬：應認清互不承認主權、互不否認治權事實
http://n.yam.com/nownews/politics/201103/20110309259558.html

10. 中央社 2010-07-13 擱置爭議　兩岸協商基礎
http://n.yam.com/cna/politics/201007/20100713880744.html

11. 自由時報 2011-02-21 國家主權豈容菲律賓來糟蹋？
http://www.taiwanus.net/news/news/2011/201102211731391408.htm

12. 李筱峰個人網站　史論　吳鳳神話崩解20週年李筱峰 2007/09/09
http://www.jimlee.org.tw/article.jsp?b_id=72146&menu_id=5

附　錄

附錄一　九年一貫 7～8 年級社會學習領域基本內容
（摘錄歷史相關）

七年級基本內容		
人與時間	史前文化與原住民族	1.史前文化與原住民族 概述史前文化遺址所呈現的文化特色及台灣「南島民族」的經濟與社會生活。
	海權競爭的時代	1.海洋時代的來臨與荷西的統治 海商、「倭寇」、大航海時代重商主義的來臨、荷西統治下的台灣。 2.鄭氏的經營 鄭成功攻取臺灣、漢式政治與文教措施、商農並重下的屯墾。
	清朝統治下的台灣	1.政治發展與變遷 說明清朝之領臺、治臺政策與行政制度的演變。 2.經濟與社會文化之發展 概述農業與商業發展、社會文化發展、原住民處境的轉變。 3.開港通商與台灣的近代化措施 說明開港後臺灣的國際貿易，南北重心的轉移、西方文明傳入的影響。清末在臺灣所推動的近代化措施。
	日本統治下的台灣	1.殖民統治體系的建立 接管與抗拒、治臺政策的演變、行政制度的演變（總督專制體制、地方行政體系、警察保甲制度）。

		2.政治社會運動 　說明由武裝抗日轉向非武裝抗爭的時代背景，並介紹政治與社會運動。 3.基礎建設 　說明殖民政府所推動的各種基礎建設（含近代教育制度）與措施，除提升農業生產力，並在統治後期發展工業。 4.社會文化的變遷 　說明近代生活方式與新觀念的引進、司法體系的建立及其對人民生活的影響。
	戰後的台灣	1.二二八事件 　略述國民政府的接收，並說明二二八事件發生的原因、經過及影響。 2.戒嚴體制的建立 　說明行憲、動員勘亂與戒嚴的實施、中華民國政府的遷台、戒嚴體制對自由及人權的影響。 3.民主化的歷程 　說明戰後臺灣地方自治的實施、解嚴前的政治運動、解嚴後的自由化與民主化。 4.工業化社會的形成 　說明工業化社會所造成的各項影響、社會運動與原住民社會的演變。 5.國際關係的演變 　說明 1949 年中華人民共和國成立後我國國際地位的演變；概述台灣海峽兩岸關係的演變。
八年級基本內容		
人與時間	早期中國文化的發展	1.中國文化的起源 　說明早期中國文化的起源是多元發展，有著區域的文化特色。
	三代	1.青銅文明與封建體制 　說明三代的政治發展與封建體制成立的歷史背景，及其基本內涵。 2.春秋戰國的鉅變 　說明春秋戰國時期政治、社會、經濟、思想的鉅變。
	帝制中國的形成及其社會基礎	1.秦漢大一統帝國的建立及其社會基礎 　說明封建體制瓦解下，官僚制度與郡縣的出現，及大一統帝國的成立。
	中國中古時代	1.草原民族與農業民族 　說明長城的歷史意義，並強調草原民族與農業民族在經濟生產、政治組織上的差異。

	2.動盪時代的政治、社會與宗教 　說明魏晉南北朝門第社會的形成，及佛教之傳入中國。並說明道教的起源、及其早期發展。特別是與一般民眾的關係。
	3.胡漢融合的隋唐帝國 　了解隋唐興衰的過程、科舉取士的歷史意義，並說明隋唐時代中西文化交流及其對外的影響。
近世中國	1.夷夏新秩序 　說明宋與遼、金、西夏、蒙古以「國與國」方式互動的新秩序。
	2.商業、城市與文化 　說明晚唐以來商業與海外貿易的繁興，科技的發展及城市變遷與庶民文化的發展。
傳統帝國體制的崩潰	1.對西力東來的挑戰與回應 　說明明清時代的政治制度的變遷。並說明面對西力東來困境的幾種因應方式，以致傳統帝國的崩潰。
近百年來的中國	1.舊傳統與新文化 　說明中華民國的建立、民初政局以及舊傳統與新文化之間的糾結。 2.民國以來的歷史變遷 　說明侵華戰爭、國共鬥爭、中華人民共和國的建立；以及中華人民共和國的政治動盪與經濟改革開放後的現狀。

資料來源：國民教育司 http://www.edu.tw/eje/content.aspx?site_content_sn=15326

附錄二　高中 95 暫綱歷史教材綱要（摘要）

一、高中必修歷史第一冊（臺灣史）：高一第一學期

單　元	主　題	重　點
一、早期台灣	1.臺灣原住民族 2.荷、西與明鄭	考古發掘與史前文化 「沒有歷史的民族」的歷史 臺灣與世界 鄭氏政權
二、清代的長期統治	1.政治經濟的發展 2.社會文化的變遷 3.外力衝擊與近代化	漢人社會的出現 農商業的發展 社會狀態與社會問題

單　元	主　題	重　點
		文教發展 涉外事件與台灣地位的轉變 清代近代化的努力
三、日本統治時期	1.殖民統治前期的特色 2.社會與文化的變遷 3.戰爭期的台灣社會	統治政策與臺民反應 基礎建設與經濟發展 殖民地的社會與文化 文學藝術的發展 皇民化運動等措施 太平洋戰爭與戰時體制
四、當代的臺灣與世界	1.政治：從戒嚴到解嚴 2.經濟：成長與挑戰 3.社會：變遷與多元 4.世界體系中的臺灣	國民政府的接收與中華民國政府遷台 民主政治的道路 國際局勢與兩岸關係 經濟成長的波動 國際經濟的挑戰 社會變遷 生活形態的改變 文化的發展 網路世界與地球村

二、高中必修歷史第二冊（中國史）：高一第二學期

單　元	主　題	重　點
一、華夏世界的形成（遠古、三代至秦漢）	1.從村落到國家 2.封建體制的興衰 3.帝國體制與天下秩序	新石器時代與早期聚落 城市、文字與銅器 封建體制與社會生活 春秋戰國的變局 重要學派及其思想 皇帝體制的確立 編戶齊民的社會 帝國的天下秩序
二、中古的變革（魏晉南北朝、隋唐）	1.從分裂到統一 2.多民族與多文化的交流	漢唐之際的大變動 世族與門閥政治 隋唐盛世 胡化與漢化 多民族文化的融匯 中國化的佛教

三、近世的發展 （宋、元明、清）	1.多元族群與夷夏關係	夷夏並存的國際秩序 北方民族的爭勝
	2.經濟發展與人口問題 3.仕紳社會與庶民文化	經濟的發展 人口與移民 科舉與士大夫文化 城市發展與庶民文化 宗族、仕紳與民間社會
四、近代的衝擊（晚清）	1.帝國的傾頹	民變與地方勢力的崛起 西力衝擊與西風東漸
	2.現代化的開端	興洋務以自強 圖變法以保國
五、中華民國的建立與發展	1.革命與建國 2.新文化與新思潮 3.從中原到臺灣	孫中山與辛亥革命 民初的政局 五四運動 大眾文化 革命再起與國民政府的建制 中日戰爭 國共內戰
六、共產中國與兩岸關係	1.共產革命 2.近期的經濟與社會變革 3.兩岸關係的演變	中共與農民革命 走向極權政治 改革開放 區域發展與人口問題 兩岸關係的演變

三、高中選修歷史

（一）歷史專題（上冊）：高三第一學期

單　　元	主　題　與　重　點
一、儒家思想與中國社會	儒家思想的要旨及其家庭倫理與社會規範 書院、官學與孔廟
二、道教與民間信仰	從道教談大眾文化的生死、問卜……觀念 談論觀音、關帝、媽祖、王爺、土地公信仰及民間社會
三、醫療與社會文化	針灸與本草 宗教醫療 中西醫的相遇
四、日常生活與大眾文化	茶與市民社會 戲劇、通俗文學與大眾生活

二、歷史專題（下冊）：高三第二學期

一、從華僑到海外華人	從「異鄉客」及「族群」之心態轉折掌握移民的認同感 分別從（1）十六世紀至十九世紀中葉（2）十九世紀中葉至第二次世界大戰（3）戰後到今日，敘述由中國大陸及台灣移民海外的歷史現象 選擇重要地區，如東南亞及美國為討論對象，其他地區簡要敘述即可
二、生態環境、物質文明與近代人文生活	從工業革命至一九六○年期間，人文生活與物質材料、自然生態的互動關係 一九六○年以前，人們對「自然—文明」的重要論述及書寫 一九六○年以來，高科技的進步與自然生態之關係 一九六○年代以來，人們對「自然—文明」的重要論述及書寫
三、資訊傳播媒體的普及	印刷術與書籍、報刊的普及 影像視覺媒體的進步 通訊的現代化及數位革命
四、歷史是什麼？個人的反思	歷史是什麼？歷史意識的重要性？歷史事實與歷史解釋之間 學習歷史的意義

資料來源：中等教育司 http://www.edu.tw/high-school/content.aspx?site_content_sn=8411

附錄三　高中民國 100 新課綱歷史教材綱要（摘要）

一、臺灣史：高一第一學期

單　元	主　題	重　點
一、早期臺灣	（一）十六世紀中葉以前的臺灣與原住民	1.考古發掘與文獻記載 2.臺灣的原住民
	（二）國際競逐時期	1.大航海時代 2.荷西治臺
	（三）鄭氏統治時期	1.漢人政權的各項措施 2.涉外關係
二、清朝統治時期	（一）開港以前政治經濟的發展	1.治臺政策與相關措施 2.農商業的發展
	（二）開港以前社會文化的發展	1.族群關係 2.社會流動 3.文化發展

單　元	主　題	重　點
	（三）開港以後的變遷	1.外力的衝擊與清朝的因應 2.社經與文化
三、日本統治時期	（一）殖民統治前期政治經濟發展	1.統治政策與臺民反應 2.具有殖民性質的經濟發展
	（二）戰爭時期的臺灣	1.皇民化政策與臺人的因應 2.太平洋戰爭與戰時體制
	（三）殖民統治下的社會文化變遷	1.社會變遷 2.文化發展
四、中華民國時期：當代臺灣	（一）從戒嚴到解嚴	1.接收臺灣與遷臺 2.民主政治的道路 3.國際關係與兩岸關係的演變
	（二）經濟發展與挑戰	1.經濟成長 2.社會與環保問題
	（三）社會變遷	1.社會型態的改變 2.解嚴前後生活的變化
	（四）文化發展	1.教育發展 2.多元文化的發展

二、中國史：高一第二學期與高二第一學期前半段

單　元	主　題	重　點
一、先秦時代	（一）史前與夏商周三代的傳承	1.史前時代的傳說與考古 2.商至西周的文明進程
	（二）春秋戰國時期	1.從封建到郡縣 2.社會經濟的變遷與學術的百家爭鳴
二、秦漢至隋唐	（一）秦漢統一王朝的建立與發展	1.政府規模與政治演變 2.對外關係
	（二）秦漢文化的發展	1.學術教育　2.經濟與社會文化
	（三）從分裂到帝國的重建	1.從魏晉到隋唐的政局演變 2.政治與財稅制度的變革
	（四）民族互動與社會文化的發展	1.北方胡族與華南土著 2.道教的形成與佛教的興盛 3.隋唐文化對周邊地區的影響

三、宋、元、明與盛清	（一）夷夏爭勝與政權型態	1.文治國家的建立 2.北亞民族的興起 3.皇權的擴張
	（二）經濟的繁榮與變遷	1.農業發展與人口變化 2.工商業興盛與貨幣經濟的發展 3.海上交通與貿易
	（三）學術思想與社會文化的新貌	1.學術思想 2.科舉、士紳與宗族組織 3.庶民生活與民間信仰
四、晚清的變局	（一）帝國的衰微與西力衝擊	1.內亂迭起 2.外患頻仍
	（二）改革與革命	1.自強、變法與立憲 2.革命運動的發展
五、中華民國的建立與發展	（一）中華民國的創建與民初政局	1.民國的建立與臨時約法 2.北伐以前的中外關係
	（二）統一建國與抗戰	1.國家的統一與建設 2.抗日戰爭與外交成就 3.戰亂下的社會與民生
	（三）戰後復員與國共內戰	1.國家復員的困難 2.制憲、行憲與國共決裂
	（四）社會經濟與文化	1.社會與文化的變遷 2.農村困乏與惡性通貨膨脹
六、當代中國與臺海兩岸關係	（一）中共黨國體制的建立和發展	1.中央集權黨國體制的建立 2.從混合經濟到計畫經濟 3.文化大革命 4.人口成長的壓力
	（二）改革開放後的發展	1.鄧小平路線下的政經發展 2.六四天安門事件及後續經濟發展
	（三）中共外交政策和海峽兩岸關係的演變	1.毛澤東時期 2.鄧小平時期

三、高三選修

（一）高三第一學期

表 1　華夏文明與東亞文化交流

單　　元	主　　題	重　　點
一、華夏文明的誕生	（一）文明起源與發展	1.文明誕生之多元面貌 2.華夏核心的形成
	（二）思想領域之開拓	先秦諸子
二、秦漢至隋唐的文明開展	（一）學術思想與宗教	1.學術思想 2.佛教 3.道教
	（二）文化發展與中外交流	1.科技的發展 2.文化傳播與交流
三、唐末至宋代的文明新貌	（一）學術思想與社會生活	1.儒學的復興 2.理學的演變 3.家族與倫理 4.民間娛樂
	（二）科技文明的發展	1.科技發明 2.醫學發展
四、元明清時代的文明蛻變	（一）中國帝制晚期的文化變遷	1.海陸交通與文化互動 2.學術思想 3.西方科技
	（二）近世東亞的國家與文化	1.朝鮮 2.日本 3.歐亞貿易與東南亞的發展
五、近現代的文明挑戰與契機	（一）中國文化的調適	1.學術思想的應變 2.傳統的更新
	（二）東亞文化的新局	1.日本與朝鮮的改革 2.全球化的挑戰

表 2　歐洲文化

單　　元	主　　題	重　　點
一、西方文明的泉源	（一）西亞文明	1.文明的特色 2.尤太人的信仰與歷史

	（二）希臘羅馬古典文明	1.神話、宗教與文學 2.史學、哲學與科學 3.藝術典範與人格培養
二、基督教與中古歐洲	（一）基督教世界的形成	1.基督教文化的發展 2.基督教文化的影響 3.拜占庭文明
	（二）中古歐洲的宗教與文化	1.教會改革與宗教迫害 2.教育、藝術與文化
三、古典文明的復興與創新	（一）復古與改革	1.文藝復興 2.宗教改革
	（二）理性與啓蒙	1.科學革命 2.啓蒙運動
四、現代思潮	（一）文化思潮	1.浪漫主義的精神 2.浪漫主義的表現 3.現代主義思潮 4.現代主義藝術
	（二）社會經濟思潮	1.資本主義 2.社會主義
	（三）科學思潮	科學發展的衝擊
	（四）美國精神	1.政治文化 2.實用主義 3.大眾文化

（二）高三第二學期

表 3　印度文化

單　元	主　題	重　點
一、古典時期	（一）文學與哲學	1.背景概述 2.經書與詩歌
	（二）宗教與社會	1.種姓制度的形成 2.不同教派的信仰
二、中古的發展	文化的發展	1.多元文化的影響 2.新教派的出現
三、當代的際遇	西方文化的衝擊與回應	1.殖民地文化 2.本土文化

表 4　伊斯蘭文化

單　元	主　題	重　點
一、宗教與伊斯蘭世界	（一）伊斯蘭教的信仰	1.教義與聖訓 2.禮儀與實踐
	（二）多元民族與文化融合	1.哈里發制度與伊斯蘭世界的擴張 2.文化成就
二、當代伊斯蘭	（一）泛伊斯蘭主義的發展	1.發展階段與內涵 2.被西方激化的反抗行為
	（二）社會文化現象	現代化的影響

表 5　非洲文化

單　元	主　題	重　點
一、近代初期以前的非洲	（一）文化發展概況	1.非洲黑人文化 2.外來宗教傳播
二、從殖民地到獨立建國	（一）文化的轉變	1.殖民與反殖民文化 2.種族與文化衝突
	（二）當代非洲文化的處境	困境與希望

表 6　中、南美洲文化

單　元	主　題	重　點
一、殖民統治時期	殖民下的鉅變	1.種族與宗教 2.社會與經濟
二、近現代的發展	當代中南美洲文化的處境	1.經濟改革 2.文化發展

資料來源：中等教育司 http://www.edu.tw/high-school/content.aspx?site_content_sn=8403